Mariana Leky

WAS MAN VON HIER AUS SEHEN KANN

ROMAN

Büchergilde Gutenberg

Lizenzausgabe für die Büchergilde Gutenberg Verlagsgesellschaft mbH
Frankfurt am Main, Wien und Zürich
www.buechergilde.de
Mit freundlicher Genehmigung des DuMont Buchverlags, Köln

Satz: Fagott, Ffm
Druck und Bindung: CPI books GmbH, Leck
Gedruckt auf säurefreiem und chlorfrei gebleichtem Papier
Printed in Germany
ISBN 978-3-7632-6968-6

Für Martina

It’s not the weight of the stone. It’s the reason why you lift it.

Hugo Girard,
stärkster Mann der Welt 2003

Prolog

Wenn man etwas gut Beleuchtetes lange anschaut und dann die Augen schließt, sieht man dasselbe vor dem inneren Auge noch mal, als unbewegtes Nachbild, in dem das, was eigentlich hell war, dunkel ist, und das, was eigentlich dunkel war, hell erscheint. Wenn man zum Beispiel einem Mann nachsieht, der die Straße hinuntergeht und sich immer wieder umdreht, um einem ein letztes, ein allerletztes, ein allerallerletztes Mal zuzuwinken, und dann die Augen schließt, sieht man hinter den Lidern die angehaltene Bewegung des allerallerletzten Winkens, das angehaltene Lächeln, und die dunklen Haare des Mannes sind dann hell, und seine hellen Augen sind dann sehr dunkel.

Wenn das, was man lange angeschaut hat, etwas Bedeutsames war, etwas, sagte Selma, das das ganze großflächige Leben in einer einzigen Bewegung umdreht, dann taucht dieses Nachbild immer wieder auf. Auch Jahrzehnte später ist es plötzlich wieder da, ganz egal, was man eigentlich gerade angesehen hat, bevor man die Augen schloss. Das Nachbild des Mannes, der zum allerallerletzten Mal winkt, taucht plötzlich auf, wenn einem beispielsweise beim Reinigen der Regenrinne eine Mücke ins Auge geflogen ist. Es taucht auf, wenn man die Augen kurz ausruhen will, weil man lange auf eine Nebenkostenabrechnung geschaut hat, die man nicht versteht. Wenn man abends am Bett eines Kindes sitzt, ihm eine Gutenachtgeschichte erzählt und einem der Name der Prinzessin oder ihr gutes Ende nicht einfallen will, weil man selbst schon sehr müde ist. Wenn man die Augen schließt, weil man jemanden küsst. Wenn man auf dem Waldboden liegt, auf einer Untersuchungsliege, in einem fremden Bett, im eigenen. Wenn man die Augen schließt, weil man etwas sehr Schweres hochhebt. Wenn man den ganzen Tag herumläuft und nur anhält, um sich den aufgegangenen Schnürsenkel zuzubinden, und jetzt, mit dem Kopf nach unten, erst merkt, dass man den ganzen Tag über nie angehalten hat. Es taucht auf, wenn jemand »Mach mal die Augen zu« sagt, weil man überrascht werden soll. Wenn man sich gegen die Wand einer Umkleidekabine lehnt, weil auch die letzte der infrage kommenden Hosen nicht passt. Wenn man die Augen schließt, kurz bevor man endlich mit etwas Wichtigem herausrückt, bevor man beispielsweise sagt: »Ich liebe dich« oder »Ich dich aber nicht«. Wenn man nachts Bratkartoffeln macht. Wenn man die Augen schließt, weil jemand vor der Tür steht, den man keinesfalls hereinlassen will. Wenn man die Augen schließt, weil gerade eine große Sorge abgefallen ist, man jemanden oder etwas wieder gefunden hat, einen Brief, eine Zuversicht, einen Ohrring, einen entlaufenen Hund, die Sprache oder ein Kind, das sich zu gut versteckt hatte. Immer wieder taucht plötzlich dieses Nachbild auf, dieses eine, ganz bestimmte, es taucht auf wie ein Bildschirmschoner des Lebens, und oft dann, wenn man überhaupt nicht damit rechnet.

ERSTER TEIL

Weide, Weide

Als Selma sagte, sie habe in der Nacht von einem Okapi geträumt, waren wir sicher, dass einer von uns sterben musste, und zwar innerhalb der nächsten vierundzwanzig Stunden. Das stimmte beinahe. Es waren neunundzwanzig Stunden. Der Tod trat etwas verspätet ein, und das buchstäblich: Er kam durch die Tür. Vielleicht verspätete er sich, weil er lange gezögert hatte, über den letzten Augenblick hinaus.

Selma hatte in ihrem Leben dreimal von einem Okapi geträumt, und jedes Mal war danach jemand gestorben, deshalb waren wir überzeugt, dass der Traum von einem Okapi und der Tod unbedingt miteinander verbunden waren. Unser Verstand funktioniert so. Er kann innerhalb kürzester Zeit dafür sorgen, dass die einander abwegigsten Dinge fest zusammengehören. Kaffeekannen und Schnürsenkel beispielsweise, oder Pfandflaschen und Tannenbäume.

Der Verstand des Optikers war besonders gut darin. Man sagte dem Optiker zwei Sachen, die nicht im Geringsten zusammengehörten, und er stellte aus dem Stand eine enge Verwandtschaft her. Und jetzt war es ausgerechnet der Optiker, der behauptete, dass der neuerliche Traum vom Okapi ganz gewiss niemandem den Tod brächte, dass der Tod und Selmas Traum vollkommen zusammenhangslos seien. Aber wir wussten, dass der Optiker es eigentlich auch glaubte. Vor allem der Optiker.

Auch mein Vater sagte, dass das hanebüchener Unfug sei und unser Irrglaube vor allem daher käme, dass wir zu wenig Welt in unsere Leben hereinließen. Das sagte er immer: »Ihr müsst mehr Welt hereinlassen.«

Er sagte es entschieden und vor allem zu Selma, im Vorhinein.

Im Nachhinein sagte er das nur noch selten.

Das Okapi ist ein abwegiges Tier, viel abwegiger als der Tod, und es sieht vollkommen zusammenhangslos aus mit seinen Zebraunterschenkeln, seinen Tapirhüften, seinem giraffenhaft geformten rostroten Leib, seinen Rehaugen und Mausohren. Ein Okapi ist absolut unglaubwürdig, in der Wirklichkeit nicht weniger als in den unheilvollen Träumen einer Westerwälderin.

Es war überhaupt erst zweiundachtzig Jahre her, dass das Okapi offiziell in Afrika entdeckt worden war. Es ist das letzte große Säugetier, das der Mensch entdeckt hat; das glaubt er jedenfalls. Vermutlich stimmt das auch, denn nach einem Okapi kann eigentlich nichts mehr kommen. Wahrscheinlich hat schon sehr viel früher einmal jemand ein Okapi inoffiziell entdeckt, aber vielleicht hat er beim Anblick des Okapis geglaubt, er träume oder habe den Verstand verloren, weil ein Okapi, besonders ein plötzliches und unerwartetes, absolut zusammengeträumt wirkt.

Das Okapi wirkt alles andere als unheilvoll. Es kann überhaupt nicht unheilvoll wirken, selbst wenn es sich anstrengen würde, was es, soweit man weiß, selten tut. Selbst wenn es in Selmas Traum sich das Haupt von Krähen und Käuzchen hätte umflattern lassen, die ja die Unheilfülle gepachtet haben, hätte es immer noch einen sehr sanftmütigen Eindruck gemacht.

In Selmas Traum stand das Okapi auf einer Wiese, nahe am Wald, in einer Gruppe von Feldern und Wiesen, die insgesamt »Uhlheck« heißen. Uhlheck bedeutet »Eulenwald«. Die Westerwälder sagen vieles anders und kürzer, als es eigentlich ist, weil sie das Sprechen gerne schnell hinter sich bringen. Das Okapi sah exakt so aus wie in Wirklichkeit, und auch Selma sah exakt so aus wie in Wirklichkeit, nämlich wie Rudi Carrell.

Die absolute Ähnlichkeit zwischen Selma und Rudi Carrell fiel uns erstaunlicherweise nicht auf; es musste erst, Jahre später, jemand von außen kommen und uns darauf hinweisen. Dann aber traf uns die Ähnlichkeit mit all ihrer angemessenen Wucht. Selmas langer, dünner Körper, ihre Haltung, ihre Augen, ihre Nase, ihr Mund, die Haare: Selma sah von oben bis unten so sehr aus wie Rudi Carrell, dass er ab dann in unseren Augen nicht mehr war als eine mangelhafte Kopie von Selma.

Selma und das Okapi standen im Traum auf der Uhlheck ganz still. Das Okapi hatte den Kopf nach rechts gewendet, zum Wald hin. Selma stand einige Schritte abseits. Sie trug das Nachthemd, in dem sie in Wirklichkeit gerade schlief; mal ein grünes, mal ein blaues oder weißes, immer knöchellang, immer geblümt. Sie hatte den Kopf gesenkt, sie blickte auf ihre alten Zehen im Gras, krumm und lang wie im echten Leben. Sie sah das Okapi nur ab und zu aus den Augenwinkeln an, von unten her, so, wie man jemanden anschaut, den man um einiges mehr liebt, als man preisgeben möchte.

Keiner bewegte sich, keiner gab einen Laut von sich, es ging nicht mal der Wind, der auf der Uhlheck in Wirklichkeit immer geht. Dann, am Schluss des Traumes, hob Selma den Kopf, das Okapi wandte seinen um, zu Selma, und jetzt schauten sie sich direkt an. Das Okapi blickte sehr sanft, sehr schwarz, sehr nass und sehr groß. Es schaute freundlich und so, als wolle es Selma etwas fragen, als bedaure es, dass Okapis auch im Traum keine Fragen stellen dürfen. Dieses Bild stand lange still: das Bild von Selma und dem Okapi, wie sie sich in die Augen schauten.

Dann zog sich das Bild zurück, Selma erwachte, und aus war er, der Traum, und aus war es bald mit irgendeinem nahen Leben.

Am Morgen danach, es war der 18. April 1983, wollte Selma ihren Traum vom Okapi überspielen und tat ausgesprochen fröhlich. Sie war im Vortäuschen von Fröhlichkeit ungefähr so gewieft wie ein Okapi, und sie glaubte, Ausgelassenheit demonstriere man am glaubwürdigsten durch Herumschlackern. So kam Selma nach ihrem Traum schief lächelnd in die Küche geschlackert, und mir fiel nicht auf, dass sie aussah wie Rudi Carrell, wenn er am Anfang von *Rudis Tagesshow* aus einem übermannshohen Globus trat, einem Globus mit hellblauen Ozeanen, goldenen Ländern und Schiebetüren.

Meine Mutter schlief noch, in unserer Wohnung über Selmas, mein Vater war bereits in seiner Praxis. Ich war müde. Gestern war ich nicht gut eingeschlafen, Selma hatte lang an meinem Bett gesessen. Vielleicht hatte etwas in mir geahnt, was Selma träumen würde, und sie deshalb besonders lange aufhalten wollen.

Wenn ich unten bei Selma schlief, erzählte sie mir am Bettrand Geschichten mit guten Enden. Als ich kleiner war, hatte ich nach den Geschichten immer ihr Handgelenk umfasst, meinen Daumen auf ihren Puls gelegt und mir vorgestellt, dass die ganze Welt alles im Rhythmus von Selmas Herzschlag tat. Ich stellte mir vor, wie der Optiker Linsen schliff, Martin ein Gewicht stemmte, Elsbeth ihre Hecke schnitt, wie der Einzelhändler Safttüten einräumte, meine Mutter Tannenzweige aufeinanderschichtete, mein Vater Rezepte stempelte, und alle taten das genau in Selmas Herzrhythmus. Darüber war ich immer verlässlich eingeschlafen, aber jetzt, mit zehn Jahren, fand Selma, sei ich zu alt dafür.

Als Selma hereingeschlackert kam, war ich am Küchentisch gerade dabei, meine fertigen Erdkundehausaufgaben in Martins Heft zu übertragen. Ich wunderte mich, dass Selma, statt mich zu beschimpfen, weil ich schon wieder Martins Hausaufgaben machte, »Hallöchen« sagte und mich lustig in die Seite knuffte. Selma hatte noch nie »Hallöchen« gesagt, und sie hatte auch noch nie irgendjemanden lustig geknufft.

»Was ist denn?«, fragte ich.

»Nichts«, flötete Selma, öffnete den Kühlschrank, holte ein Paket Schnittkäse und eine Leberwurst heraus und schwenkte beides durch die Luft. »Was darf's denn heute aufs Schulbrot sein?«, flötete sie. »Mäuselchen«, flötete sie noch hinterher, und Flöten und Mäuselchen waren nun wirklich alarmierend.

»Käse, bitte«, sagte ich, »was hast du denn?«

»Nichts«, flötete Selma, »hab ich doch gesagt.« Sie strich Butter auf eine Scheibe Brot, und weil sie immer noch herumschlackerte, schubste sie dabei den Käse mit dem Handgelenk von der Anrichte.

Selma hielt jetzt still und schaute hinab auf die Käsepackung, als sei sie etwas Kostbares, das in tausend Teile zersprungen war.

Ich ging zu ihr und hob den Käse auf. Ich sah ihr in die Augen, von weit unten. Selma war noch größer als die meisten anderen Erwachsenen, und sie war damals um die sechzig; aus meiner Perspektive also turmhoch und steinalt. Sie schien mir so hoch, dass ich glaubte, man könne von ihrem Kopf aus bis weit über das nächste Dorf hinaussehen, und so steinalt, dass ich glaubte, sie habe die Welt mit erfunden.

Sogar von hier unten, meterweit entfernt von Selmas Augen, konnte ich sehen, dass sich in der Nacht hinter ihren Lidern etwas Unheilvolles abgespielt hatte.

Selma räusperte sich. »Erzähl es niemandem weiter«, sagte sie leise, »aber ich fürchte, ich habe von einem Okapi geträumt.«

Jetzt war ich hellwach. »Bist du ganz sicher, dass es wirklich ein Okapi war?«

»Was soll es denn sonst gewesen sein«, sagte Selma, und dass man ein Okapi ja nur schwerlich mit einem anderen Tier verwechseln könne. »Doch«, sagte ich, es könne ja auch ein verwachsenes Rind gewesen sein, eine falsch zusammengesetzte Giraffe, eine Laune der Natur, und die Streifen und das Rostrote, das könne man doch alles nicht so genau erkennen in der Nacht, da sei schließlich alles sehr verschwommen.

»Das ist doch Quatsch«, sagte Selma und rieb sich die Stirn, »das ist doch leider Quatsch, Luise.«

Sie legte eine Scheibe Käse auf das Brot, klappte es zusammen und legte es in meine Butterbrotdose.

»Weißt du, wann genau du das geträumt hast?«

»Gegen drei Uhr«, sagte Selma. Sie war hochgeschreckt, nachdem das Bild vom Okapi sich zurückgezogen hatte, aufrecht im Bett sitzend war sie aufgewacht und hatte auf ihr Nachthemd gestarrt, in dem sie eben noch im Traum auf der Uhlheck gestanden hatte, und dann auf den Wecker. Drei Uhr.

»Wir sollten das wahrscheinlich nicht so ernst nehmen«, sagte Selma, aber sie sagte es wie ein Fernsehkommissar, der ein anonymes Schreiben nicht so ernst nimmt.

Selma packte die Butterbrotdose in meinen Schulranzen. Ich überlegte, Selma zu fragen, ob ich unter diesen Umständen zu Hause bleiben dürfe.

»Du gehst selbstverständlich trotzdem zur Schule«, sagte Selma, die immer wusste, was ich dachte, als hingen meine Gedanken in Buchstabengirlanden über meinem Kopf, »du lässt dich durch so einen dahergelaufenen Traum von überhaupt nichts abhalten.«

»Darf ich es Martin erzählen?«, fragte ich.

Selma überlegte. »In Ordnung«, sagte sie dann. »Aber wirklich nur Martin.«

Unser Dorf war zu klein für einen Bahnhof, es war auch zu klein für eine Schule. Martin und ich fuhren jeden Morgen erst mit dem Bus zu dem kleinen Bahnhof im Nachbardorf und dann mit dem Regionalzug in die Kreisstadt zur Schule.

Während wir auf den Zug warteten, hob Martin mich hoch. Martin übte schon seit dem Kindergarten Gewichtheben, und ich war das einzige Gewicht, das immer greifbar war und sich anstandslos hochheben ließ. Die Zwillinge aus dem Oberdorf ließen das nur gegen Bezahlung zu, zwanzig Pfennig pro hochgehobenem Zwilling, an den Erwachsenen und den Kälbern scheiterte Martin noch, und alles andere, was eine Herausforderung hätte sein können, zarte Bäume, halbstarke Schweine, war festgewachsen oder lief davon.

Martin und ich waren gleich groß. Er ging in die Hocke, fasste mich um die Hüften und stemmte mich hoch. Mittlerweile konnte er mich fast eine Minute lang in der Luft halten, ich berührte den Boden nur, wenn ich die Zehenspitzen sehr weit nach unten streckte. Als Martin mich zum zweiten Mal hochstemmte, sagte ich: »Meine Großmutter hat heute Nacht von einem Okapi geträumt.«

Ich schaute auf Martins Scheitel, sein Vater hatte ihm die blonden Haare mit einem nassen Kamm gekämmt, einzelne Strähnen waren noch dunkel.

Martins Mund war in Höhe meines Bauchnabels. »Stirbt dann jetzt einer?«, fragte er in meinen Pullover.

Vielleicht stirbt ja dein Vater, dachte ich, aber natürlich sagte ich das nicht, denn Väter dürfen nicht sterben, egal wie schlimm sie sind. Martin stellte mich ab und atmete aus.

»Glaubst du daran?«, fragte er.

»Nein«, sagte ich.

Das rot-weiße Signalschild an den Gleisen löste sich aus seiner Halterung und fiel scheppernd herunter.

»Ganz schön windig heute«, sagte Martin, dabei stimmte das gar nicht.

Während Martin und ich im Zug waren, erzählte Selma am Telefon ihrer Schwägerin Elsbeth, dass sie von einem Okapi geträumt hatte. Sie band Elsbeth auf die Seele, es niemandem weiterzusagen, und Elsbeth rief anschließend die Frau des Bürgermeisters an, eigentlich nur wegen der Planung des anstehenden Maifestes, aber als die Bürgermeistersfrau fragte: »Und, gibt's sonst noch was Neues?«, da lösten sich die Bande, mit denen Selma den Traum vom Okapi auf Elsbeths Seele gebunden hatte, sehr zügig, und dann wusste es im Handumdrehen das ganze Dorf. Es ging so schnell, dass Martin und ich noch im Zug zur Schule waren, als das ganze Dorf es wusste.

Die Zugfahrt dauerte fünfzehn Minuten, einen Zwischenhalt gab es nicht. Seit unserer ersten Zugfahrt spielten wir immer dasselbe: Wir stellten uns mit dem Rücken zu den Fenstern an die gegenüberliegenden Zugtüren, Martin machte die Augen zu, ich sah aus dem Fenster der Zugtür, die Martin im Rücken hatte. In der ersten Klasse hatte ich Martin aufgezählt, was ich während der Fahrt sah, und Martin versuchte, alles auswendig zu lernen. Das gelang sehr gut, sodass ich im zweiten Schuljahr nichts mehr aufzählte und Martin, mit dem Rücken zum Fenster und geschlossenen Augen, fast alles aufsagen konnte, was ich durch das beschlagene Zugfenster gerade sah: »Drahtfabrik«, sagte er, genau in dem Moment, als wir an der Drahtfabrik vorbeifuhren. »Jetzt Feld. Weide. Das Gehöft vom verrückten Hassel. Wiese. Wald. Wald. Hochsitz eins. Feld. Wald. Wiese. Weide, Weide. Reifenfabrik. Dorf. Weide. Feld. Hochsitz zwei. Waldstück. Hof. Feld. Wald. Hochsitz drei. Dorf.«

Am Anfang machte Martin noch Flüchtigkeitsfehler, er sagte »Wiese«, wenn da eigentlich ein Feld war, oder er zählte die Landschaft nicht schnell genug auf, wenn der Zug in der Mitte der Strecke beschleunigte. Aber bald lag er in allem punktgenau richtig, er sagte »Feld«, wenn ich ein Feld sah, er sagte »Bauernhof«, wenn der Bauernhof vorbeirauschte.

Jetzt, im vierten Schuljahr, konnte Martin alles komplett einwandfrei, mit genau den richtigen Abständen, vorwärts und rückwärts. Im Winter, wenn der Schnee Felder und Wiesen ununterscheidbar machte, sagte Martin auf, was die unebene weiße Fläche, die ich vorbeirauschen sah, eigentlich war: Feld, Wald, Wiese, Weide, Weide.

Bis auf Selmas Schwägerin Elsbeth waren die Leute im Dorf meistens nicht abergläubisch. Sie machten unbekümmert all das, was man bei Aberglauben nicht machen darf: Sie saßen gelassen unter Wanduhren, obwohl man bei Aberglauben daran sterben kann, sie schliefen mit dem Kopf zur Tür hin, obwohl das bei Aberglauben bedeutet, dass man durch genau die Tür bald mit den Füßen zuerst hinausgetragen wird. Sie hängten zwischen Weihnachten und Neujahr Wäsche auf, was, wie Elsbeth warnte, bei Aberglauben einem Suizid oder einer Beihilfe zum Mord gleichkommt. Sie erschraken nicht, wenn nachts das Käuzchen rief, wenn ein Pferd im Stall stark schwitzte, wenn ein Hund nachts jaulte, mit gesenktem Kopf.

Selmas Traum aber schuf Tatsachen. War ihr im Traum ein Okapi erschienen, erschien im Leben der Tod; und alle taten, als würde er wirklich erst jetzt erscheinen, als käme er überraschend angeschlackert, als sei er nicht schon von Anfang an mit von der Partie, immer in der erweiterten Nähe, wie eine Tauftante, die das Leben lang kleine und große Aufmerksamkeiten vorbeischickt.

Die Leute im Dorf waren beunruhigt, man sah es ihnen an, auch wenn sie größtenteils versuchten, sich nichts anmerken zu lassen. Heute Morgen, wenige Stunden nach Selmas Traum, bewegten sich die Leute im Dorf, als habe sich auf allen Wegen Blitzeis gebildet, nicht nur draußen, sondern auch in den Häusern, Blitzeis in den Küchen und Wohnzimmern. Sie bewegten sich, als seien ihnen die eigenen Körper ganz fremd, als seien all ihre Gelenke entzündet und auch die Gegenstände, mit denen sie hantierten, hochentzündlich. Den ganzen Tag lang beargwöhnten sie ihr Leben und, soweit möglich, das aller anderen. Immer wieder schauten sie hinter sich, um zu überprüfen, ob da jemand angesprungen käme mit Mordlust, jemand, der den Verstand verloren und deshalb nichts Nennenswertes mehr zu verlieren hatte, und sie schauten rasch wieder nach vorne, weil jemand ohne Verstand schließlich auch frontal angreifen konnte. Sie schauten nach oben, um herabfallende Dachziegel, Äste oder schwere Lampenschirme auszuschließen. Sie mieden alle Tiere, weil es aus denen, glaubten sie, schneller herausbrechen konnte als aus Menschen. Sie machten einen Bogen um die gutartigen Kühe, die heute womöglich austreten würden, sie mieden die Hunde, auch die ganz alten, die kaum noch stehen konnten, ihnen aber heute vielleicht trotzdem an die Gurgel gehen würden. An solchen Tagen war alles möglich, da konnten einem auch vergreiste Dackel die Kehle durchbeißen, viel abwegiger als ein Okapi war das schließlich nicht.

Alle waren beunruhigt, aber bis auf Friedhelm, den Bruder des Einzelhändlers, war niemand entsetzt, weil man für Entsetzen üblicherweise Gewissheit braucht. Friedhelm war dermaßen entsetzt, als habe das Okapi in Selmas Traum seinen Namen geflüstert. Er rannte davon, schreiend und zitternd stolperte er durch den Wald, bis der Optiker ihn einfing und zu meinem Vater brachte. Mein Vater war Arzt und gab Friedhelm eine Spritze, die so glücklich machte, dass Friedhelm den Rest des Tages durchs Dorf tänzelte, *O du schöner Westerwald* sang und damit allen auf die Nerven fiel.

Die Leute im Dorf beargwöhnten ihr Herz, das so viel Aufmerksamkeit nicht gewohnt war und deshalb verstörend schnell klopfte. Sie erinnerten sich, dass es bei einem aufziehenden Herzinfarkt in einem Arm kribbelt, sie erinnerten sich aber nicht, in welchem, deshalb kribbelte es den Leuten im Dorf in beiden Armen. Sie beargwöhnten ihren Geisteszustand, der ebenfalls solche Aufmerksamkeit nicht gewohnt war und deshalb ebenfalls verstörend schnell klopfte. Sie fragten sich, wenn sie sich ins Auto setzten, wenn sie eine Mistgabel zur Hand oder einen Topf kochendes Wasser vom Herd nahmen, ob nicht gleich der Verstand verlustig gehen, eine zügellose Verzweiflung hervorbrechen würde und mit ihr das Verlangen, das Auto mit Vollgas gegen einen Baum zu fahren, sich in die Mistgabel zu stürzen oder das kochende Wasser über den Kopf zu gießen. Oder das Verlangen, zwar nicht sich selbst, aber einen Nahestehenden, den Nachbarn, den Schwager, die Ehefrau, mit kochendem Wasser zu begießen oder zu überfahren oder in die Mistgabel zu stoßen.

Manche im Dorf mieden jede Bewegung, den ganzen Tag lang; einige sogar länger. Elsbeth hatte Martin und mir erzählt, dass vor Jahren, am Tag nach Selmas Traum, der pensionierte Postbote begonnen hatte, sich gar nicht mehr zu bewegen. Jede Bewegung, da war er sicher, konnte den Tod bedeuten; auch Tage und Monate nach Selmas Traum, als traumweisungsgemäß längst jemand gestorben war, die Mutter des Schusters nämlich. Der Postbote war einfach für immer sitzen geblieben. Seine unbewegten Gelenke hatten sich entzündet, das Blut war verklumpt und schließlich auf halbem Weg durch seinen Körper stehen geblieben, gleichzeitig mit dem beargwöhnten Herz; der pensionierte Postbote hatte sein Leben verloren aus Angst, sein Leben zu verlieren.

Einige Leute im Dorf fanden, dass es jetzt unbedingt an der Zeit sei, mit einer verschwiegenen Wahrheit herauszurücken. Sie schrieben Briefe, ungewohnt wortreiche, in denen von »immer« und »niemals« die Rede war. Bevor man stirbt, fanden sie, sollte man wenigstens auf den letzten Drücker Wahrhaftigkeit ins Leben bringen. Und die verschwiegenen Wahrheiten, glaubten die Leute, sind die wahrhaftigsten überhaupt: Weil nie an ihnen gerührt wird, ist ihre Wahrhaftigkeit gestockt, und weil sie in ihrer Verschwiegenheit zur Bewegungslosigkeit verdammt sind, werden diese Wahrheiten im Lauf der Jahre immer üppiger. Nicht nur die Leute, die die verschwiegene und beleibte Wahrheit herumtrugen, auch die Wahrheit selbst glaubte an Wahrhaftigkeit auf den letzten Drücker. Auch sie wollte kurz vor knapp unbedingt hinaus und drohte, dass es sich mit einer verschwiegenen Wahrheit im Leib besonders qualvoll stürbe, dass es ein langwieriges Tauziehen geben würde zwischen dem Tod, der auf der einen Seite zieht, und der korpulenten Wahrheit, die auf der anderen Seite zieht, weil sie verschwiegen nicht sterben möchte, weil sie bereits ihr ganzes Leben lang bestattet war, weil sie jetzt wenigstens einmal kurz hinauswill, entweder um bestialischen Gestank zu verbreiten und alle zu erschrecken, oder um festzustellen, dass sie, bei Licht betrachtet, gar nicht so grauenhaft und furchterregend war. Kurz vor dem mutmaßlichen Ende will die verschwiegene Wahrheit dringend eine Zweitmeinung einholen.

Der Einzige, der sich über Selmas Traum freute, war der alte Bauer Häubel. Bauer Häubel hatte so lange gelebt, dass er beinahe durchsichtig war. Als ihm sein Urenkel von Selmas Traum erzählte, stand Bauer Häubel vom Frühstückstisch auf, nickte seinem Urenkel zu und ging die Treppe hoch in sein Zimmer, in die Dachstube. Dort legte er sich ins Bett und schaute zur Tür wie ein Geburtstagskind, das vor lauter Aufregung viel zu früh wach geworden ist und ungeduldig darauf wartet, dass endlich die Eltern mit dem Kuchen hereinkommen.

Bauer Häubel war der festen Überzeugung, dass der Tod höflich sein würde, so wie Bauer Häubel selbst es sein Leben lang gewesen war. Er war sicher, dass der Tod ihm das Leben nicht entreißen, sondern behutsam aus der Hand nehmen würde. Er stellte sich vor, wie der Tod vorsichtig anklopfte, die Tür nur einen Spalt öffnete und »Darf ich?« fragte, was Bauer Häubel natürlich bejahen würde. »Selbstverständlich«, würde Bauer Häubel sagen, »treten Sie doch ein«, und der Tod würde eintreten. Er würde sich an Bauer Häubels Bett stellen und fragen: »Passt es Ihnen jetzt? Ich kann sonst auch zu einem späteren Zeitpunkt vorbeikommen.« Bauer Häubel würde sich aufrichten und »Nein, nein, es passt mir gerade sehr gut« sagen, »lassen Sie es uns besser nicht noch einmal verschieben, wer weiß, wann Sie es wieder einrichten können«, und der Tod würde sich an den schon bereitgestellten Stuhl am Kopfende setzen. Er würde sich im Vorhinein für die Kälte seiner Hände entschuldigen, die, das wusste Bauer Häubel, ihm überhaupt nichts ausmachen würde, und dann eine Hand auf Bauer Häubels Augen legen.

So stellte Bauer Häubel sich das vor. Er stand noch mal auf, weil er vergessen hatte, die Dachluke zu öffnen, damit nachher die Seele umstandslos hinausfliegen konnte.

Die Liebe des Optikers

Die Wahrheit, die am Vormittag nach Selmas Traum auf den letzten Drücker aus dem Optiker herausrücken wollte, war keine objektiv schreckliche Wahrheit. Der Optiker hatte keine Affäre (es gab auch niemanden, mit dem er eine Affäre hätte haben wollen), er hatte nie jemanden bestohlen und außer sich selbst auch niemanden nachhaltig belogen.

Die verschwiegene Wahrheit des Optikers war, dass er Selma liebte, und zwar seit Jahrzehnten. Manchmal versuchte er, das nicht nur vor allen anderen, sondern auch vor sich selbst zu verstecken. Aber sehr zeitnah tauchte dann die Liebe zu Selma wieder auf; sehr zeitnah wusste der Optiker wieder ganz genau, wo er die Liebe zu Selma versteckt hatte.

Der Optiker war fast jeden Tag da, von Anfang an. Er war aus meiner Sicht fast so steinalt wie Selma, und also hatte auch er die Welt mit erfunden.

Als Martin und ich in den Kindergarten gekommen waren, hatten Selma und der Optiker uns die Schleife beigebracht, zu viert hatten wir auf den Stufen vor unserem Haus gesessen, und Selma und der Optiker hatten sich beim Beibringen die Rücken verknackst, weil sie sich so lange zu unseren Kinderschuhen hinuntergebeugt und immer wieder in Zeitlupe die Schleife vorgemacht hatten, Selma mit meinen, der Optiker mit Martins Schnürsenkeln.

Auch das Schwimmen hatten Selma und der Optiker uns beigebracht, sie hatten im Nichtschwimmerbecken gestanden, beide bis zum Bauchnabel im Wasser, Selma trug eine große violette Rüschen-Badehaube, die aussah wie eine Hortensie und die sie sich von Elsbeth geliehen hatte, damit Rudi Carrells Frisur nichts geschah. Ich lag mit dem Bauch auf Selmas Händen, Martin auf den Händen des Optikers. »Wir lassen nicht los«, sagten Selma und der Optiker, und irgendwann: »Wir lassen jetzt los«, und Martin und ich schwammen, erst zappelig und mit vor Panik und Stolz weit aufgerissenen Augen, dann immer sicherer. Selma fiel dem Optiker jubelnd in die Arme, und dem Optiker traten die Tränen in die Augen.

»Das ist nur eine allergische Reaktion«, sagte er.

»Gegen was?«, fragte Selma.

»Gegen diesen einen bestimmten Stoff in Badehaubenrüschen«, behauptete der Optiker.

Selma und der Optiker hatten uns das Fahrradfahren beigebracht, der Optiker hielt Martins Gepäckträger fest, Selma meinen. »Wir lassen nicht los«, sagten sie, und irgendwann: »Wir lassen jetzt los«, und Martin und ich fuhren, erst wackelig und dann immer sicherer. Selma fiel dem Optiker jubelnd in die Arme, und dem Optiker traten die Tränen in die Augen.

»Das ist nur eine allergische Reaktion«, sagte er.

»Gegen was?«, fragte Selma.

»Gegen diesen einen bestimmten Stoff in Fahrradsitzen«, behauptete der Optiker.

Der Optiker und Selma hatten Martin und mir vor dem Bahnhof in der Kreisstadt die Uhr erklärt. Alle vier sahen wir zu dem großen, runden Zifferblatt hoch, Selma und der Optiker deuteten auf Zahlen und Zeiger wie auf Sternbilder. Als wir die Uhr verstanden hatten, erklärte der Optiker die Zeitverschiebung gleich hinterher; er bestand darauf, als habe er schon damals gewusst, wie sehr und wie oft sich die Zeit für mich noch verschieben würde.

Der Optiker hatte mir im Eiscafé in der Kreisstadt das Lesen beigebracht, zusammen mit Selma und Martin, der das schon konnte. Der neue Eigentümer des Cafés, Alberto, hatte seinen Eisbechern sehr leidenschaftliche Namen gegeben, und vielleicht war das Eiscafé nicht gut besucht, weil die Leute im Westerwald lieber »drei Bällchen gemischt« bestellten als *Flammende Versuchung* oder *Heißes Verlangen*. »Eisbecher *Heimliche Liebe*« war das Erste, was ich lesen konnte. Wenig später las ich die Horoskope auf den Zuckertütchen vor, die Selmas Kaffee beilagen, ich las sie erst stockend und dann immer flüssiger. »Löwe«, las ich, »mutig, stolz, offen, eitel, kontrollwütig.« Der Zeigefinger des Optikers fuhr in meinem Vorlesetempo unter den Wörtern entlang, sehr langsam bei »kontrollwütig«, und als ich mein erstes Zuckertütchen flüssig vorgelesen hatte, bekam ich zur Belohnung eine kleine *Heimliche Liebe* mit Sahne.

Der Optiker nahm immer die mittlere *Heimliche Liebe* ohne Sahne. »Die große *Heimliche Liebe* schaffe ich nicht«, sagte er und sah Selma aus den Augenwinkeln an, Selma aber hatte keinen Sinn für Metaphern, auch wenn sie direkt vor ihrer Nase auf einem Eiscafétisch standen, mit Schirmchen.

Der Optiker war dabei, als Martin und ich vor Kurzem eine Popmusiksendung im Radio entdeckt hatten und von da an nichts anderes mehr hören wollten. Wir baten den Optiker, uns die Texte der Lieder zu übersetzen, obwohl wir sie auch auf Deutsch nicht verstanden. Wir waren zehn und wussten nicht, was im Eiscafé und im Radio mit brennendem Verlangen und heißem Schmerz gemeint war.

Wir beugten uns nahe an das Radio heran. Der Optiker war hoch konzentriert, das Radio war alt und rauschte, und die Sänger sangen sehr schnell.

»Billie Jean ist nicht meine Geliebte«, übersetzte der Optiker.

»Billie klingt eher nach einem Mann«, sagte Selma.

»Billie Jean ist auch nicht mein Geliebt*er*«, sagte der Optiker entrüstet.

»Leise«, riefen Martin und ich.

»Was für ein Gefühl«, übersetzte der Optiker, »nimm deine Passion und lass es geschehen.«

»Vielleicht eher: deine Leidenschaft?«, fragte Selma.

»Richtig«, sagte der Optiker. Weil er wegen seiner Bandscheiben nicht so lange sitzen konnte, legten wir uns mit dem Radio und einer Decke auf den Boden.

»Hebe uns hoch, wo wir hingehören«, übersetzte der Optiker, »auf einen hohen Berg, wo die Adler weinen.«

»Vielleicht eher: schreien?«, fragte Selma.

»Das ist gehupft wie gesprungen«, sagte der Optiker.

»Leise!«, riefen wir, und dann kam mein Vater und sagte, dass es langsam Zeit zum Schlafengehen sei. »Noch ein letztes Lied, bitte«, sagte ich. Mein Vater lehnte sich in den Türrahmen.

»Worte kommen nicht leicht zu mir«, übersetzte der Optiker, »wie kann ich einen Weg finden, der dich sehen lässt, dass ich dich liebe.«

»Den Eindruck hat man gar nicht«, fand Selma, »dass Worte nicht leicht zu ihm kommen«, und mein Vater seufzte und sagte: »Ihr müsst dringend mal ein bisschen mehr Welt hereinlassen.«

Der Optiker nahm seine Brille ab und drehte sich zu meinem Vater um. »Das tun wir doch gerade«, sagte er.

Jetzt, nachdem der Optiker von Selmas Traum erfahren und allen gesagt hatte, dass er kein bisschen daran glaube, zog er seinen guten Anzug an, der mit den Jahren immer größer wurde, nahm einen Stapel angefangener Briefe vom Tisch, der ebenfalls mit den Jahren immer größer wurde, und packte ihn in seine große Ledertasche.

Er ging los zu Selmas Haus, er hätte den Weg auch blind oder rückwärts laufen können, er ging ihn seit Jahrzehnten beinahe täglich, allerdings ohne den guten Anzug, ohne den Stapel angefangener Briefe, aber immer mit der verschwiegenen Liebe im Leib, die jetzt auf den vielleicht letzten Drücker an die Luft wollte.

Während er mit großen Schritten zu Selmas Haus ging, schlug sein Herz laut gegen den Brustkorb, es schlug im Einklang mit der verschwiegenen Wahrheit, und die Ledertasche schlug bei jedem Schritt gegen seine Hüfte, die Ledertasche voller

Liebe Selma, es gibt da etwas, das ich dir schon seit Jahren

Liebe Selma, es ist, nach all den Jahren unserer Freundschaft, bestimmt ~~falsch~~ ~~komisch~~ ~~seltsam~~ ~~bemerkenswert~~ ~~unerwartet~~ ~~überraschend~~ falsch

Liebe Selma, anlässlich der Hochzeit von Inge und Dieter möchte ich dir endlich einmal

Liebe Selma, du wirst lachen, aber

Liebe Selma, dein Apfelkuchen war mal wieder unübertrefflich. Apropos unübertrefflich. Du bist

Liebe Selma, eben haben wir noch bei einem Glas Wein zusammengesessen, und du sagtest zu Recht, dass der Mond ja heute besonders voll und schön sei. Apropos ~~voll und~~ schön

Liebe Selma, mir geht das mit Karls Erkrankung sehr nahe, auch wenn ich das vorhin nicht so zum Ausdruck bringen konnte. Es macht einem deutlich, wie begrenzt ~~das Leben hienieden~~ ~~unser Dasein~~ alles ist, und deshalb möchte ich dir dringend

Liebe Selma, du hast vorhin gefragt, warum ich so still bin, und die Wahrheit ist

Liebe Selma, nun ist ja Weihnachten, ganz ohne Schnee, also so, wie du es gar nicht magst. Apropos mögen

Liebe Selma, anlässlich der Scheidung von Inge und Dieter

Liebe Selma, anlässlich des Festes der Liebe

Liebe Selma, anlässlich von Karls Beerdigung

Liebe Selma, ganz ohne Anlass

Liebst

Liebe Selma, im Gegensatz zu dir bin ich mir ganz sicher, dass wir bei »Unser Dorf soll schöner werden« gewinnen werden. Allein wegen deiner Schönheit ist uns der erste Platz ganz

Liebe Selma, es ist völlig klar, dass wir bei »Unser Dorf soll schöner werden« nicht gewinnen konnten. Unser Dorf muss nicht schöner werden. Es ist bereits vollkommen schön, weil du

Liebe Selma, schon wieder Weihnachten. Ich sitze hier und schaue hinaus in den Schnee und frage mich, wann er schmelzen wird. Apropos schmelzen

Liebe Selma, Weihnachten ist ja die Zeit der Geschenke. Apropos Geschenke. Was ich dir schon längst zu Füßen

Liebe Selma, mal was ganz anderes

Liebe Selma, übrigens, was ich dir immer schon mal

Liebe Selma, schon wieder Weihnachten

Liebe Selma ~~VERDAMMT~~

Liebe Selma, als wir vorhin mit Luise und Martin im Schwimmbad waren, glänzte das Blau des Wassers in der Sonne ~~wie das Blau deiner Au~~

Liebe Selma, danke für den Tipp wegen der Maulwurfshügel. Apropos Hügel. Beziehungsweise Berg. Ich kann nicht länger hinter dem Berg halten mit

Liebe Selma, apropos Liebe

Der Optiker eilte die Straße hinunter zu Selmas Haus, er sah nicht nach rechts oder links zu den paar Häusern, die da standen, in denen alle wahrscheinlich damit beschäftigt waren, ihre Herzen, ihren Verstand und ihre Nächsten zu beäugen, mit Wahrheiten herauszurücken oder diese Wahrheiten in Empfang zu nehmen. Wahrheiten, die sich vielleicht, sobald sie ans Licht kamen, als gar nicht so grausig erwiesen, Wahrheiten, die vielleicht aber auch ganz genauso schrecklich waren wie erwartet und bei denen den, der sie in Empfang nehmen musste, sofort der Schlag traf, und dann hätte Selmas Traum seinen Dienst getan.

Kurz dachte der Optiker über Wahrheiten nach, bei denen jemand der Schlag treffen könnte. Er fand, dass sie alle klangen wie Sätze aus der amerikanischen Vorabendserie, die Selma immer schaute. Im Gegensatz zu Selma fieberte der Optiker bei der

Vorabendserie kein bisschen mit, aber bei Selmas Profil, da fieberte er mit, und die Vorabendserie gab ihm Gelegenheit, vierzig Minuten lang aus den Augenwinkeln Selmas Profil zu bestaunen, während Selma ihre Serie bestaunte. Wahrheiten, bei denen einen der Schlag treffen konnte, klangen wie die Sätze, die ganz am Ende der Serie gesagt werden, bevor die Titelmelodie ertönt und Selma eine Woche lang auf die Fortsetzung warten musste, Sätze wie »Ich habe dich nie geliebt« oder »Matthew ist nicht dein Sohn« oder »Wir sind bankrott«.

Der Optiker hätte nicht darüber nachdenken sollen, denn jetzt bekam er die Titelmelodie der Vorabendserie nicht mehr aus dem Kopf, eine für ein Liebesgeständnis vollkommen unangemessene Melodie, und schon wurde der Optiker auf seinem Weg von seinen inneren Stimmen angerempelt.

Der Optiker hatte in sich eine ganze Wohngemeinschaft voller Stimmen. Es waren die schlimmsten Mitbewohner, die man sich vorstellen konnte. Sie waren immer zu laut, vor allem nach zweiundzwanzig Uhr, sie verwüsteten die Inneneinrichtung des Optikers, sie waren viele, sie zahlten nie, sie waren unkündbar.

Die inneren Stimmen plädierten seit Jahren dafür, die Liebe zu Selma zu verbergen. Auch jetzt, auf dem Weg zu Selma, waren die Stimmen natürlich unbedingt dafür, die Wahrheit über die Liebe zurückzuhalten, jetzt, wo man im Zurückhalten doch so versiert, wo man jahrzehntelang so gut mit der Zurückhaltung gefahren sei. Es sei zwar ohne das Liebesgeständnis nichts sonderlich Schönes passiert, sagten die Stimmen, aber auch nichts sonderlich Schlimmes, und darauf komme es schließlich an.

Der Optiker, der sich sonst immer gewählt ausdrückte, blieb kurz stehen, hob den Kopf und sagte laut: »Klappe halten!«, denn er wusste, dass man sich mit inneren Stimmen auf keine Diskussion einlassen durfte, er wusste, dass die Stimmen äußerst geschwätzig werden konnten, wenn man sie nicht sofort anherrschte.

Und dann, wenn die Wahrheit heraus wäre, fuhren die unbeeindruckten Stimmen fort, würde vielleicht doch etwas Schlimmes passieren. Vielleicht, zischelten die Stimmen, fände Selma die Wahrheit, also diese korpulente, seit Jahren verschnürte Liebe des Optikers ganz besonders bedrohlich oder unansehnlich. Und wenn der Optiker tatsächlich heute stürbe, wenn er gemeint war mit Selmas Traum, dann wäre das Letzte, was Selma von ihm bekommen hätte, etwas so Unappetitliches wie seine seit Jahren nie gelüftete Liebe.

Der Optiker machte einen torkelnden Schritt nach rechts. Das tat er manchmal, er sah dann sekundenlang betrunken aus. Selma hatte ihn letztes Jahr überredet, sich wegen dieses plötzlichen Torkelns untersuchen zu lassen. Der Optiker war mit Selma in die Kreisstadt gefahren, ein Neurologe hatte der Optiker untersucht und nichts gefunden, weil innere Stimmen natürlich auch für Untersuchungsapparate unsichtbar sind. Der Optiker war nur zum Neurologen gefahren, damit Selma Ruhe gab, er hatte im Vorhinein gewusst, dass man nichts finden würde; der Optiker wusste, dass er torkelte, weil die inneren Stimmen ihn anrempelten.

»Klappe halten«, sagte der Optiker noch einmal lauter und ging schneller, »Selma findet nur sehr selten etwas bedrohlich oder unansehnlich.«

Damit hatte er völlig recht, und damit hatte er leider mehr gesagt, als er den Stimmen eigentlich hätte antworten sollen.

Aber die Liebe fände sie womöglich ausgerechnet doch unansehnlich, zischelten die Stimmen, es habe ja einen Grund, sagten sie, dass die Wahrheit so lange verborgen wurde.

»Feigheit war das«, sagte der Optiker und schob die Ledertasche auf die andere Hüfte, weil das Rempeln der Tasche und das Rempeln der Stimmen langsam begannen wehzutun.

»Besonnenheit war das«, sagten die Stimmen, »Angst ist ja

manchmal doch ein guter Ratgeber«, sagten sie und summten die Titelmelodie der Vorabendserie.

Der Optiker wurde jetzt langsamer. Der Weg zu Selmas Haus, der eigentlich zehn Minuten dauerte, kam ihm plötzlich vor wie eine Tagesreise, eine Tagesreise mit sehr, sehr viel Gepäck.

Er ging an weiteren Häusern vorbei, Häusern voller verschwiegener Wahrheiten, die ans Licht wollten, und er fuhr jetzt alles auf, was er je an Sinnsprüchen über Mut gelesen hatte. Das war eine Menge. Immer, wenn er mit Selma in die Kreisstadt fuhr, weil Selma ihren Wochenendeinkauf erledigen wollte, wartete der Optiker vor einem abgelegenen Geschenkideengeschäft auf sie, denn dort konnte man gut heimlich rauchen, dort wurde man von Selma bestimmt nicht erwischt, nirgends war man vor ihr so sicher wie vor einem Geschenkideengeschäft.

Während Selma einkaufte, hatte der Optiker mittlerweile den ganzen immerhin 96-fächrigen Postkartenständer vor dem Geschenkideengeschäft gelesen und vollgequalmt. Auf jeder Postkarte war eine Landschaft abgebildet, die mit der Kreisstadt nicht das Geringste zu tun hatte, nämlich eine mit Meer, Wasserfall oder Wüste, und dazu jeweils ein Sinnspruch, der mit dem Optiker nicht das Geringste zu tun hatte. Jetzt, da er merkte, dass die Stimmen immer kraftvoller und er immer kraftloser wurde, sagte er sich die Sprüche auf, laut und schon kurz vor Selmas Haus.

»Mut tut gut«, sagte er.

»Das wüssten wir aber«, sagten die Stimmen.

»Am Mute hängt der Erfolg«, sagte der Optiker.

»Mute, Mute, Schnute«, sagten die Stimmen.

»Lieber auf neuen Wegen stolpern als auf alten Wegen auf der Stelle treten«, sagte der Optiker.

»Lieber auf alten Wegen auf der Stelle treten als auf neuen stolpern, unglücklich fallen und sich mehrere irreparable Wirbelbrüche zuziehen«, sagten die Stimmen.

»Heute ist der erste Tag vom Rest deines Lebens«, sagte der Optiker.

»Bisschen kurzer Rest«, sagten die Stimmen, »irgendwie lohnt das jetzt auch nicht mehr.«

»Wer die besten Früchte ernten will, muss auf den Baum steigen«, sagte der Optiker, und die Stimmen antworteten: »Und dann fällt der Baum um, genau in dem Moment, wo er einen morschen Optiker in der Krone hat.«

Der Optiker ging jetzt sehr langsam. Die Tasche schlug nicht mehr gegen die Hüfte, das Herz nicht mehr gegen den Brustkorb. Die Stimmen summten die Melodie der Vorabendserie, sie säuselten: »Wir sind bankrott« und »Matthew ist nicht dein Sohn«.

»Klappe halten«, sagte der Optiker, »bitte.«

Selma saß vor ihrem Haus und sah den Optiker den Hang hochkommen. Sie stand auf und ging ihm entgegen. Auch der Hund, der zu Selmas Füßen gesessen hatte, erhob sich und ging mit, der junge Hund, dem man bereits ansah, dass er eines Tages riesig sein würde, so groß, dass der Optiker sich schon jetzt fragte, ob es sich überhaupt um einen Hund handelte, ob es nicht eher eine riesige, noch unentdeckte Art Landsäugetier war.

»Was murmelst du denn da?«, fragte Selma.

»Ich habe was gesungen«, sagte der Optiker.

»Du bist blass«, sagte Selma, »mach dir keine Sorgen. Dich trifft's bestimmt nicht«, obwohl sie natürlich keine Ahnung hatte, wen es treffen würde.

»Schicker Anzug«, sagte Selma. »Allerdings wird er auch nicht jünger. Was hast du denn gesungen?«

Der Optiker schob seine Tasche auf die andere Hüfte und sagte: »Wir sind bankrott.«

Selma legte den Kopf schief, kniff die Augen zusammen und sah in das Gesicht des Optikers wie ein Hautarzt, der einen besonders eigentümlichen Leberfleck betrachtet.

Es war jetzt still im Optiker. Die inneren Stimmen schwiegen, sie schwiegen in der Gewissheit, dass jetzt nichts mehr schiefgehen konnte.

Es war still im Optiker bis auf einen Satz. Es war ein Satz, der sich in seinem Inneren ausbreitete wie vergossene Farbe, ein Satz, der mit so viel Kraft so viel Kraftlosigkeit verbreitete, dass dem Optiker war, als schwänden all seine Muskeln im Leib, als würden sämtliche Haare auf seinem Kopf, die noch nicht grau waren, das jetzt unverzüglich nachholen, als müssten die Blätter an den Bäumen, die um Selma und ihn herumstanden, unverzüglich welken und die Bäume selbst einknicken vor lauter Müdigkeit wegen des Satzes, der sich im Optiker ausbreitete, als müssten die Vögel aus dem Himmel fallen, weil der Satz eine plötzliche Flügellähmung auslöste, als müssten den Kühen auf der Weide die Beine schwach werden und als würde der Hund, der neben Selma stand und ein Hund war, was sollte er denn auch sonst sein, einfach durch die drei Worte im Optiker unverzüglich eingeschläfert werden, alles welkt, dachte der Optiker, alles verschrumpelt und fällt um und herunter und knickt ein durch den Satz: »Lieber doch nicht.«

Ein bislang unentdecktes Landsäugetier

Der Hund war letztes Jahr zu Selmas Geburtstag aufgetaucht. Mein Vater hatte Selma einen Bildband über Alaska geschenkt und zwinkernd gesagt: »Später kommt noch eine Überraschung.«

Selma war nie in Alaska gewesen, und sie wollte auch nicht hin. »Danke«, hatte sie gesagt und den Bildband zu den anderen Bildbänden ins Wohnzimmerregal gestellt. Mein Vater schenkte ihr jedes Jahr einen Bildband, wegen der Welt, die sie, wie er fand, dringend hereinlassen müsse.

Von Elsbeth bekam Selma ein Pfund Kaffee und einen Tiegel Schneckensalbe, die Elsbeth zufolge graue Haare wieder blond machen könne, von der traurigen Marlies zwei Dosen Champignons dritte Wahl und vom Optiker auf ausdrücklichen Wunsch zehn Packungen Mon Chéri. Selma mochte an Mon Chéri besonders die Füllung. »Die Füllung ist so entspannend«, sagte sie. Sie biss das Mon Chéri für gewöhnlich an der Stirnseite auf, saugte die Kirsche und den Kirschlikör heraus und gab das Schokoladengehäuse mir.

Wir sangen *Hoch soll sie leben*, Martin nahm das zum Anlass, Selma hochzuheben, es klappte nicht. Wir aßen Kuchen, und mein Vater erzählte von seiner Psychoanalyse, er erzählte sehr gern davon. »Stichwort Psychoanalyse«, sagte mein Vater, auch wenn niemand im Raum eine Psychoanalyse erwähnt hatte.

Der Psychoanalytiker meines Vaters hieß Doktor Maschke und hatte eine Praxis in der Kreisstadt. Kurz nachdem mein Vater eröffnet hatte, dass er eine Psychoanalyse begonnen habe – er eröffnete das, wie andere eröffnen, dass sie heiraten –, lief im Fernsehen ein *Tatort*, dessen Hauptverdächtiger ausgerechnet Maschke hieß. Ich durfte den Film nicht sehen, ich war noch längst nicht im Tatortalter, ich sah ihn heimlich durch die angelehnte Wohnzimmertür.

Der Tatortkommissar ahnte von Anfang an, dass Maschke kriminell war, er hatte ein anonymes Schreiben erhalten, in dem stand: »Maschke hat was vor.« Seither sah ich immer, wenn mein Vater sagte, »Ich geh jetzt zu Doktor Maschke, bis später«, das anonyme Schreiben an den Kommissar vor mir, in dem stand, dass Maschke etwas vorhabe, und zwar immerhin etwas, das ein anonymes Schreiben erforderte.

Selma war es unangenehm, dass mein Vater Doktor Maschke von ihr erzählte. Er musste das tun, denn Mütter sind die Hauptverdächtigen in einer Psychoanalyse. Nicht nur Selma, auch mir war es unrecht, dass mein Vater die ganze vollständige Selma erzählte, weil ich fürchtete, dass Maschke auch mit ihr etwas vorhatte. Den *Tatort* hatte ich nicht zu Ende schauen können, weil Selma mich entdeckt und zurück ins Bett geschickt hatte. Erst viele Jahre später habe ich deshalb erfahren, dass Maschke, der erklärte Hauptverdächtige, am Ende des *Tatorts* doch völlig unschuldig war, dass ihn nicht die geringste Schuld traf an allem Schrecklichen, das passiert war; Maschke hatte niemandem nach dem Leben getrachtet. Maschke hatte überhaupt nichts vorgehabt. Maschke war, vom Ende her gesehen, einer der Guten gewesen.

Auch jetzt, an Selmas Geburtstagskaffeetafel, als die Rede eigentlich von Mon Chéri war und von der Piemontkirsche, die sich darin befand, und Elsbeth sagte, die schnapsgetränkte Kirsche käme eigentlich gar nicht aus Piemont, sie würde das im Suff nur einfach behaupten, sagte mein Vater: »Stichwort Psychoanalyse«, und erzählte, dass Doktor Maschke eine Koryphäe auf seinem Gebiet sei, erst gestern habe sich das wieder mal bewiesen. Der Patient nämlich, den Doktor Maschke immer vor meinem Vater behandelte, sei die ersten Male mit einer tiefen Verzweiflung im Blick aus dem Behandlungszimmer gekommen. »Ich habe noch nie in irgendwelchen anderen Augen eine dermaßen abgrundtiefe Verzweiflung gesehen«, sagte er. Nur zwei Sitzungen später aber sei genau derselbe Patient wie erlöst aus dem Behandlungszimmer geradezu gehüpft. »Ein Hoch also auf die Psychoanalyse«, sagte mein Vater und hob sein Glas, »und natürlich auch noch mal auf die Jubilarin.«

Die traurige Marlies fragte: »Siehst du auch in meinen Augen eine Verzweiflung?«

Mein Vater wandte sich ihr zu, nahm ihr Kinn in die Hand und schaute ihr einen Moment lang in die Augen.

»Nein«, sagte er, »ich sehe nur eine beginnende Lidrandentzündung.«

Dann hörte man die Schritte meiner Mutter auf der Treppe im Flur.

»Da ist Astrid«, sagte mein Vater, »jetzt kommt's.«

Meine Mutter öffnete die Küchentür und kam mit dem Hund herein. Mein Vater sprang auf, ging meiner Mutter entgegen und ließ ihn von der Leine.

Der Hund schaute sich um, dann lief er zu Martin und mir. Er begrüßte uns mit Überschwang, als seien wir alte Freunde, die er lange vermisst hatte und die er jetzt unverhofft wiedersah, auf einer rauschenden Überraschungsparty zu seinen Ehren. Martin nahm den Hund in die Arme und hob ihn hoch. Martin strahlte, wie ich ihn noch nie hatte strahlen sehen.

Selma war abrupt aufgestanden, als hätte jemand Unsichtbares gesagt: »Bitte erheben Sie sich.«

»Es war nicht meine Idee«, sagte meine Mutter, »herzlichen Glückwunsch, Selma.«

»Was ist das?«, fragte Elsbeth, die begonnen hatte, die Kuchenteller abzuspülen, und hielt die Hände in den Spülhandschuhen hoch, als könne sie dadurch verhindern, dass der Hund an ihr hochsprang. Er tat es trotzdem.

»Ein Mischling«, sagte mein Vater. »Da ist ein Irischer Wolfhund drin.« Irische Wolfshunde sind die größten Hunde der Welt, alle in Selmas Küche wussten das. Mein Vater hatte es uns erzählt, »Schulterhöhe 90 Zentimeter«, hatte er gesagt.

Mein Vater kommentierte gern die Höhe von Mensch und Tier. Was den Menschen betraf, lag er in seiner Einschätzung oft falsch, ließ sich aber nicht korrigieren. Martin und mich fand er für unser Alter klein, dabei hatten wir Standardhöhe, und schon als Kind hatte er zu der alles und alle überragenden Selma »Du bist aber klein, Mama« gesagt, wenn sie sich zu ihm herunterbeugte.

»Es ist aber auch ein Pudel drin«, sagte mein Vater beschwichtigend, »glaube ich. Er dürfte also nicht *so* groß werden.« Er betrachtete den Hund und sah zufrieden aus. »Vielleicht«, sagte er, »ist auch noch ein Cockerspaniel drin. Die sind nicht besonders intelligent, haben aber ein freundliches Wesen.« Mein Vater lächelte begütigend in die Runde, als träfe das auf uns alle zu. »Ich würde mal tippen, er wird so mittelgroß. Standardpudelgröße.«

Immer, wenn ein Mensch oder ein Tier neu dazukam, behaupteten alle durcheinander, wem er oder es ähnlich sah. Martin erkannte einen jungen Braunbären, der sich sowohl mit seiner Farbe als auch mit dem Westerwald vertan hatte, Elsbeth sah ein Minishetlandpony, dem wegen der launischen Natur die Hufe fehlten, der Optiker vermutete ein bislang unentdecktes Landsäugetier, und die traurige Marlies, die einen Taschenspiegel herausgeholt hatte und ausführlich ihre Lidränder betrachtete, sah kurz auf und sagte: »Ich weiß nicht, was es ist, aber es sieht irgendwie schlimm nach Winter aus.«

Das stimmte. Der Hund war schneematschfarben, er war verwaschen grau und zottelig wie ein ausschließlicher Irischer Wolfhund ohne etwas anderes drin. Sein Körper war noch klein, aber seine Pfoten waren groß wie Bärentatzen, und wir wussten alle, was das bedeutete.

Selma stand immer noch erhoben vor der Küchenbank. Sie schaute lange auf den Hund. Dann sah sie meinen Vater an, als sei er ein Geschenkideengeschäft.

»Ich habe mir doch aber gar keinen Hund gewünscht«, sagte sie.

»Einen Bildband über Alaska hast du dir ja auch nicht gewünscht«, sagte Elsbeth, »trotzdem wirst du lange Freude daran haben.«

»An dem Hund bestimmt auch, er wirkt sehr vital«, sagte der Optiker, und Selma schaute Elsbeth und den Optiker an, als seien sie ausschließliche Cockerspaniel ohne irgendetwas anderes drin.

»Der ist gar nicht für dich«, sagte mein Vater, »es ist meiner. Ich habe ihn mir heute Morgen gekauft.«

Selma atmete aus und setzte sich wieder hin, stand aber schnell wieder auf, als mein Vater sagte: »Ich kann ihn aber nur behalten, wenn du ab und zu auf ihn aufpasst.«

»Wie oft?«, fragte Selma.

»Ich geh dann mal wieder«, sagte meine Mutter, die im Türrahmen stehen geblieben war, »ich muss leider wieder los.« Meine Mutter musste immer schnell wieder los.

»Na ja, relativ häufig«, sagte mein Vater, und alle wussten, dass »relativ häufig« bedeutete, immer während der Sprechzeiten.

»Tschüss dann«, sagte meine Mutter.

Dann sagte ziemlich lange niemand mehr etwas, vor allem Selma nicht. Alle fanden, dass es Zeit war, zu gehen, wenn die Jubilarin nichts mehr sagte, außerdem schwieg jetzt auch mein Vater, das gemeinsame Schweigen Selmas und meines Vaters war mindestens so groß wie ein Irischer Wolfshund mit Schulterhöhe 200. Also küsste der Optiker Selma auf die Wange und ging, tätschelte Elsbeth den Hund, zog dann die Spülhandschuhe aus und ging, hörte Marlies auf, im Taschenspiegel ihre angeblich sichtbare Lidrandentzündung und ihre angeblich unsichtbare Verzweiflung zu begutachten, und ging, hob Martin den Hund noch einmal hoch und ging, und Selma und mein Vater schoben ihr vitales Schweigen nach draußen, auf die Treppe vor dem Haus.

Ich setzte mich neben Selma auf die Stufen und aß die leere Hülle eines Mon Chéris. Der Hund legte sich auf meine Füße, ich spürte sein Herz an meinen Zehen. Der Hund war müde. Es war anstrengend gewesen, lauter alte, lang vermisste Freunde wiederzutreffen, die man noch nie gesehen hatte.

Ganz hinten auf der Wiese am Waldrand erschien das Reh. Sobald es auftauchte, stand Selma auf, ging zur Garage, öffnete die Garagentür und knallte sie mit Karacho wieder zu. Es war Dienstag, und dienstags ging Palm, Martins Vater, während der Jagdsaison jagen, und dann erschreckte Selma das Reh vorsätzlich, damit es im Unterholz verschwände und dort sicher wäre vor Palms Büchse.

Das Reh erschrak planmäßig und verschwand. Der Hund erschrak auch, verschwand aber nicht. Selma kam von der Garage zurück zum Haus, und es war unfassbar, dass uns nicht spätestens jetzt die Ähnlichkeit mit Rudi Carrell aufgefallen war. »Da geht Rudi Carrell«, hätte man völlig zu Recht denken können, »da kommt Rudi Carrell von der Garage aus direkt auf uns zu.«

Selma setzte sich wieder auf die Treppe, räusperte sich und sah meinen Vater an. »Kann nicht Astrid auf ihn aufpassen?«

»Das geht doch nicht, mit dem Laden«, sagte mein Vater, und Selma sah aus, als hätte sie spontan auch sehr gern einen Laden gehabt.

»Ich habe ihn aus medizinischen Gründen gekauft«, erklärte mein Vater.

»Der Hund ist also auf Doktor Maschkes Mist gewachsen«, sagte Selma.

»Sag das doch nicht so abschätzig«, sagte mein Vater, »es ist wegen des Schmerzes.«

»Was für ein Schmerz?«

»Meiner«, sagte mein Vater, »mein eingekapselter Schmerz.«

»Aber welcher denn?«, fragte Selma, und mein Vater sagte: »Das weiß ich nicht, er ist ja eingekapselt«, und ich dachte, dass man eigentlich auch bei eingekapselten Sachen weiß, was darin ist, aber vielleicht galt das nur, wenn in den Kapseln kein Schmerz, sondern Medizin oder Astronauten waren.

Mein Vater sagte, Doktor Maschke wisse jetzt, wie man an den Schmerz meines Vaters herankomme. »Ich muss meinen Schmerz externalisieren«, flüsterte mein Vater aufgeregt und sah Selma glücklich an, »deshalb der Hund.«

»Wie bitte?«, sagte Selma. Sie sagte es nicht empört, sondern gerührt und etwas ungläubig, und mein Vater fing an, ihr zu erklären, wie wichtig die von Doktor Maschke nahegelegte Schmerzexternalisierung war. »Moment mal«, sagte Selma, »der Hund ist also der Schmerz, verstehe ich das richtig?«

»Exakt«, sagte mein Vater erleichtert, »der Hund ist quasi eine Metapher. Eine Metapher für den Schmerz.«

»Ein Schmerz in Standardpudelgröße«, sagte Selma.

Der Hund hob den Kopf und sah mich an. Seine Augen waren sehr sanft, sehr schwarz, sehr nass und sehr groß. Plötzlich wusste ich, dass der Hund uns allen gefehlt hatte, vor allem Martin hatte er gefehlt.

»Du kannst ihn ja während der Sprechzeiten bei Palm unterstellen«, schlug Selma vor.

»Bist du wahnsinnig?«, fragte mein Vater.

Ich sah den Hund an, es war sehr deutlich, dass er nicht als Jagdhund taugte. Palm hatte nur Jagdhunde, sie lagen an Ketten im Hof, die Ketten spannten sich und hielten die Hunde zurück, die kläffend auf mich zurannten, wenn ich den Hof betrat, um Martin abzuholen.

»Er taugt nicht als Jagdhund«, sagte ich, und Selma sagte: »Genau deswegen ja«, weil sie glaubte, sie müsse sich weniger Sorgen um die Rehe machen, wenn Palm einen vollkommen untauglichen, weil milden Hund an seiner Seite hätte. Ich sagte: »Palm hat nichts übrig für unscharfe Hunde.« Palm hatte für sehr wenig, eigentlich für nichts etwas übrig außer für hochprozentige Jagdhunde und hochprozentige Getränke, auch nicht für seinen Sohn, weil an dem, fand Palm, nichts hochprozentig war, Selma wusste das, alle wussten das.

Weil Selma so alt war, kannte sie Palm noch aus einem anderen Leben, einem Leben vor Martin und mir. Selma hatte erzählt, dass Palm sich früher, bevor er zu trinken begann, hervorragend mit der Welt und ihren Lichtern ausgekannt hatte. Er hatte alles über die elliptische Bahn des Mondes und sein Verhältnis zur Sonne gewusst, ein Jäger, hatte Palm gefunden, muss sich auskennen mit der Beleuchtung der Welt.

»Können wir ihn bitte behalten?«, fragte ich.

Auf der Wiese tauchte schon wieder das Reh auf. Das war ungewöhnlich. Normalerweise reichte es, wenn Selma die Garagentür einmal zuschlug. Sie stand auf und ging zur Garage, diesmal knallte Selma sie zweimal hintereinander zu, und das Reh verschwand.

Selma setzte sich wieder neben uns.

»Wie soll er denn heißen?«, fragte sie. »Hat Doktor Maschke da auch eine Meinung zu?«

»Schmerz«, schlug mein Vater vor. »Schmerz bietet sich doch an.«

»Das hat zu wenig Vokale«, sagte Selma. »Schmerz kann man nicht gut rufen.«

Ich wollte den Hund unbedingt behalten, deshalb überlegte ich schnell und fieberhaft, wie man Schmerz besser herbeirufen könnte, und als mir etwas eingefallen war und ich es laut sagte, stand der Hund abrupt auf und lief davon. Selma sagte, niemand könne ihm das verdenken, sie wäre an seiner Stelle nach diesem Vorschlag auch sofort weggelaufen. Wir gingen los in den dämmrigen Wald, wir fanden den Hund bald im Unterholz, wo er sich vor meinem Vorschlag versteckt hatte wie ein Reh vor Palms Büchse, denn ich hatte »Schmerzy« gesagt, »wir können ihn ja Schmerzy nennen.«

Der Hund (wir hatten ihn schließlich Alaska genannt, Martin hatte das vorgeschlagen, mein Vater war einverstanden gewesen, weil Alaska groß und kalt war, und das galt auch für einen Schmerz, zumindest für einen abgestandenen) wuchs schnell, er überraschte uns jeden Morgen mit weiterer Größe, denn wie jeder wuchs er vor allem nachts. In manchen Nächten unterbrach ich mein eigenes Wachstum und sah Alaska beim Schlafen und Wachsen zu. Nachts hörte man bei uns nichts außer dem Knarren und Rauschen der Bäume draußen im Wind, das in meinen Ohren gar nicht das Knarren und Rauschen der Bäume im Wind war, sondern das Knarren und Rauschen von Knochen, das Geräusch der Knochen Alaskas, die, während er schlief, in alle Richtungen wuchsen.

Mon Chéri

Wenn Selma letzte Nacht nicht von einem Okapi geträumt hätte, wären Martin und ich nach der Schule hoch zur Uhlheck gegangen, wie sonst immer. Wir hätten unsere Hütte im Wald wieder aufgebaut, die Palm im Suff immer wieder umschubste. Das war nicht schwer, die Hütte schwankte ohnehin, und dass sie so leicht umfiel, provozierte Palm derart, dass er anschließend noch auf der zusammengefallenen Hütte herumtrampelte.

Wir hätten wie sonst immer auf den Feldern Gewichtheben gespielt. Martin war der Gewichtheber und ich das Publikum. Martin suchte sich dann einen Ast, der eigentlich nicht viel wog, und stemmte ihn hoch, als habe er ein enormes Gewicht. Dabei beantwortete er Fragen, die ich nicht gestellt hatte. »Sicher fragst du dich jetzt, wie genau Superschwergewicht Wassili Alexejew es geschafft hat, die hundertachtzig Komma null Kilo beim Reißen zu meistern«, sagte er, »das musst du dir ungefähr so vorstellen«, und dann hielt er den Ast über seinen Kopf, ließ seine schmalen Schultern und die dünnen Arme beben und hielt die Luft an, um genauso hochrot zu sein, wie man es beim Gewichtheben sein muss. »Man nannte ihn auch *den Kran von Schachty*«, sagte Martin stolz, während er sich verbeugte. Ich applaudierte. »Bestimmt willst du wissen, wie es Blagoj Blagoew gelingen konnte, glatte hundertfünfundachtzig Komma null Kilo hochzureißen«, sagte Martin, und dann machte er auch das vor, mit noch etwas mehr Zittern und Beben, und ich klatschte.

»Du musst begeisterter klatschen«, fand Martin ungefähr nach der vierten Vorstellung. Ich versuchte, begeisterter zu klatschen, und sagte: »Toll.«

Heute aber, am Tag nach Selmas Traum, mieden wir die Uhlheck. Wir fürchteten, dass uns auf den Feldern trotz des wolkenlosen Himmels ein Blitz treffen könnte, ein Blitz, dem es egal war, dass es ihn nicht geben konnte. Wir fürchteten, dass uns im Wald etwas noch Gefährlicheres als Palm begegnen würde, ein Höllenhund vielleicht, dem es egal war, dass es ihn nicht gab.

Wir liefen vom Bahnhof aus direkt zu Selma. Am Tag nach ihrem Traum fühlten wir uns drinnen sicherer. Wir waren zehn Jahre alt, wir fürchteten einen Tod, den es nicht gab, und nicht den tatsächlichen, der durch die Tür kam.

An Selmas Küchentisch saß der Optiker. Er hatte seine große Ledertasche auf dem Schoß und war ungewöhnlich schweigsam. Selma war umtriebig, sie machte sauber, sie putzte Dreck weg, den es nicht gab.

Martin und ich setzten uns auf den Boden und überredeten den Optiker, mit uns das Ähnlichkeitsspiel zu spielen. Beim Ähnlichkeitsspiel nannten wir dem Optiker zwei Sachen, die nicht zusammengehörten, und der Optiker musste sie in Verbindung bringen.

»Mathe und Kalbsleber«, sagte ich. »Beides verleibt man sich ein«, sagte der Optiker, »und beides schmeckt dir nicht.«

»Was bedeutet einverleiben?«, fragte Martin.

»Etwas in sich hineintun«, sagte Selma.

Sie stieg auf die Küchenbank neben den Optiker und pustete angeblichen Staub von einem Foto meines Großvaters. Selmas Schnürsenkel war aufgegangen.

»Kaffeekannen und Schnürsenkel«, sagte ich. Der Optiker dachte kurz nach, und Selma kletterte von der Bank und band ihren Schnürsenkel zu.

»Beides wird immer zuerst am Morgen benutzt«, erklärte der Optiker, »beides führt nach der Benutzung dazu, dass der Kreislauf in Schwung kommt.«

»Das ist aber weit hergeholt«, fand Selma.

»Macht nichts«, sagte der Optiker, »es stimmt trotzdem.«

»Pfandflaschen und Tannenbäume«, sagte Martin, und der Optiker sagte: »Das ist leicht. Beides ist zumeist dunkelgrün, beides pfeift, wenn der Mensch oder der Wind hineinpustet.«

Selma nahm einen Stapel Werbeprospekte und Fernsehzeitungen von einem Stuhl, um das Sitzkissen auszuschütteln. Auf einem der Titelbilder war die Schauspielerin zu sehen, die in Selmas Serie Maggie spielte, Maggie, bei deren schwer verunfalltem Ehemann letzte Woche die Maschinen abgestellt worden waren. »Tod und Liebe«, sagte ich.

»Das ist ebenfalls leicht«, sagte der Optiker. »Beides kann man nicht proben, beidem entkommt man nicht, beides ereilt einen.«

»Was heißt ereilen?«, fragte ich. »Wenn einen etwas umrennt«, erläuterte Selma.

»Jetzt aber mal raus mit euch«, sagte sie, weil sie unbedingt wollte, dass wir uns nicht versteckten, dass wir taten, was wir immer taten, trotz ihres Traums, und es war klar, dass sie keinen Widerspruch duldete.

»Und nehmt Alaska mit«, sagte sie. Alaska stand auf. Es dauert immer ein wenig, bis etwas Großes sich vollständig erhoben hat, selbst wenn es noch jung ist.

Wir gingen über die Apfelwiese zu Elsbeth. Es war jetzt vier Uhr nachmittags, ich zählte an den Fingern ab, wie viele Stunden noch blieben, bis alle Selmas Traum überlebt hätten. Es waren elf.

Unter einem Apfelbaum blieb Alaska stehen und fand einen aus dem Nest gefallenen Vogel. Er lebte noch und hatte schon Gefieder, konnte aber noch nicht fliegen. Ich wollte den Vogel sofort zu Selma bringen, ich war sicher, dass Selma ihn aufziehen, dass sie dafür sorgen könnte, dass der Vogel, obwohl er als Meise geboren war, später als Bussard malerische Kreise über der Uhlheck ziehen könnte.

»Wir nehmen ihn mit«, sagte ich.

»Nein«, sagte Martin, »wir lassen ihn in Ruhe.«

»Dann stirbt er.«

»Ja. Dann stirbt er.«

Ich versuchte, Martin anzusehen wie jemand aus Selmas Vorabendserie, und sagte: »Das dürfen wir nicht zulassen.«

»Doch«, sagte Martin. Das sei der Lauf der Welt, sagte er, und auch das hatte schon mal jemand in Selmas Serie gesagt. »Hoffen wir, dass der Fuchs schnell kommt.«

Da kamen die Zwillinge aus dem Oberdorf angelaufen, sie hatten den aus dem Nest gefallenen Vogel offenbar vor uns entdeckt.

»Wir haben nur schnell Stöcke geholt«, sagten sie, »wir erschlagen den jetzt.«

»Auf keinen Fall«, sagte ich.

»Wir verkürzen nur sein Leiden«, sagten die Zwillinge. Sie sagten es so, wie Palm »Ich tue nur etwas für den Umweltschutz« sagte, bevor er auf die Tiere im Wald ballerte.

»Können wir nicht auf den Fuchs warten?«, fragte ich, aber die Zwillinge schlugen schon zu. Der erste Schlag traf nicht. Der zweite Schlag verrutschte und war nicht entschlossen genug, er streifte den Vogel am Kopf. Ich sah noch, wie sein winziges Auge innen rot wurde, dann nahm Martin meinen Kopf und drückte mein Gesicht an seinen Hals. »Schau nicht hin«, sagte er. Ich hörte noch einen Stockschlag, ich hörte, wie Martin rief: »Ihr Idioten, jetzt trefft doch endlich mal.«

Ich beschloss, Martin später zu heiraten, weil ich fand, der Richtige sei der, der einem das Hinsehen erspart, wenn die Welt ihren Lauf nimmt.

»Ach, ihr seid es nur«, sagte Elsbeth, als wir vor ihrer Tür standen, »das ist ja eine erfreuliche Abwechslung«, denn heute hatte bereits das halbe Dorf geklingelt.

Das halbe Dorf war mit hochgeschlagenen Mantelkragen durch Elsbeths Gartenpforte gegangen, es hatte sich dabei mehrfach umgeschaut, so wie die Männer in der Kreisstadt sich mit hochgeschlagenen Mantelkragen umschauten, wenn sie die Tür zu *Gabys Erotikstübchen* öffneten.

Die eigentlich unabergläubischen Leute im Dorf wollten nach Selmas Traum natürlich alles tun, um den womöglichen Tod von sich abzulenken, und fanden, dass er sich mit einem kleinen Firlefanz vielleicht doch verprellen ließe, ganz genau konnte man es schließlich nicht wissen. Sie klingelten und huschten in Elsbeths Flur, sie schauten zerknirscht und sagten: »Ich wollte nur mal fragen, ob man irgendwas gegen den Tod machen kann«, und Elsbeth sah sie an wie ein Pfarrer die Kirchgänger, die nur zu Weihnachten kamen.

Elsbeth hatte etwas gegen Gicht, gegen ausbleibende Liebe und ausbleibenden Kindersegen, gegen unausgebliebene Hämorrhoiden und quer liegende ungeborene Kälber. Sie hatte einiges gegen Leute, die schon gestorben waren, sie wusste, wie man ihre rastlosen Seelen aus dem Leben hinauskomplimentierte und dafür sorgte, dass sie nicht zurückkämen. Sie hatte sogar etwas, mit dem man sein Gedächtnis verlieren konnte, und sie hatte natürlich sehr viel gegen Warzen, aber gegen den Tod hatte sie nichts. Elsbeth gab das nur ungern zu, wenn die Leute schon mal kamen, und deshalb hatte sie heute Morgen der Frau des Bürgermeisters weisgemacht, es helfe gegen Tod, die Stirn gegen einen Pferdekopf zu lehnen, obwohl das eigentlich nur gegen Kopfschmerzen half. Elsbeth hatte ein schlechtes Gewissen bekommen und war die Bürgermeistersfrau suchen gegangen. Sie hatte sie im Stall gefunden, die Stirn an den Kopf eines Pferdes gelehnt.

Selten hatte Elsbeth die Bürgermeistersfrau so entspannt gesehen, die Bürgermeistersfrau und das Pferd standen ganz still, wie Selma und das Okapi im Traum. Elsbeth hatte ihr vorsichtig die Hand auf die Schulter gelegt und gesagt: »Ich habe dich angelogen. Das hilft nur gegen Kopfschmerzen, gegen den Tod hab ich nichts.« Die Bürgermeistersfrau sagte, ohne aufzuschauen: »Aber es ist schön, und ich glaube, es wirkt.«

Es klingelte alle paar Minuten bei Elsbeth. Wir saßen auf ihrem Sofa, zu dritt nebeneinander. Alaska lag zusammengerollt vor Elsbeths beige gefliestem Couchtisch, auf den sie Limonade in zwei ausgespülten Senfgläsern gestellt hatte, und immer klingelte es, und immer musste Elsbeth, wenn sie gerade gefragt hatte, wie es in der Schule gewesen war, was Martin heute alles hochgehoben hatte, ob wir die Hütte im Wald wieder aufgebaut hätten, aufspringen und zur Tür laufen. Wir hörten dann, wie jemand im Flur fragte, ob sie etwas gegen einen womöglichen Tod dahabe, wir hörten, wie jemand wieder ging und Elsbeth hinterherrief: »Ich habe aber was gegen Zahnschmerzen oder unerwiderte Liebe, wenn du mal was brauchst.«

Durchs Wohnzimmerfenster sahen wir, wie die Leute höflich abwinkten und vor dem Gartentor ihre Mantelkragen wieder nach unten schlugen.

Martin, Alaska und ich sahen Elsbeth beim Aufspringen und Hin- und Herlaufen zu. Sie trug schon seit Anbeginn der Welt immer die gleichen Pantoffeln. Wenn die Sohlen wegen ihrer O-Beine außen abgelaufen waren, zog sie einfach den rechten Pantoffel an den linken Fuß und den linken Pantoffel an den rechten, so ging es dann noch eine Weile, bis sich irgendjemand erbarmte und ihr neue schenkte.

Elsbeth war klein und dick, so dick, dass sie sich beim Autofahren ein Stück Teppich über den Bauch legte, damit das Lenkrad nicht daran scheuerte. Elsbeths Körper war nicht für ständiges

Hin und Her gemacht. Unter den Armen und am Rücken ihres Kleides, das groß geblümt war wie die Tapete im Wohnzimmer und an Elsbeth genauso eng anlag wie die Tapete an der Wand, bildeten sich dunkle Flecken. Schließlich sagte sie: »Kinder, ihr seht ja, was hier los ist. Geht doch mal bei der traurigen Marlies vorbei.«

»Muss das sein?«, fragten wir.

»Seid so gut«, sagte Elsbeth, und es klingelte wieder, und Elsbeth sprang wieder auf, »einer muss ja mal nach ihr sehen.«

Marlies war genau genommen nicht traurig, sie war schlechter Laune. Die Erwachsenen sprachen Martin und mir gegenüber immer von der traurigen Marlies, um uns bei der Stange zu halten, denn wenn sie sagten, Marlies sei traurig, mussten wir aus Anstandsgründen hingehen, und die Erwachsenen mussten das nicht selber tun. Es war kein Vergnügen, bei Marlies zu sein, deshalb wurden immer wir vorgeschoben, deshalb hieß es oft, sie sei heute wieder so traurig, die arme Marlies.

Sie wohnte am Ortsausgang. Martin fand das passend, denn wenn hinterrücks Verbrecher ins Dorf einfielen, könnte Marlies sie mit ihrer schlechten Laune in die Flucht schlagen.

Wir gingen durch Marlies' Gartentor und machten einen Bogen um ihren Briefkasten, unter dem ein Bienenkorb hing, den Marlies partout nicht entfernen wollte. Wegen der Bienen weigerte sich der Postbote, Briefe in Marlies' Briefkasten zu werfen, er klemmte sie ans Gartentor, wo sie ungelesen aufweichten.

»Dürfen wir reinkommen?«, fragten wir, als Marlies die Tür einen Spaltbreit geöffnet hatte, und Marlies sagte: »Den Hund will ich aber nicht hier drinhaben.«

»Sitz, Alaska«, sagte ich, und Alaska legte sich lieber gleich hin, vor die Stufen von Marlies kleinem Haus, weil er ahnte, dass das hier dauern würde.

Sie ging in ihre Küche, wir gingen hinterher.

Nichts in Marlies' Haus hatte Marlies sich ausgesucht. Das Haus und ausnahmslos alle Möbel darin hatten ihrer Tante gehört: das Bett oben, das Nachtkästchen, der Kleiderschrank, die finstere Couchgarnitur, die schmiedeeisernen Regale im Wohnzimmer, die Auslegeware, die ranzigen Hängeschränke, Herd und Kühlschrank, der Küchentisch, die beiden Stühle, sogar die schweren, klebrigen Pfannen, die über dem Herd hingen.

Marlies' Tante hatte sich umgebracht, im Alter von zweiundneunzig Jahren hatte sie sich in der Küche erhängt, wofür Marlies kein Verständnis hatte, denn mit zweiundneunzig, fand sie, lohne das Aufhängen ja kaum noch. Marlies hatte uns oft von ihrer Tante erzählt: dass sie eine unerträgliche Kratzbürste gewesen sei, eine unzumutbare, ewig schlecht gelaunte Person.

»Und da hat sie gehangen«, sagte Marlies jedes Mal, wenn wir in ihre Küche kamen. Sie sagte es auch jetzt und deutete zu dem Haken neben der Deckenlampe, Martin und ich sahen nicht hin.

Nur der Geruch im Haus gehörte Marlies. Es roch nach Zigaretten, nach dem kläglichen Aufbegehren von billigem Deodorant gegen strengen Schweiß, nach vor Tagen stehen gelassenem Essen, nach vor Jahrzehnten abgelaufener Heiterkeit, nach erstickten Schwelbränden in Aschenbechern, nach Müll, nach Duftbäumchen und nach nasser Wäsche, die zu lang im Korb liegt. Marlies ging gebeugt, dabei war sie höchstens um die zwanzig. Ihre Dauerwelle war zur Hälfte herausgewachsen, ihre Haare waren strohig. Immer, wenn ich Marlies' Haare sah, dachte ich an das Shampoo, das es beim Einzelhändler gab, »Schauma für angegriffenes Haar«. Martin und ich hatten diese Formulierung merkwürdig gefunden, weil man, glaubten wir, nur von Höllenhunden, Blitzen, Palm oder Verbrechern angegriffen werden konnte, und die griffen dann üblicherweise auch nicht die Haare an. Durch Marlies hatten wir gelernt, dass auch chronisch schlechte Laune angriffslustig sein konnte, auch Haaren gegenüber.

Marlies ließ sich auf einen Küchenstuhl fallen. Sie trug wie immer nichts außer einem ausgeleierten Norwegerpullover und einer Unterhose. Es war eine von den Unterhosen, die es beim Einzelhändler im Dreierpack gab, in drei Farben, Selma hatte sie auch. Allerdings wusste man bei Marlies' Unterhose nicht, ob sie gelb, apricot oder hellblau war, sie war verwaschen wie Marlies' Blick, als sie uns ansah und fragte: »Und? Was gibt's?«

»Wir wollten nur mal nach dir sehen«, sagte Martin.

»Macht euch keine Gedanken«, sagte Marlies, »mich trifft's bestimmt nicht.« Sie sagte das bedauernd, als habe sie an einer Lotterie mit extrem unwahrscheinlichen Gewinnchancen teilgenommen.

»Wollt ihr was essen?«, fragte Marlies, und diese Frage hatten wir befürchtet.

»Ja«, sagten wir, obwohl wir dringend »Nein« sagen wollten, aber Elsbeth hatten uns eingebläut, dass die traurige Marlies noch trauriger würde, wenn man ihr Essen ausschlüge.

Marlies ging zum Herd, kippte Erbsen aus einer offenen Dose auf zwei Kuchenteller, klatschte kalten Kartoffelbrei daneben und legte je zwei Scheiben Kochschinken darauf. Dann stellte sie die Teller vor uns auf den Tisch und ließ sich wieder auf den Küchenstuhl fallen.

Es gab nur einen weiteren Stuhl. »Hast du noch irgendwas zum draufsetzen?«, fragte ich.

»Nein«, sagte Marlies und schaltete den kleinen Fernseher an, der auf dem Kühlschrank stand. Es lief Selmas Serie.

Martin setzte sich hin und klopfte auf seinen Oberschenkel. Ich setzte mich auf seinen Schoß.

Der Kartoffelbrei hatte die unentschlossene Farbe von Marlies' Unterhose. Die Erbsen lagen in einer rotzfarbenen Wasserlache.

Der Kochschinken glänzte und hatte fleckige Erhebungen, die aussahen wie schlecht verheilte Impfnarben.

Martin und ich steckten gleichzeitig eine Gabel voll in den Mund und sahen uns an. Martin kaute. »Mach es so schnell wie möglich«, flüsterte er und schaufelte alles zügig in sich hinein.

Die Erbsen in meinem Mund wurden nicht kleiner, sie wurden größer. Ich sah kurz zu Marlies, die Selmas Serie schaute, und spuckte dann den Erbsenkartoffelbrei zurück auf den Teller. »Ich kann das nicht essen, Martin«, flüsterte ich.

Martins Teller war schnell leer. Er griff nach einer Flasche Wasser und goss es den Erbsen und dem Brei hinterher, dann sah er auf meinen vollen Teller. »Tut mir leid«, flüsterte er, »aber das krieg ich nicht auch noch runter. Dann muss ich kotzen.« Er rülpste und hielt sich erschrocken die Hand vor den Mund. Marlies drehte sich um.

»Und, schmeckt's?«

»Ja, danke«, sagte Martin.

»Du hast ja kaum was angerührt«, sagte sie zu mir, »iss mal, sonst wird's kalt«, als wäre es je warm gewesen, und drehte sich wieder zum Fernseher. Dort waren gerade Matthew und Melissa zu sehen, bei deren Schicksal Selma besonders mitfieberte. Sie standen inmitten von Ländereien, und Matthew sagte: »Ich liebe dich, Melissa, aber du weißt, dass unsere Liebe keine Chance hat.«

»Steh mal auf«, flüsterte Martin. Ich erhob mich vorsichtig, damit Marlies sich nicht umdrehte, aber sie schaute Melissa zu, die jetzt sagte: »Ich liebe dich auch.«

Martin versammelte meinen Erbsenkartoffelbrei auf einer Kochschinkenscheibe und legte die zweite zur Abdeckung darüber. Dann stopfte er sich den schlecht verpackten Brei in die vordere Tasche seiner Hose. Martin trug hellrote Bermudashorts, die Taschen waren tief.

Im Fernseher sagte Melissa: »Aber wir gehören zusammen, Matthew«, und dann erklang die Titelmelodie. Marlies schaltete den Fernseher aus und drehte sich zu uns um.

»Nachschlag?«

»Nein, aber danke«, sagte Martin.

»Warum stehst du denn da?«, fragte Marlies. Ich stand da, weil ich den Erbsenkartoffelbrei in Martins Hose nicht an ihn herandrücken wollte.

»Weil es keinen Stuhl gibt«, sagte ich.

»Setz dich doch wieder auf deinen Freund«, sagte Marlies, »du machst mich ganz nervös, wenn du so dastehst.«

Ich dachte an den Optiker, der wegen seines Rückens oft nicht sitzen konnte. »Ich habe es mit den Bandscheiben«, sagte ich, »weil ich einer vorwiegend sitzenden Tätigkeit nachgehe.«

»So jung und schon so kaputt«, seufzte Marlies.

Sie zündete sich eine Zigarette an, eine lange Peer Einhundert, sie rauchte und aschte auf meinen leeren Teller. Marlies begann, vor sich hin zu reden, alles, was sie sagte, hätte sie auch Matthew oder Melissa erzählen können. Ich stand neben dem Küchentisch und schaute aus den Augenwinkeln auf Martins hellrote Hose, auf der sich in Windeseile ein riesiger, dunkler Fleck ausbreitete. Martin rückte seinen Stuhl eng an den Tisch, damit Marlies nichts bemerkte, falls sie aufstand. Sie blieb aber sitzen und erzählte, dass ihr die Serie nicht gefiel und das letzte Maifest auch nicht gefallen hatte, und dass ihr die kommende Folge der Serie und das kommende Maifest bestimmt auch nicht gefallen würden. »Warum hat dir denn das Maifest nicht gefallen?«, fragte Martin und zog den Bauch ein, weil der Brei jetzt bis zu seinem Hosenbund durchsuppte.

»Weil es mir noch nie gefallen hat«, sagte Marlies.

»Komm, Martin, wir gehen«, flüsterte ich.

»Warum siehst du denn die Serie, wenn sie dir gar nicht gefällt?«, fragte Martin. Ich bückte mich und tat, als müsste ich meinen Schuh zubinden. Ich schaute unter den Tisch, die Erbsenschinkenpampe breitete sich weiter aus, über Martins nackte Wade lief Gänsehaut und ein grünliches Erbsenwasserrinnsal.

»Weil sonst nur noch größerer Mist läuft«, sagte Marlies.

»So, wir müssen jetzt wirklich leider dringend los«, sagte ich.

Wir standen auf, Martin stellte sich hinter mich, »Tschüss, Marlies«, sagten wir, und Martin ging dicht hinter mir durch die Tür.

»Danke«, sagte ich draußen, »dafür darfst du mich tausendmal hochheben.«

Martin lachte. »Aber nicht jetzt«, sagte er. Kurz hinter Marlies' Haus stieg er aus seiner Hose und schüttelte die Tasche aus, der Schinken und der Brei fielen ins Gras. Wir zogen die Tasche nach außen und schabten Erbsen und Kartoffelpürreeklümpchen ab. »Ich brauche eine neue Hose«, sagte Martin.

Unsere Hände klebten, wir hielten sie Alaska hin, aber er weigerte sich, sie abzulecken. Martin zog sich die Hose wieder an, und wir liefen zu Martins Haus.

Als wir Palm vor dem Gartentor stehen sahen, bremsten wir abrupt ab. Mit Palm hatten wir nicht gerechnet, wir dachten, er sei auf dem Feld.

»Komm, wir gehen zu mir«, flüsterte ich, »ich leih dir eine Hose«, aber sein Vater hatte uns schon gesehen. »Komm sofort her«, rief er, und wir gingen zum Zaun, hinter dem die Hunde kläfften. Alaska versuchte, sich hinter Martins Beinen zu verstecken.

Palm starrte auf Martins Hose. »Hast du dich eingepisst, oder was?«, brüllte er. Er stank nach Schnaps und rüttelte an Martins Schultern, Martins Kopf schwang hin und her. Martin sagte keinen Ton und schloss die Augen.

»Er kann nichts dafür«, sagte ich, »er hat meine Erbsen eingepackt. Er kann nichts dafür, Palm.«

»Bist du ein verdammtes Baby, oder was?«, brüllte Palm, und Martin hielt die Augen geschlossen. Er sah seltsam entspannt aus, als wäre er ganz woanders, als stünde er mit geschlossenen Augen vor einer Regionalzugtür und sagte mir, was ich sah, Feld, Wald, Wiese, Weide, Weide.

»Er wollte mir nur helfen«, sagte ich.

Palm beugte sich zu mir runter und starrte mich an. Seine Gesichtshaut sah beschädigt aus, als sei sie mal gefiedert gewesen, als hätte sie jemand rabiat gerupft. Immer, wenn Palm mich ansah, fragte ich mich, wie jemand so Finsteres sich einmal mit Beleuchtung ausgekannt haben konnte. »Du willst mich wohl verarschen«, zischte er durch die Zähne, und sein Zischen war noch schlimmer als sein Gebrüll.

Ich dachte an den kleinen Vogel, an sein Auge, das sich mit einem Schlag rot gefärbt hatte, und ich wollte nicht zulassen, dass die Welt ihren Lauf nahm, die Welt in Form von Palm.

Ich stellte mich vor Martin hin. »Lass ihn in Ruhe«, rief ich.

Palm stieß mich weg. Ich war leicht, ich fiel noch schneller um als die Hütte im Wald. Palm packte Martin, der immer noch die Augen geschlossen hielt, und zog ihn ins Haus. Alaska knurrte, zum ersten und einzigen Mal in seinem Leben. Die Tür schlug zu, so fest, als könnte sie nie mehr aufgehen.

Mir wurde schlecht. Ich dachte an Tode in vier Wänden, die plötzlich nicht mehr unwahrscheinlich waren. Die Hunde im Hof kläfften. Ich stand da und schaute auf die Tür, hinter der Martin verschwunden war, und dann auf alles, was daneben war. Wiese, Feld. Wald.

In aufrichtiger Anteilnahme

Nachdem Palm Martin ins Haus geschafft hatte, lief ich zum Blumenladen meiner Mutter, denn der lag Palms Haus am nächsten. Der Blumenladen hieß *Blütenrein*, meine Mutter war stolz auf diesen Namen, mein Vater fand ihn furchtbar. Es roch nach Lilien und Tannen, weil meine Mutter viele Kränze auf Lager hatte, sie versorgte nicht nur uns mit Blumen und Grabschmuck, sondern auch die umliegenden Dörfer, sie hatte immer viel zu tun. Man musste, wenn man zu meiner Mutter stürmte, immer abbremsen und warten, bis sie mit etwas davor fertig war, mit einem Telefonat über die Betextung einer Kranzschleife oder die Farbe der Blumen für eine Hochzeitstafel, mit der Frau des Bürgermeisters, die einen Strauß für die Frau des Bürgermeisters aus dem Nachbardorf brauchte.

Irgendwann war meine Mutter damit fertig und wandte sich mir zu. Aber es gab etwas, das auch dann noch davor war, etwas, mit dem meine Mutter nie fertig wurde, das sie immer unabkömmlich machte, selbst dann, wenn sie sich mir zuwandte, und dieses Etwas war eine Frage, die seit über fünf Jahren in meiner Mutter hauste.

Seit über fünf Jahren überlegte meine Mutter, ob sie meinen Vater verlassen sollte. Sie war bis oben hin angefüllt mit dieser Frage. Sie stellte sie immer nur sich selbst, das aber so häufig und intensiv, dass sie gar nicht zum Antworten kam, und oft hatte sie wegen der ständigen Frage Halluzinationen. Sie sah dann auf den fließenden Kranzschleifen nicht das ewige *In tiefer Trauer*,

In aufrichtiger Anteilnahme, *Für immer unvergessen* stehen, sondern *Soll ich ihn verlassen?*, tiefschwarz und im kranzschleifenüblichen Prägedruck.

Soll ich ihn verlassen? stand nicht nur auf Kranzschleifen. Es war überall. Wenn meine Mutter morgens die Augen öffnete, tanzte die Frage bereits ausgeschlafen vor ihrem Gesicht. Sie kreiselte in der Tasse, wenn meine Mutter sich Milch in den ersten Kaffee rührte, sie fügte sich zusammen aus dem Rauch ihrer Zigarette. Sie lag auf den Mantelkragen der Kundinnen im Blumengeschäft und steckte an ihren Hüten. Sie war aufgedruckt auf das Einwickelpapier der Blumen. Sie dampfte aus dem Kochtopf hoch, wenn meine Mutter das Abendessen kochte.

Die Frage konnte auch handgreiflich werden. Sie wühlte in meiner Mutter wie in einer Einkaufstasche, in der man den Schlüssel sucht, sie wühlte alles aus meiner Mutter heraus, was sie nicht brauchen konnte, und das war viel.

»Hörst du mir eigentlich zu?«, fragte ich manchmal, wenn ich ihr erzählte, dass ich jetzt wusste, wie man die Uhr liest und eine Schleife bindet, und meine Mutter sagte: »Natürlich, meine Süße, ich höre dir zu«, und das versuchte sie auch, nur war die Frage immer lauter als alles, was ich ihr erzählte. Viel später fragte ich mich, ob die Frage aufgegeben und Platz für mich gemacht hätte, wenn Selma und der Optiker nicht da gewesen wären, wenn ich mich nicht in allem an Selma und den Optiker hätte wenden können, wenn nicht Selma und der Optiker die Welt mit erfunden hätten.

»So, was gibt's denn, Luischen?«, fragte meine Mutter jetzt.

»Ich habe Angst, dass Martin was passiert«, sagte ich, »wegen Selmas Traum und wegen Palm.«

Meine Mutter strich mir über den Kopf. »Das tut mir leid«, sagte sie.

»Hörst du mir überhaupt zu?«, fragte ich.

»Natürlich«, sagte meine Mutter. »Du, dann geh doch einfach mal bei Martin vorbei und heitere ihn ein bisschen auf«, und dann kam eine Kundin aus dem Nachbardorf, und ich lief zu Selma.

Die Ketten der kläffenden Hunde in Palms Hof waren lang. Alaska war vor dem Zaun stehen geblieben, Selma und ich drückten uns an die Hauswand. Die Hunde versuchten, uns anzuspringen, wurden aber im Sprung von ihren Ketten zurückgeworfen, landeten auf dem Rücken, rappelten sich wieder hoch.

Ich nahm Selmas Hand. »Glaubst du, die reißen nicht?«, fragte ich.

»Die reißen nicht«, sagte Selma, »Palm hat gute Ketten.«

Sie griff sich einen Besen, der neben der Tür lehnte, und versuchte, die Hunde wegzufegen. »Haut ab, ihr Höllenhunde«, rief sie, was die Hunde nicht beeindruckte, und hämmerte mit der Faust gegen die Haustür.

Oben öffnete sich ein Fenster, Palm schaute heraus. »Ruf die Hunde zurück«, rief Selma, »und lass deinen Sohn in Ruhe. Und wenn du Luise noch einmal anfasst, dann vergifte ich deine verdammten Köter, verlass dich drauf.«

Palm grinste. »Ich kann dich nicht verstehen«, rief er, »die Köter sind so laut.«

Selma schleuderte den Besen zwischen die Hunde, er traf einen am Bein, er fiel hin, jaulte, rappelte sich wieder hoch. »Lass die Hunde in Ruh«, brüllte Palm. Ich kniff die Augen zusammen und presste mein Gesicht an Selmas Brust. Sie hob sich, Selma atmete tief durch.

»Hör mal, Palm«, sagte sie jetzt ruhiger, »Luise hat Angst, dass du Martin was antust.«

»*Was antust*«, äffte Palm Selma nach. Er langte nach rechts und zog Martin ans Fenster. »Hab ich dir was angetan?«, fragte Palm.

Auf Martins Kopf, der immer gut gekämmt war, stand immer eine Strähne hoch. Man konnte sie festklatschen, so oft man wollte, sie stand nach wenigen Minuten wieder hoch, als wolle sie auf irgendwas hinweisen, das oben war.

Martin räusperte sich. »Nein«, sagte er.

Die Hunde kläfften. »Martin, pass mal auf«, rief Selma, »ich habe deinen Vater im Auge. Wir alle haben deinen Vater im Auge.«

Friedhelm kam die Straße entlang. Er tanzte im Walzerschritt, die Arme ausgebreitet, als tanze er mit jemandem, den man nicht sah, und sang *O du schöner Westerwald*.

Im Haus gegenüber gingen scheppernd die Rollladen herunter. Palm lachte.

»An deiner Stelle würde ich mich lieber verpissen, Selma«, rief er. »Die Ketten sind auch nicht mehr die jüngsten.« Dann schloss er das Fenster.

Wir drehten uns zu den Hunden um. Selma zog einen Schuh aus, warf ihn in die Meute und traf einen am Kopf. Er fiel hin, jaulte, rappelte sich wieder hoch. Selmas Schuh war verloren, die Hunde umstellten ihn wie ein erlegtes Kaninchen. »Ich hab dich im Auge, Palm«, rief Selma und warf den Hunden ihren zweiten Schuh hinterher. Wir gingen nach Hause, Selma barfuß.

Es war fünf Uhr nachmittags. Noch zehn Stunden, dachte ich und wollte sicherheitshalber noch mal nachzählen, aber Selma nahm meine Hand mit den zum Zählen abgespreizten Fingern, schloss sie zu einer Faust und hielt sie in ihrer Hand, bis wir zu Hause waren.

Jetzt, um fünf Uhr nachmittags, als das halbe Dorf bei Elsbeth gewesen war und es ruhiger um sie wurde, als ihr lieb war, sprang ihr ein Aufhocker in den Nacken. Ein Aufhocker ist ein unsichtbarer Kobold, der üblicherweise nächtlichen Wanderern auf die Schulter springt. Weil aber Elsbeth haltlos durch ihr Haus wanderte und die Stille in ihren Ohren brauste wie ein nächtlicher Wald, wunderte es sie kaum, dass der Aufhocker einem Missverständnis aufsaß.

Der Aufhocker plapperte nach, was das halbe Dorf gesagt hatte. Es hatte von Selmas Traum gesprochen und davon, dass ja womöglich, wahrscheinlich aber eher nicht, eigentlich auf gar keinen Fall, aber vielleicht ja doch ganz bestimmt jemand sterben würde.

Mit dem Aufhocker im Nacken ging Elsbeth zum Telefon, weil sie es mit dem Aufhocker auch mit Wahrheiten zu tun bekam, die auf den letzten Drücker herauswollten, und der Aufhocker flüsterte, dass der letzte Drücker womöglich nahe war.

Elsbeth rief bei Selma an, denn Selma war die erste Adresse bei Angst. Niemand nahm ab. Selma konnte sich nicht um den Aufhocker kümmern, sie hatte gerade alle Hände voll mit anderen Höllenhunden zu tun. Elsbeth stand lange vor dem Telefonschränkchen, ein schier endloses Freizeichen im Ohr.

Sie ahnte, was Selma sagen würde, nämlich: »Tu genau das, was du an anderen Tagen auch tun würdest.«

Elsbeth legte auf.

»Was würde ich an anderen Tagen genau jetzt tun?«, fragte sie, und der Aufhocker sagte: »Es ist aber dummerweise kein anderer Tag.«

Elsbeth versuchte, nicht hinzuhören. »Was würde ich jetzt tun?«, fragte sie noch einmal lauter.

»Du solltest dich jetzt fürchten«, sagte der Aufhocker.

»Nein«, sagte Elsbeth, »ich sollte jetzt Soßenbinder kaufen.«

Die Schlange an der Kasse beim Einzelhändler war kurz. Während Elsbeth wartete, versuchte sie, sich aus der Umklammerung des Aufhockers zu lösen, das war nicht leicht, denn sie hatte wegen des Soßenbinders nur eine Hand frei. Sie zahlte und lief aus dem Geschäft. In ihrem Kopf tutete das Freizeichen des Telefons, das endlose Freizeichen bei Selma. Elsbeth wusste nicht, wie sie das unterbrechen sollte, das Freizeichen und auch die Machenschaften des Aufhockers in ihrem Nacken, und dann stand plötzlich der Optiker vor ihr.

»Hallo«, sagte er. Das Freizeichen verstummte, auch der Aufhocker war überrumpelt.

»Hallo«, sagte Elsbeth. »Hast du auch eingekauft?«

»Ja«, sagte der Optiker. »Wärmepflaster für meinen Rücken.«

»Ich Soßenbinder«, sagte Elsbeth.

Der Lieferant des Einzelhändlers schob einen mannshohen, mit einer grauen Plane abgedeckten Gitterwagen voller Lebensmittel in das Geschäft und blieb auf halbem Wege stehen, um sich den Schuh zuzubinden. Der Wagen sahen aus wie eine graue Wand. Es sieht aus wie die graue, ungeheuerliche Wand aus Reue, vor der wir alle irgendwann knien, dachte Elsbeth. »Wie poetisch«, sagte der Aufhocker, und Elsbeth schämte sich und war sich kurz nicht sicher, ob sie das womöglich laut gesagt hatte.

»Möchtest du eins?«, fragte der Optiker.

»Was denn?«

»Ein Wärmepflaster«, sagte der Optiker. »Ich meine nur. Weil du dir so in den Nacken fasst. Bei Verspannungen wirkt ja Wärme Wunder.«

»Ja«, sagte Elsbeth, »gerne.«

Das Geschäft des Optikers war direkt neben dem Einzelhändler. »Komm mit«, sagte der Optiker, »ich mach's dir gleich drauf.«

Er schloss auf und zog seine Jacke aus. An seinem Pullunder steckte ein kleines Schild, auf dem *Mitarbeiter des Monats* stand.

»Du bist doch aber der Einzige hier«, sagte Elsbeth.

»Ich weiß«, sagte der Optiker, »das soll ein Scherz sein.«

»Ach so«, sagte Elsbeth. Sie war nicht gut im Verstehen von Scherzen. Plötzlich hatte sie die entnervte Stimme ihres verstorbenen Mannes im Ohr, »Das war ein Scherz, Elsbeth, Herrgott noch mal«, aber vielleicht sagte das auch der Aufhocker.

»Martin und Luise finden es lustig«, sagte der Optiker.

»Ich auch«, versicherte Elsbeth, »sehr sogar«, und der Optiker sagte: »Nimm doch Platz.«

Elsbeth setzte sich auf den Drehhocker vor den Apparat, mit dem der Optiker Sehstärken maß, den Phoropter. Als wir kleiner waren, hatte der Optiker Martin und mir erzählt, dass man damit in die Zukunft sehen könne. So, wie der Phoropter aussah, hatten wir das sofort geglaubt und glaubten es heimlich immer noch.

»Du müsstest dich im Schulterbereich kurz frei machen«, sagte der Optiker.

Elsbeth hob beide Hände in den Nacken und öffnete den Reißverschluss hinten an ihrem engen Kleid, allein das brachte schon Erleichterung. Sie schob den Ausschnitt auf ihre runden Schultern, damit ihr Nacken frei lag, so frei, wie etwas liegen kann, wenn ein Aufhocker darauf sitzt, ein jetzt zum Glück sehr wortkarger Aufhocker mit kraftloseren Ärmchen.

Der Optiker öffnete die Wärmepflasterverpackung und piddelte das Pflasterpapier ab. »Das ist in dieser Größe eigentlich nicht für den Nacken gemacht«, sagte er, »aber es wird schon halten.«

Elsbeth dachte an den letzten Drücker und fragte sich, ob der Optiker gemacht war für verschwiegene Wahrheiten.

Der Optiker legte vorsichtig das Wärmepflaster auf ihren Nacken und hielt seine Hände darauf, damit es sich besser anschmiegte. Langsam kräuselte sich Wärme unter Elsbeths Haut. Der Aufhocker sprang ab.

»Darf ich dir etwas anvertrauen?«, fragte Elsbeth.

Der Sex mit Renate raubt mir den Verstand

Selma und ich gingen zurück zum Haus. Es war zweistöckig, lag am Hang und hatte den Wald im Rücken. Es war baufällig, und der Optiker war überzeugt, das Haus stehe überhaupt nur noch, weil Selma es so unverbrüchlich liebte. Mehrmals hatte mein Vater Selma vorgeschlagen, es abzureißen und ein neues hinzubauen, aber davon wollte Selma nichts wissen. Sie wusste, dass mein Vater auch in dem Haus eine Metapher sah, für nichts Geringeres als das Leben, ein windschiefes Leben mit Einsturzgefahr.

Mein verstorbener Großvater, Selmas Mann, hatte das Haus gebaut, auch und vor allem deshalb durfte es nicht abgerissen werden.

Mein Großvater war es auch, der Selma zum ersten Mal ein Okapi gezeigt hatte, auf einem Schwarz-Weiß-Foto, das er in einer Zeitung gefunden hatte. Er hatte ihr das Okapi so glücklich präsentiert, als habe er es nicht nur in der Zeitung, sondern überhaupt als erster Mensch entdeckt.

»Was ist denn das für ein Wesen?«, hatte Selma gefragt. »Das ist ein Okapi, Liebste«, hatte mein Großvater gesagt, »und wenn es so was gibt, dann ist alles möglich. Sogar, dass du mich heiratest und ich uns ein Haus baue. – Ja, ich«, hatte er hinzugefügt, als Selma ihn skeptisch ansah. Mein Großvater hatte sich bislang zwar als große Liebe, nicht aber als Handwerker hervorgetan.

Er hatte Heinrich geheißen, wie der eiserne Heinrich in dem Märchen vom Froschkönig, aber er schien nicht besonders eisern gewesen zu sein, denn er war lange vor meiner Geburt gestorben. Trotzdem riefen Martin und ich immer, wenn irgendjemand »Heinrich« sagte, im Chor hinterher: »der Wagen bricht!«, was Selma kein bisschen komisch fand.

Dass mein Großvater gestorben war, hatte ich mir selbst erschlossen, keiner hatte das ausdrücklich gesagt. Selma hatte behauptet, er sei im Krieg gefallen, was in meinen Ohren hieß, dass er gestolpert war, und mein Vater hatte gesagt, er sei im Krieg geblieben, was in meinen Ohren hieß, dass der Krieg etwas war, in dem man sich irgendwann im Leben länger aufgehalten hatte.

Martin und ich bewunderten meinen Großvater, weil er sich oft danebenbenommen hatte, so überaus daneben, wie wir es nie wagen würden. Immer wieder musste Elsbeth uns erzählen, wie mein Großvater als Kind von der Schule geflogen war, weil er den Kamelhaarmantel des Schuldirektors an einer Fahnenstange hochgezogen hatte, und wie er einmal mit einem selbst gemachten Kopfverband in die Schule gekommen war und behauptet hatte, er habe seine Hausaufgaben wegen eines Schädelbasisbruchs nicht machen können. »Der Wagen bricht!«, riefen wir, und manchmal ergänzte mein Vater: »Nicht der Wagen, sondern das Haus«, und auch das fand Selma nicht komisch.

Tatsächlich war der Boden in der unteren Wohnung stellenweise so dünn, dass Selma mehrfach eingebrochen war. Selma ließ sich von den Einbrüchen nicht beirren, sie erzählte beinahe nostalgisch davon. Einmal war sie in der Küche eingebrochen, gemeinsam mit der fertig gebratenen Weihnachtsgans, Selma hatte von der Hüfte abwärts im Keller gehangen und es trotzdem geschafft, die Weihnachtsgans gerade zu halten. Der Optiker hatte Selma herausgeholfen und mit der Hilfe meines Vaters die Stelle im Boden wieder ausgebessert. Weder der Optiker noch mein Vater waren im Ausbessern von Böden besonders gut, Palm hätte das weit besser gekonnt, aber den wollte niemand fragen.

Weil der Boden dementsprechend unzuverlässig ausgebessert war, markierte der Optiker die ausgebesserte Stelle mit rotem Paketklebeband, damit man sie umgehen konnte. Der Optiker markierte auch die Stelle im Wohnzimmer, in die Selma eingebrochen war, kurz nachdem mein Vater »Ich mache jetzt eine Psychoanalyse« gesagt hatte. Wir alle umgingen die zweifelhaft ausgebesserten Stellen automatisch, und selbst Alaska hatte, als er an Selmas Geburtstag zum ersten Mal in die Küche gekommen war, unwillkürlich einen Bogen um die rot umrandete Stelle gemacht.

Selma liebte ihr Haus; und immer, wenn sie es verließ, tätschelte sie die Fassade wie einem alten Pferd die Flanke.

»Du solltest mehr Welt hereinlassen«, sagte mein Vater, »statt in einem Haus zu wohnen, in dem ständig Einbrüche drohen.«

»Wenn's weiter nichts ist«, sagte Selma.

»Das ist ja gerade das Schlimme«, sagte mein Vater, »dass es weiter nichts ist.« Dann fing er wieder damit an, dass man das Haus abreißen und ein neues hinstellen solle, eins mit mehr Platz, die obere Wohnung sei immer schon viel zu eng gewesen, ausgebaut hin oder her, und dann wurde Selma wütend und sagte zu meinem Vater, er solle doch woandershin gehen mit seiner Wegwerfmentalität, aber beim Hinausgehen bitte darauf achten, wohin er trete.

Jetzt, als wir zurückkamen, saß mein Vater auf den Stufen vor dem Haus, er war fertig mit der Sprechstunde. »Du hast keine Schuhe an«, sagte er zu Selma, »wirst du jetzt dement? Oder gab's heute ein paar Mon Chéri zu viel?«

»Ich habe meine Schuhe auf Hunde geworfen«, sagte Selma.

»Das ist auch nicht gerade ein Zeichen geistiger Gesundheit«, sagte mein Vater.

»Doch«, sagte Selma und öffnete die Tür, »komm rein.«

Der Optiker nahm die Hände vom Wärmepflaster, umfasste Elsbeths Schultern und drehte sie zu sich um. »Natürlich«, sagte er, »du kannst mir alles anvertrauen.«

»Es ist nur«, sagte Elsbeth, »ich würde gerne etwas loswerden, falls ich heute … falls es mich …«

»Es ist wegen des Traumes«, sagte der Optiker.

»Genau«, sagte Elsbeth. »Obwohl ich eigentlich nicht glaube, dass etwas passiert«, log sie noch hinterher.

»Ich auch nicht«, log der Optiker zurück, »ich halte es für vollkommen unwahrscheinlich, dass dieser Traum einen Tod ankündigt. Das ist Humbug, wenn du mich fragst.«

Es ist sehr entspannend, ein wenig herumzulügen, wenn man weiß, dass gleich eine verschwiegene Wahrheit anrückt. Der Optiker dachte an Martin, der immer herumzappelte, auf und ab sprang, bevor er etwas hochzuheben versuchte, das kaum zu stemmen war.

»Es fällt mir ein wenig schwer«, sagte Elsbeth.

»Wenn du möchtest, erzähle ich dir zum Ausgleich auch etwas«, sagte der Optiker.

Elsbeth starrte den Optiker an. Alle im Dorf wussten, dass der Optiker Selma liebte – der Optiker aber wusste nicht, dass alle es wussten. Er dachte immer noch, dass seine Liebe zu Selma eine Wahrheit wäre, die sich verbergen ließe, und alle fragten sich seit Jahren, wann der Optiker endlich damit herausrücken würde, mit etwas, das längst herausgerückt war.

Nicht sicher war Elsbeth allerdings, ob Selma selbst von der Liebe des Optikers wusste. Sie war dabei gewesen, als meine Mutter einmal versucht hatte, Selma auf ihre Beziehung zum Optiker anzusprechen. Elsbeth hatte das für keine gute Idee gehalten, meine Mutter aber nicht abhalten können.

»Kannst du dir eigentlich den Optiker vorstellen, Selma?«, hatte meine Mutter gefragt.

»Den muss ich mir doch nicht vorstellen«, hatte Selma gesagt, »der ist ja immer da.«

»Ich meine: als Lebenspartner.«

»Ist er doch«, hatte Selma gesagt.

»Ach, Astrid, sag mal, du interessierst dich doch für Blumen«, hatte Elsbeth dazwischengeredet, in der Hoffnung, das Gespräch in eine andere Richtung manövrieren zu können, »wusstest du, dass Butterblumen gegen Hämorrhoiden helfen?«

»Nein, Selma, ich meine, als Paar«, hatte meine Mutter insistiert, »ich meine, ob du dir vorstellen kannst, mit dem Optiker ein Paar zu sein.«

Selma hatte meine Mutter angeschaut, als sei sie ein Cockerspaniel. »Ich war doch schon ein Paar«, hatte sie gesagt.

Selmas Liebe, schien es Elsbeth, war genau für einen Menschen portioniert, sie war sehr großzügig portioniert, und zwar für Heinrich. Heinrich war Elsbeths Bruder gewesen, Elsbeth hatte Heinrich und Selma zusammen gekannt. Sie war sich ziemlich sicher, dass danach nichts mehr kommen konnte.

Jetzt, auf dem Untersuchungshocker des Optikers, konnte Elsbeth nicht fassen, dass sie nach all den Jahren die Erste sein sollte, die erfuhr, was alle längst wussten.

»Du zuerst«, sagte der Optiker.

Er setzte sich auf seinen Schreibtisch, Elsbeth gegenüber. Das Pflaster war mittlerweile sehr warm. Elsbeth atmete tief durch. »Rudolf hat mich lange betrogen«, sagte Elsbeth. Rudolf war ihr verstorbener Mann. »Und ich weiß das, weil ich seine Tagebücher gelesen habe. Alle.«

Es war nicht klar, was Elsbeth schlimmer fand: dass ihr Mann sie betrogen oder dass sie alle seine Tagebücher gelesen hatte.

»Ich habe alles probiert, um es wieder zu vergessen«, sagte sie. »Man verliert sein Gedächtnis, wenn man gefundenes Brot isst, wusstest du das? Ich habe das versucht, aber es hat nicht funktioniert. Wahrscheinlich, weil ich das Brot vorher mit Absicht verloren habe. Dann gilt das nicht.«

»Man kann nicht vorsätzlich etwas zufällig finden«, sagte der Optiker. »Hast du jemals mit Rudolf darüber gesprochen?«

Elsbeth zog den Reißverschluss ihres Kleides wieder zu. »Rudolfs Tagebücher sind gelb«, sagte Elsbeth. »Linierte Kladden in einem frischen, warmen Sonnenblumengelb.«

»Hast du mit ihm darüber gesprochen?«, fragte der Optiker noch einmal.

»Nein«, sagte Elsbeth. Sie griff sich in den Nacken und drückte das Pflaster fester. »Ich habe so getan, als wüsste ich nicht, was ich wusste. Und jetzt ist es zu spät.«

Auch das kannte der Optiker gut. Er kannte es von den Tagen, an denen er versuchte, seine Liebe zu Selma auch vor sich selbst zu verstecken.

»Es waren viele sonnenblumengelbe Tagebücher, und obwohl ich sie nur das eine Mal gelesen habe, weiß ich genau, was da stand. Sehr oft, wenn ich im Bett liege, liest mir eine innere Stimme daraus vor.«

»Was genau liest sie dir vor?«, fragte der Optiker.

»Lauter Sachen über die andere Frau eben.«

»Gib mir einen beispielhaften Satz«, schlug der Optiker vor, »wenn es dir nichts ausmacht. Dann ist der Satz bei mir«, sagte er, »er kann dann bei mir einziehen.«

Elsbeth schloss die Augen und presste Daumen und Zeigefinger an ihre Nasenwurzel, als habe sie Kopfschmerzen. Dann sagte sie: »Der Sex mit Renate raubt mir den Verstand«, und genau in diesem Moment ging die Türglocke, und die Frau des Einzelhändlers platzte herein. »Tagchen!«, rief sie und kam auf die beiden zu. »Na? Sehtest?«

»Gewissermaßen«, sagte der Optiker.

Elsbeth sagte nichts, denn sie fragte sich fieberhaft, ob die Frau des Einzelhändlers den letzten Satz gehört haben und jetzt denken könnte, dass Elsbeth Sex mit einer Renate hatte, der ihr den Verstand raubte.

Die Frau des Einzelhändlers brauchte eine neue Brillenkette. Sie entschied sich zum Glück recht zügig für eine mit Strass. »Ich fahre morgen in die Stadt. Dauerwelle«, sagte sie zu Elsbeth, »könntest du auf Trixi aufpassen?«

Trixi war der Terrier der Einzelhändlersfrau, und jetzt war Elsbeth sicher, dass sie den Satz nicht gehört hatte, denn nie und nimmer würde sie ihr den Terrier anvertrauen, wenn sie glaubte, dass Elsbeth ihren Verstand beim Sex mit einer Renate verloren hatte.

»Sehr, sehr gerne«, sagte Elsbeth.

»Vorausgesetzt, wir leben morgen alle noch«, sagte die Einzelhändlerin munter.

»Das wäre von Vorteil«, sagte der Optiker und hielt der Frau des Einzelhändlers die Tür auf. Dann setzte er sich wieder vor Elsbeth auf den Schreibtisch.

Der Optiker sah Elsbeth an, als habe er alle Zeit der Welt für sie. Auch wenn er noch heute an Selmas Traum sterben würde, hätte er die, alle Zeit der Welt.

Er schlug die Beine übereinander. »Wenn du mich fragst: Dass der Sex mit Renate deinem Mann den Verstand geraubt hat, sagt nicht unbedingt etwas über die Qualität der Begegnung aus. Wenn man jemandem mit einer Bratpfanne auf den Kopf haut, raubt einem das schließlich auch den Verstand.«

Elsbeth lächelte. Die verschnürte Wahrheit war zentnerschwer und umfangreich gewesen, und sie war es immer noch, aber es war gut, zu sehen, dass der Optiker sie in der hohlen Hand tragen konnte.

»Vorhin hat ein Lieferant einen grau abgedeckten Gitterwagen zum Einzelhändler geschoben«, sagte Elsbeth, »das sah aus wie eine Wand, wie die Wand aus Reue, vor der wir alle irgendwann knien, findest du nicht auch?«

»Ich habe das leider nicht gesehen«, sagte der Optiker, »aber ich kann mir vorstellen, dass es genau so ausgesehen hat.«

»Ich hatte gar keine Verspannung«, sagte Elsbeth. »Ich hatte einen Aufhocker.«

»Ich weiß«, sagte der Optiker. »Aber auch gegen Aufhocker wirkt Wärme Wunder.«

Elsbeth räusperte sich. »Du wolltest mir auch noch etwas erzählen.« Sie setzte sich aufrecht hin und faltete die Hände im Schoß.

Der Optiker fuhr sich durch die Haare. Er stand auf und ging hin und her, immer entlang des Regals mit den Brillengestellen und Brillenetuis. Zwischendurch machte er einen kleinen, unbeabsichtigten Schritt nach rechts, wie immer, wenn ihn seine inneren Stimmen anrempelten.

Elsbeth überlegte, was für den Optiker besser wäre; ob sie, wenn der Optiker die Liebe zu Selma gestand, überrascht tun sollte, ob sie es tatsächlich hinkriegen würde, nach all den Jahren zu sagen: »Na so was, das ist ja eine Neuigkeit.« Sie überlegte, ob sie dem Optiker wirklich raten sollte, es Selma zu sagen, und sie überlegte, ob den Optiker womöglich der Schlag treffen würde, wenn herauskäme, dass er Jahrzehnte mit dem Verbergen einer Wahrheit verbracht hatte, die, weil sie viel zu groß war, für alle sichtbar hinter ihm stand.

»Es ist Folgendes«, sagte der Optiker. »Palm hat so gar nichts übrig für Martin.«

»Ich weiß«, sagte Elsbeth und schaute ihn aufmunternd an.

»Er lässt ihn das auch immer spüren, sein ganzes Leben lang schon. Und Martins Mutter hat er auch vertrieben.«

»Ich weiß«, sagte Elsbeth und fragte sich, wie der Optiker die Überleitung zu Selma gestalten würde. »Und womöglich schlägt er Martin manchmal.«

»Ja. Das befürchte ich auch.«

Immer noch ging der Optiker hin und her. »Er schießt betrunken auf die Rehe und trifft nicht richtig. Er hat im Suff Selma mit einer abgebrochenen Flasche bedroht.«

»Ja«, sagte Elsbeth und erinnerte sich daran, dass der Optiker die abwegigsten Dinge in Zusammenhang bringen konnte, also bestimmt auch Palm und die Liebe zu Selma.

Der Optiker blieb stehen und schaute Elsbeth an. »Es ist so«, sagte er. »Ich habe gestern Nacht die Pfähle seines Hochsitzes angesägt.«

Es ist schön hier

Der Abend dämmerte, und Selma sagte, was sie den ganzen Tag über immer wieder gesagt hatte: »Tu einfach das, was du tun würdest, wenn heute ein ganz normaler Tag wäre.« Also ging ich Alaska waschen. Alaska passte nicht komplett in Selmas Dusche, deswegen musste ich erst das Hinter- und dann das Vorderteil abduschen, während der Rest des Hundes aus der Duschkabine ragte. Die Tür stand offen, und ich hörte, wie Selma zu meinem Vater sagte: »Alle haben Angst vor meinem Traum.«

Mein Vater lachte. »Mama, ich bitte dich«, sagte er, »das ist doch Humbug.«

Selma holte eine Schachtel Mon Chéri. »Wahrscheinlich ist es Humbug«, sagte Selma, »aber das macht es auch nicht besser.«

»Doktor Maschke lacht sich kaputt, wenn ich ihm das erzähle.«

»Schön, dass du Doktor Maschke so gut unterhältst.«

Mein Vater seufzte. »Ich wollte was ganz anderes besprechen«, sagte er, und dann lauter: »Komm doch mal, Luischen, ich muss euch was sagen.«

Ich hatte Alaska rundherum abgetrocknet, er tropfte trotzdem noch. Ich dachte daran, was in Selmas Vorabendserien mit dem Satz »Ich muss euch was sagen« eingeleitet wurde. Wir sind bankrott, ich verlasse dich, Matthew ist nicht dein Sohn, William ist klinisch tot, wir stellen jetzt die Maschinen ab.

Ich ging mit dem Hund in die Küche. Mein Vater saß auf einem Stuhl, Selma lehnte am Küchentisch. »Alaska tropft noch«, sagte sie.

»Erinnert ihr euch an Otto?«, fragte mein Vater. »Klar«, sagten wir. Otto war der pensionierte Postbote, der nach Selmas Traum gestorben war, weil er sich überhaupt nicht mehr bewegt hatte.

»Es ist so«, sagte mein Vater, »ich glaube, ich hänge alles an den Nagel. Also: wahrscheinlich. Ich mache vielleicht eine größere Reise.«

»Und wann kommst du wieder?«, fragte ich.

»Und wohin?«, fragte Selma.

»Na, in die Welt«, sagte er. »Nach Afrika oder Asien oder so.«

»Oder so«, sagte Selma. »Und wann?«

»Das weiß ich noch nicht«, sagte mein Vater, »ich überlege das ja nur. Ich teile euch nur mit, dass ich darüber nachdenke.«

»Und warum?«, fragte Selma. Das war eine ungewöhnliche Frage. Wenn jemand sagt, dass er eine Weltreise machen will, fragt üblicherweise niemand, warum. Niemand muss begründen, warum er in die Welt hinaus möchte.

»Weil ich nicht hier vergammeln will«, sagte er.

»Herzlichen Dank«, sagte Selma.

Alaska tropfte immer noch. Ich wurde plötzlich sehr müde. So, als sei ich nicht aus dem Badezimmer gekommen, sondern von einer Tagesreise, einer Tagesreise mit sehr viel Gepäck.

Ich überlegte, wie ich meinen Vater zum Bleiben überreden könnte. »Es ist doch aber so schön hier«, sagte ich schließlich, »wir leben in einer herrlichen Symphonie aus Grün, Blau und Gold.«

Das sagte der Optiker manchmal. Wir lebten in einer malerischen Gegend, in einer wunderschönen, einer paradiesischen, so stand es auch in geschwungener Schrift auf den Postkarten, die der Einzelhändler auf der Ladentheke liegen hatte. Kaum jemand im Dorf aber nahm das wahr, wir übergingen und übersprangen die Schönheit, wir ließen sie rechts und links liegen, wären aber die Ersten gewesen, die sich lautstark beschwert hätten, wenn die Schönheit um uns herum eines Tages nicht aufgetaucht wäre. Der Einzige, der wegen des täglichen Übergehens der Schönheit manchmal ein schlechtes Gewissen hatte, war der Optiker. Er blieb dann plötzlich stehen, oben auf der Uhlheck beispielsweise, und fasste Martin und mich an den Schultern.

»Nun schaut doch mal, wie unglaublich schön das alles ist«, sagte er dann und zeigte mit großer Geste auf die Tannen, auf die Ähren, auf den ausgiebigen Himmel darüber, »eine herrliche Symphonie aus Grün, Blau und Gold.« Wir schauten auf die selbstverständlichen Tannen, in den selbstverständlichen Himmel und wollten weitergehen. »Nun genießt das doch mal einen Moment«, sagte der Optiker, und wir schauten ihn an, wie wir Elsbeth anschauten, wenn sie sagte, geht doch mal zur traurigen Marlies.

»Das stimmt«, sagte mein Vater. »Ich komme ja auch wieder.«

»Und wann?«, fragte ich.

Selma sah mich an, setzte sich neben mich auf die Küchenbank und nahm meine Hand. Ich lehnte mich an ihre Schulter, wir würden einfach hier sitzen bleiben, dachte ich, Selma und ich, und gemeinsam vergammeln.

»Geht das alles auch ein bisschen genauer?«, fragte sie. »Ist das auf Doktor Maschkes Mist gewachsen?«

Mein Vater hob den Kopf und murmelte: »Jetzt sag das doch nicht so abschätzig«, und man sah ihm an, dass er auf unsere Fragen nicht vorbereitet war, dass er gehofft hatte, wir würden »alles klar«, sagen, »mach du nur, du kannst dich ja mal melden, viel Spaß«.

»Was sagt denn Astrid dazu?«, fragte Selma. »Und was wird aus Alaska? Er hatte ja bisher kaum Gelegenheit, sich als ausgelagerter Schmerz zu bewähren.«

»Herrgott«, sagte mein Vater, »ich sage doch nur, dass ich darüber nachdenke.«

Das stimmte nicht, mein Vater hatte sich längst entschieden, aber hier, an Selmas Tisch, wusste er das genauso wenig wie Selma und ich, und wir wussten auch nicht, dass Alaska jetzt Selmas Hund sein würde, weil mein Vater ihn in die Welt hinaus nicht mitnehmen konnte, weil Alaska, sagte mein Vater, nicht fürs Abenteuer gemacht war.

Selma und ich saßen meinem Vater gegenüber auf der Küchenbank, und wir dachten dasselbe, nämlich an das Behandlungszimmer von Doktor Maschke in der Kreisstadt, das mein Vater uns beschrieben hatte. Das Zimmer hing voller Poster, auf denen die gleichen Landschaften waren wie auf den Postkarten vor dem Geschenkideengeschäft, also Meer, Gebirge, wogende Graslandschaften, nur größer, nur ohne Sinnsprüche, weil die von Doktor Maschke persönlich dazugeliefert wurden. Auch Gegenstände hingen bei Doktor Maschke an der Wand. Während er in dem, was mein Vater ihm erzählte, nach verkapselten Schmerzen suchte, schaute mein Vater auf eine afrikanische Maske, einen in die Wand gedübelten Buddha, ein mit Pailletten verziertes Schultertuch, eine Feldflasche aus Leder, einen Krummsäbel.

Doktor Maschkes Markenzeichen, hatte mein Vater erzählt, war eine schwarze Lederjacke, die er auch während der Sitzung nie auszog. Die Lederjacke knarzte, wenn Doktor Maschke sich auf seinem Sessel vorbeugte oder zurücklehnte.

Jetzt, am Küchentisch, waren Selma und ich sicher, dass eigentlich Doktor Maschke alles an den Nagel hängen wollte, alles außer seiner Lederjacke, dass eigentlich er in die Welt reisen wollte und diesen Wunsch aus Gründen der Bequemlichkeit einfach meinem Vater eingepflanzt hatte, mittels irgendwelcher Sinnsprüche, er schickte meinen Vater hinaus in eine knarzende Welt, wegen der wir alle an den Nagel gehängt werden und vergammeln sollten, das also hatte Doktor Maschke vorgehabt, von Anfang an.

»Und wann kommst du wieder?«, fragte ich noch einmal.

Unter Selmas Küchenfenster kam Friedhelm entlanggetänzelt und sang laut, dass auch der kleinste Sonnenschein tief ins Herz hineindringt.

»Jetzt reicht's«, sagte mein Vater und stand auf. Er lief nach draußen, packte Friedhelm und fuhr mit ihm in seine Praxis. Mein Vater hatte für und gegen jede Gemütslage ein passendes Mittel, und er gab Friedhelm eine weitere Spritze, die müde machte, so kompromisslos müde, dass Friedhelm noch auf der Untersuchungsliege einschlief und erst am nächsten Mittag völlig ahnungslos in einer Welt aufwachte, in der außer mir vorerst niemand mehr schlafen konnte.

Selma und ich blieben in der Küche sitzen. »Ich bin gleich wieder für dich da«, sagte sie und strich über meinen Arm, »nur einen Moment«, und ich dachte, dass Selma aufstehen und in ein anderes Zimmer gehen würde, aber sie blieb neben mir sitzen und schaute aus dem Fenster. Das Schweigen, das von ihr ausging, wuchs sehr viel schneller als die Wasserpfütze, die sich unter Alaska gebildet hatte, und gerade, als ich überlegte, wann ich Selmas Schweigen brechen dürfte, übernahm das die Türklingel.

Vor der Tür stand Martin. Er hatte eine andere Hose an, und die Strähne auf seinem Kopf war frisch angeklatscht.

»Er hat dich wieder rausgelassen«, sagte ich.

»Ja«, sagte Martin, »er schläft jetzt. Kann ich reinkommen?«

Ich warf einen Blick in die Küche. Das Schweigen überstieg jetzt die Schulterhöhe des Hundes.

»Was ist denn los?«, fragte Martin.

»Nichts«, sagte ich.

Die kleine Handharke fiel herunter, die Selma in der Regenrinne über der Haustür hatte liegen lassen.

»Ganz schön windig heute«, sagte Martin, dabei stimmte das gar nicht.

Er war blass, aber er lächelte. »Darf ich dich hochheben?«

»Ja, bitte«, sagte ich und legte meine Arme um Martins Hals, »heb mich hoch.«

Mitarbeiter des Monats

Martin und ich gingen in die Küche und schauten Selma mit großen Augen an. Wir müssen ziemlich hilflos geschaut haben, denn sie räusperte sich, atmete tief durch und sagte: »So, ihr beiden verdatterten Kinder. Ihr könnt euch das im Moment vielleicht nicht vorstellen, aber es renkt sich alles wieder ein. Ihr habt beide seltsame Väter, aber irgendwann fassen die sich wieder. Das könnt ihr mir glauben.«

Wir glaubten es ihr. Wir glaubten Selma alles. Als vor Jahren auf Selmas Rücken ein verdächtiger Leberfleck entdeckt wurde, hatte sie bereits am Abend, bevor sie das Untersuchungsergebnis bekam, eine Karte an eine besorgte Bekannte im Nachbardorf geschickt. »Es ist alles gut gegangen«, hatte Selma geschrieben, und sie hatte recht gehabt.

»Aber du hast von einem Okapi geträumt«, sagte Martin, »einer stirbt noch.«

Selma seufzte. Sie sah auf die Uhr, es ging auf halb sieben zu, und jeden Abend halb sieben machte Selma einen Spaziergang auf der Uhlheck, schon immer seit Erfindung der Welt.

»Los geht's«, sagte sie.

»Aber auch heute?«, fragten wir, weil wir einen unmöglichen Höllenhund fürchteten, einen unmöglichen Blitz.

»Ganz besonders heute«, sagte Selma, »wir lassen uns von nichts abhalten.«

Es war dunkel auf der Uhlheck. Der Wind blies in den Tannen, Martin und ich gingen an Selmas Hand. Wir schwiegen.

Wir schwiegen vor allem darüber, dass der Tod den Berechnungen zufolge jetzt nur noch acht Stunden hatte, um zuzuschlagen, ich zählte die Stunden an den Fingern meiner freien Hand ab, Selma tat so, als würde sie es nicht merken.

»Was wollt ihr eigentlich mal werden?«, fragte sie plötzlich.

»Ärztin«, rief ich.

»Oh Gott«, sagte Selma, »aber, na gut, besser als Psychoanalytikerin. Und du?«

»Der Optiker hat in seinem Phoropter gesehen, dass ich Gewichtheber werde«, sagte Martin, »und das stimmt auch.«

»Klar stimmt das«, sagte Selma. Martin sah zu Selma hoch. »Und du?«, fragte er.

Selma strich Martin über den Kopf. »Tierpflegerin vielleicht«, sagte sie.

Martin hob einen Stock auf, der quer über dem Feldweg lag. »Ihr wollt sicher wissen, wie genau Igor Nikitin es geschafft hat, hundertfünfundsechzig Komma null Kilo zu stemmen«, sagte er.

Selma lächelte. »Unbedingt«, sagte sie.

Martin tat, als habe der Stock ein ungeheures Gewicht, stemmte ihn über seinen Kopf, hielt ihn dort, seine Arme bebten, und ließ ihn dann fallen. Wir klatschten lange, Martin strahlte und verbeugte sich.

»Jetzt gehen wir mal zurück«, sagte Selma, als dreißig Minuten vergangen waren und es anfing zu regnen. Wir drehten uns um. Der Rückweg lag sehr dunkel vor uns.

»Wir spielen *Ein Hut, ein Stock, ein Regenschirm*«, sagte Selma, »ich gehe hinten.« Wir stellten uns hintereinander auf. »Ein Hut, ein Stock, ein Regenschirm«, sagten wir laut, »vorwärts, rückwärts, seitwärts, stopp.« Wir spielten das den ganzen finsteren Rückweg lang, bis wir, ohne es gemerkt zu haben, wieder vor Selmas Tür standen.

Selma machte uns Bratkartoffeln. Dann rief sie bei Palm an und fragte, ob Martin heute bei uns übernachten dürfe, aber das war nicht möglich, auch ausnahmsweise nicht.

Um zwei Uhr in der Nacht stand Elsbeth auf und zog sich an. Sie hatte seit Stunden im Bett gelegen und etwas beschlossen.

Sie öffnete die Haustür und ging hinaus in die Nacht, in der einen Hand eine Rolle Draht und Alleskleber, in der anderen den Entschluss, den Optiker zu retten.

Palms Hochsitz stand auf einer Wiese, die man nur über einen Waldweg erreichen konnte. Der Wald war schwarz wie Kranzschleifen, Elsbeth sah hinein in die Finsternis und sehnte sich nach einem frischen, warmen Sonnenblumengelb.

Sie stand am Waldrand und zögerte ein letztes Mal. Nach Selmas Traum allein in den nächtlichen Wald zu gehen, war wie eine Einladung an den Tod, Elsbeth fand, dass sie sich ihm geradezu in die Arme warf. Andererseits wäre es irgendwie billig vom Tod, eine so offensichtliche Situation auszunutzen. Wieder andererseits stand der Tod jetzt unter immensem Zeitdruck, er hatte nur noch ungefähr eine Stunde, um zuzuschlagen, und da ist man weniger anspruchsvoll und gibt sich auch mit schluderigen Lösungen zufrieden. Außerdem fielen Elsbeth, als sie darüber nachdachte, so schnell keine Tode ein, die dramaturgisch anspruchsvoll gewesen wären, aber ziemlich viele, die sich mit einer billigen Lösung zufriedengegeben hatten.

Elsbeth ging trotzdem in den Wald, weil sie ihren Entschluss nicht mehr loslassen wollte.

Sie erinnerte sich daran, dass man etwas singen soll, wenn man sich fürchtet. »Der Wald steht schwarz und schweiget«, sang Elsbeth mit etwas brüchiger Stimme, und er stand ja tatsächlich kranzschleifenschwarz, aber er schwieg kein bisschen, es rauschte und knackte überall, hinter, vor, neben und über Elsbeth. Vielleicht waren das Aufhocker, dachte sie, die vor dem Wärmepflaster des Optikers zurückwichen, das sie immer noch trug. Sie hörte auf zu singen, weil ihre Stimme so verloren klang, und es kam ihr verzweifelt vor, einen in Wirklichkeit absolut gar nicht steigenden wunderbaren Nebel zu besingen. Außerdem fürchtete sie, etwas anzulocken oder zu überhören.

Leider wusste Elsbeth alles über Kreaturen, die einem nachts im Wald begegnen konnten. Sie dachte an das Buschweibchen, das alle hundert Jahre aus dem Unterholz tritt, mit einer Kiepe auf dem Rücken, und gekrault und gelaust werden will. Wenn man es krault und laust, bekommt man Laub aus Gold. Wenn nicht, nimmt einen das Buschweibchen mit.

Elsbeth hatte nicht das geringste Interesse an Laub aus Gold. Sie malte sich aus, wie das verwachsene Buschweibchen jetzt gleich zwischen den Tannen hervorträte, Elsbeth packte, mit einer entstellten Hand, mit einem entstellten Blick. Sie malte sich aus, wie das Buschweibchen Elsbeths Hand in seine verfilzten Haare drücken würde, wo sie dann nach Läusen suchen sollte, wie stellte sich das Buschweibchen das in dieser Finsternis überhaupt vor, und dann malte sich Elsbeth aus, wie das Buschweibchen gekrault werden wollte und vor allem wo, und dann dachte sie an Sex mit Renate, der einem den Verstand raubt, und daran, dass auch über den Schädel gezogene Bratpfannen und Buschweibchen einem den Verstand rauben können, *das sagt nicht unbedingt etwas über die Qualität der Begegnung aus, wenn du mich fragst*, und sie dachte daran, dass sie beschlossen hatte, den Optiker zu retten, und den Optiker zu retten bedeutete, Palm zu retten.

Elsbeth hatte unpassende Schuhe an, Pumps nämlich, aus Kunstleder, es war an den Spitzen aufgesprungen, die Absätze waren abgelaufen. Elsbeth trug nie Gummistiefel, weil die nicht kleidsam waren, und auch, wenn sie nur zu Selma oder zum Einzelhändler ging, machte Elsbeth sich schick, denn, sagte sie immer, man weiß nie, wem man begegnet. Die Nässe des Laubs kroch Elsbeth über den Rand ihrer Pumps in die schwarze Nylonstrumpfhose und färbte sie noch schwärzer.

Der Wald tat sich sehr plötzlich auf. In unserer Gegend fehlen die Übergänge. Es gibt keinen sich langsam lichtenden Wald, keine paar niedrigeren Bäume, die zwischen Wald und Wiese vermitteln. In der Mitte der abrupten Wiese ragte Palms Hochsitz in die Landschaft, er sah aus wie ein unfertiges Mahnmal, wie das Krähennest eines Geisterschiffs. Elsbeth fragte sich, während sie auf den Hochsitz zuging, ob hier so tief in der Nacht schon jemals jemand gewesen war, jemand, der kein Fuchs, kein Reh, kein Wildschwein war, jemand, den das jederzeit hervorspringbereite Buschweibchen hätte bitten können, es zu kraulen und zu lausen. Es war sehr still auf der Wiese, Elsbeth wünschte sich das Knacken und Knarren des Waldes zurück, denn es ist unheimlich, wenn man die Einzige ist, die Geräusche macht. Ihr Atem und ihre schnellen Schritte waren plötzlich so geräuschvoll, wie lautgestellt in einem *Tatort*, kurz bevor das Opfer übermannt und so bestialisch zugerichtet wird, dass selbst der wortkarge Pathologe erbleicht und die herbeigeeilten Kommissare sich übergeben.

Elsbeth trat an die hinteren Pfähle des Hochsitzes heran. An beiden ertastete sie Stellen, an denen der Optiker gesägt hatte, die Pfähle waren hier fast ganz durchtrennt. Durchtrennt, dachte Elsbeth, und es fiel ihr die Kehle des jungen Mädchens im letzten *Tatort* ein. Sie schraubte den Alleskleber auf und presste den Inhalt der Tube erst in den einen, dann in den anderen Spalt. Nicht an das Buschweibchen denken, dachte sie, nicht an Durchtrenntes denken, und sie fürchtete sich vor ihrem eigenen Atem, der schnell ging und immer noch abwegig laut.

Sie rollte den ohrenbetäubenden Draht ab, um den ersten Pfahl zu umwickeln. Die Hände zitterten, als seien es gar nicht ihre Hände, sondern Hände aus dem *Tatort*.

Und dann hustete jemand über ihr.

Elsbeth schloss die Augen. Ich bin es, dachte sie. Ich bin die, die an Selmas Traum stirbt.

»Verschwinde«, zischte es von oben. Elsbeth sah hoch, und aus dem scheibenlosen Hochsitzfenster sah sie Palm.

Jemand, dem man das Leben rettete, brachte einen nicht um.

»Guten Abend, Palm«, sagte Elsbeth, »es tut mir leid, aber du musst da sofort runterkommen.«

»Hau ab«, sagte Palm, »du vertreibst mir das Schwein«, und Elsbeth brauchte einen Moment, um zu verstehen, dass er tatsächlich ein Wildschwein meinte.

»Nachtjagdverbot«, sagte Elsbeth mutig, aber im Suff scherte Palm das Nachtjagdverbot genauso wenig, wie es das Buschweibchen scherte.

Sie begann, den Draht um die erste angesägte Stelle zu wickeln. Etwas Kleber war den Pfahl heruntergelaufen wie Harz und jetzt dabei, auf halbem Wege zu erstarren.

»Bist du bekloppt?«, zischte Palm.

Elsbeth überlegte. »Wenn man den Tod fürchtet, soll man einen Hochsitzpfahl mit Draht umwickeln.«

Palm sagte nichts.

»Siebenmal und nicht bei Mondschein«, sagte Elsbeth. »Und außerdem darf man nicht auf Hochsitzen sein, wenn man den Tod fürchtet.«

»Ich hab aber keine Angst vor dem Tod«, sagte Palm, und das meinte er ernst. Palm wusste nicht, dass er sehr wohl Angst vor dem Tod hatte, eine Heidenangst sogar. Er konnte nichts davon wissen, denn die Heidenangst kam erst, nachdem der Tod eingetreten war, durch die Tür.

»Aber Selma hat von einem Okapi geträumt«, sagte Elsbeth.

Palm nahm einen Schluck aus seiner Flasche. »Ihr seid alle so bescheuert, es ist nicht zu fassen«, sagte er.

Elsbeth wickelte den Draht weiter um den Pfahl.

Ich bin so bescheuert, es ist nicht zu fassen, dachte sie, das hält nie im Leben.

Palm rülpste. »Und jetzt kommt da noch so ein Idiot«, sagte er.

Elsbeth fuhr herum. Jemand mit einer Stirnlampe kam über die Wiese auf sie zugelaufen, er war groß, er kam schnell näher, es war der Optiker.

Er war den ganzen Weg gerannt, aus seiner Tür hinaus, durch das Dorf, durch den Wald, über die Wiese, mit einer Tüte im Arm, in der Nägel, ein Hammer und ein paar Holzscheite waren. Es war ihm gar nicht aufgefallen, dass, während er rannte, die inneren Stimmen schwiegen. Zum ersten Mal wollten die Stimmen nicht ständig gelaust und gekrault werden, weil solche Stimmen mit ungeahnter Höflichkeit zur Seite treten, weil sie eine Gasse bilden, wenn man mit dem Entschluss unterwegs ist, jemanden zu retten.

Außer Atem blieb der Optiker vor Elsbeth stehen. »Was machst du denn hier?«, fragte er.

»Ich rette dich«, sagte Elsbeth.

Der Optiker war ohne Jacke losgelaufen, er trug immer noch sein Schildchen am Pullunder, *Mitarbeiter des Monats*, und er kippte seine Tüte vor Elsbeths Füßen aus, steckte sich ein paar Nägel zwischen die Lippen und machte sich hektisch daran, die Holzscheite über die angesägten Stellen zu hämmern; auch das war ohrenbetäubend.

»Was soll das denn jetzt?«, fragte Palm von oben. »Verpisst euch endlich«, zischte er, »ihr vertreibt mir das Schwein.«

Der Optiker erstarrte und sah hoch. »Du musst jetzt sofort da runterkommen«, rief Elsbeth.

»Nein!«, rief der Optiker, und die Nägel fielen ihm aus dem Mund. »Bleib um Himmels willen oben, Palm, und beweg dich nicht.«

Er beugte sich zu Elsbeth. »Wenn er jetzt runtersteigt, fällt das Ding zusammen«, flüsterte er und hämmerte, was das Zeug hielt, und sein Herz hämmerte mit, als wolle es assistieren.

»Hört auf mit dem Scheiß«, zischte Palm von oben.

»Entschuldigung, ich habe mich vertan«, sagte Elsbeth, »man muss den Pfahl nicht siebenmal mit Draht umwickeln, sondern auf ihn einhämmern«, und jetzt fing Palm an zu brüllen.

»Mir reicht's mit euch«, brüllte er, griff sein Gewehr und stand auf.

»Bleib oben«, rief Elsbeth, »Komm nicht runter, bitte«, rief der Optiker, aber Palm drehte sich um und begann, die Leiter herunterzuklettern, er brüllte weiter, es klang bestialisch, »Wenn man den Tod nicht fürchtet, muss man unbedingt auf einem Hochsitz sitzen bleiben«, rief Elsbeth, »Bleib oben!«, rief der Optiker und hämmerte, und Palm schwankte auf der Leiter, der Optiker hörte auf zu hämmern, er sprang zu dem Pfahl, der am wenigsten gesichert war, und umschlang ihn, um ihn mit sich selbst zu stabilisieren, »Du vertreibst dir das Schwein«, rief Elsbeth, und als Palm auf der sechsten Sprosse von oben war, rutschte er aus und fiel.

Palm fiel tief. Der Optiker ließ den Pfahl los und sprang zur Leiter, weil er glaubte, Palm auffangen zu können. Aber obwohl Palm in Elsbeths Augen erstaunlich langsam und wie in Zeitlupe fiel, war der Optiker nicht schnell genug.

Er ist es, dachte Elsbeth, Palm ist es, der stirbt, und dann schlug Palm auf, direkt vor dem Optiker.

Elsbeth und der Optiker knieten sich neben ihn. Palm bewegte sich nicht, seine Augen waren geschlossen. Er atmete schwer und stank nach Schnaps.

Elsbeth fragte sich, ob es außer Martin und Martins Mutter jemals jemand gewagt hatte, ihm so nahe zu kommen. Sie hielt ihr Gesicht an Palm wie an ein ausgestopftes Raubtier.

»Palm, sag mal was«, sagte der Optiker.

Palm schwieg.

»Kannst du deine Beine bewegen?«, fragte Elsbeth.

Palm sagte immer noch nichts, rollte sich aber auf die Seite.

Es war nicht Palm, der sterben würde.

Die Stirnlampe beleuchtete jetzt sein Profil, die Kraterlandschaft seiner Nase, die verklebten blonden Haare im Nacken. Elsbeth nahm sein Handgelenk. Palms Puls donnerte über die Wiese.

Elsbeth wollte Palms Arm gerade wieder ablegen, als ihr Blick auf seine Armbanduhr fiel. »Schau mal«, rief sie in die Stille hinein dem Optiker zu, obwohl er direkt neben ihr kniete, und wedelte mit Palms Arm vor den Gesicht des Optikers herum. »Es ist drei Uhr«, rief Elsbeth. »Es ist drei Uhr! Es ist vorbei. Es ist drei Uhr, und wir sind nicht tot.«

»Herzlichen Glückwunsch«, sagte der Optiker leise. »Auch dir, Werner Palm.«

Ohne den Kopf zu heben, schüttelte Palm Elsbeths Hand ab und zog seinen Arm unter seinen Kopf, er sah jetzt aus wie in einer stabilen Seitenlage.

»Ich bring euch um, ihr Pissnelken«, murmelte er, »ich knall euch ab.«

Elsbeth tätschelte Palm den Kopf, als sei er der Terrier der Einzelhändlersfrau. »Aber sicher, Palm«, sagte sie, »du knallst uns ab«, und dann lachte sie und schlug dem Optiker auf den Schenkel, denn jetzt, wo die vierundzwanzig Stunden vorbei waren, fand Elsbeth alles bis auf Weiteres unsterblich.

Weit hinten im Dorf sah auch der alte Bauer Häubel auf die Uhr und fand sich bis auf Weiteres unsterblich, aber im Gegensatz zu Elsbeth war er deswegen kein bisschen beglückt. Umständlich stand er auf und ging, beinahe durchsichtig, wie er war, zur Dachluke und schloss sie, denn so bald würde da keine Seele hinausfliegen.

Die neunundzwanzigste Stunde

Als sechsundzwanzig Stunden nach Selmas Traum der neue Tag begann, standen die Leute im Dorf da in ihren Schlafanzügen, mit ihren immer noch intakten Herzen, ihrem immer noch intakten Verstand, mit ihren hastig verbrannten und hastig geschriebenen Briefen.

Sie waren heilfroh und nahmen sich vor, sich künftig an allem zu freuen und dankbar zu sein, weil sie noch vorhanden waren. Sie nahmen sich vor, sich zum Beispiel endlich einmal ausgiebig an dem Lichtspiel zu freuen, das die Morgensonne in den Apfelbaumzweigen veranstaltete. Die Leute im Dorf hatten sich das schon häufig vorgenommen, wenn zum Beispiel ein Dachziegel sie nicht getroffen hatte oder eine schlimme Verdachtsdiagnose ausgeschlossen worden war. Aber immer kam nach kurzer Zeit der Dankbarkeit und Freude dann ein Wasserrohrbruch oder eine Nebenkostenabrechnung, und da waren Freude und Dankbarkeit dann schnell verwässert, da war man dann nicht mehr dankbar, dass man vorhanden war, da war man dann verärgert, dass mit einem selbst auch Nebenkostenabrechnungen oder Wasserrohrbrüche vorhanden waren, und das Sonnenlicht im Apfelbaum konnte einpacken.

Als in aller Frühe der Postbote kam, um den Briefkasten zu leeren, warteten da bereits ein paar Leute, um ihre hastig eingeworfenen Briefe wieder zurückzuholen, weil sie ihnen jetzt unangenehm waren, weil sie fanden, dass die Worte darin unangemessen groß waren für ein weitergehendes Leben, es stand zu viel *immer*, zu viel *niemals* darin. Geduldig ließ der Postbote die Leute im Postsack wühlen und ihre herausgerückten Wahrheiten wieder einholen.

Die Wahrheiten, die die Leute einander auf den vermeintlich letzten Drücker gesagt hatten, ließen sich nicht mehr zurücknehmen. Der Schuster verließ noch im Morgengrauen seine Frau und zog ins Nachbardorf, weil seine Frau ihm gesagt hatte, dass sein Sohn streng genommen nicht sein Sohn war, und diese lang verschnürte Wahrheit verbreitete bestialischen Gestank und viel Getöse.

Eine herausgerückte Wahrheit, die keiner zurückholen wollte, die sich gern richtig austoben durfte, war die von Bauer Häubels Urenkel. Der hatte der Tochter des Bürgermeisters endlich gesagt, dass er auf dem letzten Maifest nur aus Trotz immer mit der Tochter des Einzelhändlers getanzt hatte, weil er glaubte, dass die Tochter des Bürgermeisters nicht mit ihm tanzen wollte. Eigentlich, hatte Häubels Urenkel nach Selmas Traum zur Tochter des Bürgermeisters gesagt, liebe er nur sie und könne sich durchaus vorstellen, dass dieser Liebe ein Leben lang nichts dazwischenkäme. Die Tochter des Bürgermeisters liebte Häubels Urenkel auch, und alle waren froh, dass diese Wahrheit heraus war. Sie war auf den letzten Drücker herausgekommen, nicht, weil der Tod nahte, sondern weil sonst das Leben falsch abgebogen wäre. Beinahe wäre Häubels Urenkel aus Trotz in die Kreisstadt gezogen, beinahe hätte die Tochter des Bürgermeisters begonnen, sich einzureden, dass Häubels Urenkel sowieso nicht der Richtige gewesen wäre. Alle waren froh, dass die Wahrheit sich jetzt austoben konnte, und am liebsten hätte man gleich Hochzeit gefeiert, wenn nicht alle wegen dem, was dann passierte, keine Hochzeit feiern wollten, zunächst niemals mehr.

Um sechs Uhr fünfzehn, siebenundzwanzig Stunden und fünfzehn Minuten nach ihrem Traum, als die Zeit mutmaßlich alle in Sicherheit gebracht hatte, packte Selma meine Butterbrotdose in meinen Schulranzen. Ich saß am Küchentisch, ich war spät dran und schaffte es nicht mehr, meine Hausaufgaben in Martins Heft zu übertragen. Ich weiß noch, dass meine Schuhe drückten, dass ich zu Selma sagte: »Ich brauche neue Schuhe«, und dass Selma antwortete, wir würden gleich morgen in die Kreisstadt fahren und neue besorgen, auch Elsbeth brauche neue Schuhe.

Ich wusste natürlich nicht, dass es kein Morgen geben würde, in dem man in der Kreisstadt Schuhe kaufen würde. Ich wusste natürlich nicht, dass ich schon wenige Tage später in meinen zu großen Sonntagsschuhen an Selmas Hand auf dem Friedhof stehen würde und alle, die mir nahestanden, einen Kreis um mich bilden würden, auch der vom Weinen geschüttelte Optiker, *Mitarbeiter des Monats*, damit ich nicht so genau sähe, wie die Welt ihren Lauf genommen hatte, damit ich nicht so genau sähe, wie der Sarg heruntergelassen wurde, ein Sarg, sagte der Pfarrer, dessen Größe anzeigte, dass hier einer nicht mal das halbe Leben hatte behalten dürfen; aber ich sah es ganz genau, nicht mal alle zusammen waren umfangreich genug, um das verstellen zu können, und ich wusste natürlich nicht, dass ich mich, sobald der Sarg fast lautlos unten angelangt war, umdrehen und weglaufen würde und dass Selma, dass natürlich Selma mich finden würde, an genau der Stelle unter ihrem Küchentisch, an der jetzt meine Füße in den zu kleinen Schuhen standen, dass ich da kauern würde, mein Gesicht verschmiert mit zähflüssiger roter Pampe, vor mir zahllose leere Hüllen Mon Chéri; ich wusste nicht, dass Selma sich hinhocken und ich ihr verweintes Gesicht sehen würde, dass Selma zu mir unter den Tisch kriechen und sagen würde: »Komm mal her, du kleine Schnapspraline«, und mir dann schwarz vor Augen würde, weil ich meine Augen an Selmas schwarzer

Bluse schloss, kranzschleifenschwarz, das alles wusste ich natürlich nicht, denn wir würden den Verstand verlieren, wenn wir solche Dinge im Vorhinein wüssten, wenn wir im Vorhinein wüssten, dass sich in nicht mal einer Stunde das ganze großflächige Leben in einer einzigen Bewegung umdrehen wird.

Um sieben Uhr fünfzehn standen Martin und ich im Zug. Martin hatte mich am Bahnsteig nicht hochgehoben, ich hatte ihm in Windeseile meine Hausaufgaben diktiert.

»Los«, sagte Martin, als der Zug anfuhr, lehnte sich mit seinem Ranzen auf dem Rücken an die Zugtür und schloss die Augen. Ich stellte mich vor die gegenüberliegende Tür und sah hinaus.

»Drahtfabrik«, sagte Martin, punktgenau in dem Moment, als die Drahtfabrik vorbeizog.

»Stimmt«, sagte ich.

»Feld, Weide, Gehöft vom verrückten Hassel«, sagte er.

»Stimmt«, sagte ich.

»Wiese«, sagte Martin, »Wald. Wald. Hochsitz zwei.«

»Hochsitz eins«, sagte ich.

»Entschuldigung«, sagte Martin und lächelte. »Hochsitz eins. Jetzt wieder Feld.«

»Perfekt«, sagte ich.

Ich schaute über Martins Kopf nach draußen. Noch war Martins Haarsträhne am Kopf angeklatscht, aber noch bevor wir in der Schule wären, würde sie abstehen und nach oben weisen.

»Wald, Wiese«, sagte Martin jetzt schnell, denn jetzt kam der Teil der Stecke, in der der Zug stark beschleunigte, der Teil, bei dem man sich besonders anstrengen musste, um alles punktgenau zu sagen. »Weide, Weide«, sagte er.

Und dann sprang die Zugtür auf.

ZWEITER TEIL

Jemand von außen

»Schließen Sie bitte die Tür«, sagte Herr Rödder.

Eigentlich wusste er, dass das unmöglich war. Die Tür schloss nicht richtig, weil sich der Rahmen verzogen hatte und die braunen Teppichfliesen, die aussahen, als seien sie aus Rauhaardackelfell gemacht, zu hoch standen. Damit die Tür halbwegs zuging, musste man sich dagegenstemmen, mit seinem ganzen Gewicht, als würde jemand von außen dagegendrücken, der um keinen Preis eintreten durfte. Dabei wollte nie jemand hier herein; niemand außer Herrn Rödder und mir wollte jemals hinein in das muffige, fensterlose, winzige Hinterzimmer der Buchhandlung.

Das Zimmer war auch ohne uns komplett voll. Ein Klapptisch mit einer Kaffeemaschine stand darin, ausrangierte Faxgeräte, ausrangierte Kassen, knittrige, zusammengerollte Werbeposter, Aufsteller.

Zwischen all diesen Dingen lag Alaska. Alaska war alt, viel älter als Hunde eigentlich werden können. Es schien, als habe er mehrere Leben, die er alle hintereinander weglebte, ohne zwischendurch zu sterben.

Herr Rödder hasste Alaska. Er hasste es, wenn ich ihn mit in die Buchhandlung bringen musste. Alaska war sperrig und struppig und riesig und grau, und er roch wie eine nie gelüftete Wahrheit. Jedes Mal, wenn ich mit Alaska zur Tür hereinkam, unter zahllosen Entschuldigungen und Erklärungen, griff Herr Rödder wortlos nach der Sprühdose neben der Kasse und sprühte ihn mit einem Raumspray ein, *Blue Ocean Breeze*, aber das half wenig. »Das geht nicht mit diesem abgewrackten Tier«, sagte

Herr Rödder immer, nachdem er Alaska eingesprüht hatte, und scheuchte ihn ins Hinterzimmer. »Das ist keine artgerechte Haltung«, sagte er, wenn Alaska sich zwischen all den schadhaften Dingen niederließ, und er sagte es so entrüstet, als meine er nicht Alaskas Haltung, sondern seine.

Wegen Alaska roch das ganze winzige Hinterzimmer nach grauem Hund und blauem Ozean aus der Dose. Herr Rödder und ich standen nahe beieinander, und wie jedes Mal, wenn wir hier standen, war unklar, wie wir über all die ausrangierten Sachen überhaupt an diesen Platz gekommen waren, jedes Mal schien es, als seien wir gar nicht durch die nicht schließende Tür gekommen, sondern als habe uns jemand von oben dort hingestellt, als habe jemand mit einer riesigen Hand die Decke geöffnet und lange überlegt, wo er uns hier noch unterkriegen könnte, ohne irgendwas herauszunehmen.

»Ich muss etwas mit Ihnen besprechen«, sagte Herr Rödder. Sein Atem roch nach Veilchenpastillen. Er lutschte ständig Veilchenpastillen, weil er Angst vor schlechtem Atem hatte. Er hatte auch Alaska die Veilchenpastillen vorgesetzt, aber als ich eingewandt hatte, dass das nicht artgerecht sei, hatte Alaska die Pastillen liegen gelassen. Wegen der Veilchenpastillen roch Herrn Rödders Atem nach altem Grabschmuck, und ich traute mich nicht, ihm zu sagen, dass auch das ein schlechter Atem war.

»Marlies Klamp war heute Vormittag hier«, sagte Herr Rödder, »sie hat sich wieder einmal über Ihre Empfehlung beschwert. Sie hat ihr nicht gefallen. Es wäre wirklich schön, wenn Sie sich besser einfühlen könnten in unsere Kunden.«

»Aber ich fühle mich ja ein«, sagte ich. »Marlies gefällt nie etwas.«

»Dann fühlen Sie sich noch mehr ein«, sagte Herr Rödder.

Er hielt sein Gesicht nahe an meines. Seine Augenbrauen sahen aus, als seien auch sie aus Rauhaardackelfell gemacht, sie standen nach allen Seiten ab, Herrn Rödders Augenbrauen waren immer in Aufruhr.

»Sonst überstehen Sie die Probezeit nicht«, sagte Herr Rödder. Er sagte das, als ginge es um Leben und Tod, und ich staunte, dass darüber ausgerechnet Marlies entscheiden sollte.

Marlies ging kaum noch aus dem Haus, und wenn, dann nur, um sich über etwas zu beschweren. Sie beschwerte sich beim Einzelhändler über ein Tiefkühlgericht, das ihr nicht geschmeckt hatte. Sie beschwerte sich beim Optiker darüber, dass ihre Brille angeblich schief auf ihrer Nase saß. Sie beschwerte sich beim Geschenkideengeschäft darüber, dass es keine guten Ideen hatte, und sie beschwerte sich bei Herrn Rödder über meine Empfehlungen.

Letzte Woche hatte ich deswegen bei Marlies geklingelt. »Keiner da«, hatte Marlies hinter der geschlossenen Tür gerufen. Ich war um ihr Haus herumgegangen und hatte durchs Küchenfenster geschaut. Es war dunkel, man konnte nichts sehen. Das Fenster war gekippt.

»Nur ganz kurz, Marlies«, hatte ich gesagt. »Kannst du dich bitte nicht mehr bei Herrn Rödder über mich beschweren? Ich überstehe sonst die Probezeit nicht.«

Marlies schwieg.

»Was soll ich dir denn empfehlen?«, fragte ich in den Fensterschlitz. Ich dachte an den Tag, als Alaska zu uns gekommen war und ich fieberhaft nach einem Namen gesucht und einen ganz falschen gefunden hatte. Martin hatte den richtigen Namen gewusst.

»Ich werde mich immer weiter beschweren«, hatte Marlies gesagt. »Finde dich damit ab. Und jetzt geh weg.«

»Ist gut«, sagte ich zu Herrn Rödder. »Ich werde mich noch mehr einfühlen.«

»Da möchte ich herzlich drum bitten«, sagte er. Er steckte die Hände in die Hosentaschen und wippte auf den Zehenspitzen. Das tat er oft, und immer sah dieses Wippen aus, als wolle er gleich losgaloppieren und jemanden mit seinem riesigen Bauch umwerfen. »Das wäre dann alles.«

»Ich hätte auch noch was auf dem Herzen«, sagte ich. »Ich wollte Sie fragen, ob ich nächste Woche ein paar Tage freihaben könnte. Stellen Sie sich vor, ich bekomme nämlich Besuch aus Japan.«

»Ach herrje«, sagte Herr Rödder, als sei Besuch aus Japan ein rheumatischer Schub.

»Nur zwei Tage«, sagte ich.

Alaska wurde wach. Er hob den Kopf, wedelte mit dem Schwanz und stieß dabei eine Kolonie Werbeposterrollen um. Herr Rödder seufzte. »Sie muten mir wirklich einiges zu«, sagte er.

»Ich weiß«, sagte ich, »es tut mir auch wirklich leid.«

Die Ladenglocke bimmelte. »Kundschaft«, sagte Herr Rödder.

»Vielleicht können Sie ja noch darüber nachdenken«, sagte ich.

»Kundschaft«, wiederholte Herr Rödder.

Wir kämpften uns durch all die schadhaften Dinge, wir stiegen über Alaska, hin zu der Tür, die nicht richtig schloss und nicht richtig aufging.

Im Geschäft stand der Optiker. Er stand an der Ladentür, und als er uns kommen sah, griff er sich ein Buch von einem Stapel Neuerscheinungen und kam auf uns zu.

»Guten Abend«, sagte er zu Herrn Rödder. »Ich hatte das Bedürfnis, Ihnen zu sagen, dass ich mich von Ihrer Mitarbeiterin hier immer sehr gut beraten fühle.«

»Aha«, sagte Herr Rödder.

»Sie weiß, was ich möchte, bevor ich es überhaupt selber weiß«, sagte der Optiker. Er trug das Schildchen am Pullunder, auf dem *Mitarbeiter des Monats* stand.

»Schon gut«, flüsterte ich.

»Sind Sie nicht der Optiker aus dem Dörfchen da hinten?«, fragte Herr Rödder misstrauisch. »Sie beide kennen sich doch auch privat, oder?«

»Flüchtig«, sagte der Optiker. »Was ich sagen wollte: Ihre Mitarbeiterin liest in mir wie in einem Buch.«

»Wir schließen dann jetzt auch gleich«, sagte ich und schob den Optiker Richtung Ladentür.

Der Optiker drehte sich im Gehen zu Herrn Rödder um. »Ich habe in meinem ganzen Leben noch nie so viele hervorragende Empfehlungen bekommen wie von ihr. Und man hat mir in meinem Leben schon sehr viel empfohlen«, sagte er, und ich schob ihn auf die Straße.

»Danke«, sagte ich draußen, »aber das war doch nicht nötig.« Der Optiker strahlte mich an. »Gute Idee, oder? Bestimmt hat es gewirkt.«

Am Abend schloss ich meine Wohnungstür auf, ging mit Alaska in die Küche und versteckte seine Abendtabletten in einem Stück Leberwurst. Der Anrufbeantworter blinkte, sein Display zeigte fünf neue Nachrichten an. Der Anrufbeantworter hätte eigentlich in Herrn Rödders Hinterzimmer gehört, zwischen die anderen schadhaften Dinge. Er meldete viel mehr neue Nachrichten, als es eigentlich gab, er warf Anrufer regelmäßig nach wenigen Sekunden aus der Leitung, er behauptete, dass eine Verbindung gehalten werde, die nicht gehalten wurde, er sagte es immer dreimal hintereinander, wenn das Ende der Nachrichten erreicht war. Ich drückte auf die Wiedergabetaste.

»Sie haben siebenundvierzig neue Nachrichten«, sagte der Anrufbeantworter, und die erste war von meinem Vater, die Verbindung war sehr schlecht.

»Die Verbindung ist sehr schlecht«, sagte er, er war irgendwo weit weg, und je entfernter er war, desto mehr Hall war um seine Stimme, als befände er sich in einem leeren Raum, der immer größer wurde.

Ich verstand nicht viel, ich verstand nur »mal melden« und »Alaska« und wusste nicht, ob er damit den Ort meinte oder den Hund, dann warf der Anrufbeantworter meinen Vater hinaus und kündigte die nächste Nachricht an.

»Werner Palm hier«, sagte Palm. Dann machte er eine Pause, als wolle er dem Anrufbeantworter Gelegenheit geben, ihn namentlich zu begrüßen. »Ich wollte nur mal fragen, ob du am Wochenende kommst. Ich wünsche dir wie immer«, sagte Palm, und der Anrufbeantworter warf ihn hinaus.

»Gottes reichlichen Segen«, sagte ich.

»Nächste Nachricht«, sagte der Anrufbeantworter, »Gottes reichlichen Segen«, sagte Palm.

»Nächste Nachricht«, sagte der Anrufbeantworter.

»Rödder hier«, Herr Rödder sprach enorm schnell, weil er den Anrufbeantworter gut kannte, »es ist Montag, achtzehn Uhr siebenundfünfzig. Sie haben vor wenigen Minuten das Geschäft verlassen. Ich möchte Ihnen mitteilen, dass ich Ihrer Bitte um Freistellung in der kommenden Woche sehr ausnahmsweise«, und der Anrufbeantworter warf ihn hinaus, und dann sagte Frederik: »Ich bin's.«

»Frederik«, sagte ich.

»Jetzt nicht erschrecken, Luise«, sagte Frederik, »ich wollte dir«, und der Anrufbeantworter warf ihn hinaus, denn dieser Anrufbeantworter machte keine Unterschiede, vor diesem Anrufbeantworter waren alle gleich, und ich erschrak über Frederiks Bitte, nicht zu erschrecken, und ich dachte: Frederik kommt nicht. Er sagt jetzt gleich, dass er nicht kommt.

»Nächste Nachricht«, sagte der Anrufbeantworter.

»Also«, sagte Frederik, »ich wollte dir sagen: Es gibt eine Planänderung«, und der Anrufbeantworter warf ihn hinaus und sagte: »Ihre Verbindung wird gehalten«, und meldete die nächste Nachricht, und ich dachte: Frederik kommt nicht, die Verbindung wird nicht gehalten, und Frederik sagte: »Ich komme nämlich schon heute. Ich bin schon so gut wie da.«

Dann schwieg er. Der Anrufbeantworter schwieg ebenfalls und warf Frederik nicht hinaus. Vielleicht war auch der Anrufbeantworter von dieser Nachricht überrumpelt, aus seiner teilnahmslosen, gleichmacherischen Bahn geworfen, vielleicht wusste auch der Anrufbeantworter nicht, was nach einer solchen Nachricht zu tun ist, deshalb tat er aus Versehen genau das Richtige, nämlich aufzeichnen.

Alaska und ich starrten auf das blinkende Gerät, wir starrten auf Frederiks Schweigen, und ich versuchte zu verstehen, dass Frederik so gut wie schon da war.

»Ich warte darauf, hinausgeworfen zu werden«, sagte Frederik schließlich. »Es tut mir leid, dass ich dir das nicht früher sagen konnte. Ich hoffe, es ist dir recht. Bis nachher, Luise.«

»Ende der Nachrichten«, sagte der Anrufbeantworter schnell, »Ende der Nachrichten. Ende der Nachrichten«, und dann sagte er ausnahmsweise ein viertes Mal, um ganz sicherzugehen, »Ende der Nachrichten«.

Ich wählte die Nummer, die fast alle, die ich kannte, in Notfällen wählten.

Selma nahm nach dem dritten Klingeln ab. Es dauerte immer lang, bis ihr Telefonhörer an ihrem Ohr war. Man hörte am anderen Ende der Leitung nichts außer einem langwierigen Rascheln, als sei der Hörer ein Detektor, der erst mal Selmas ganzen Körper entlangfahren musste, bevor er endlich ihr Ohr erreichte.

»Hallo?«, sagte Selma schließlich.

»Frederik kommt«, sagte ich.

»Das weiß ich doch«, seufzte Selma, »nächste Woche.«

Alaska sah mich an, meine Stimme klang schrill.

»Ganz ruhig«, sagte Selma. »Das ist doch eigentlich schön, genau besehen.«

»Was?«

»Dass er so gut wie da ist.«

»Was?«

»Du wolltest das doch unbedingt.«

»Ich kann mich nicht daran erinnern, dass ich das unbedingt wollte«, sagte ich, und ich hörte, wie Selma lächelte und sagte: »Ich aber schon.«

»Was soll ich denn jetzt machen?«, fragte ich. »Und erzähl mir jetzt bloß nicht, dass ich einfach das tun soll, was ich sonst auch immer tue.«

»Es ist ja kein Okapi im Spiel«, sagte Selma.

»Aber es fühlt sich so an.«

»Du verwechselst da etwas«, sagte sie, und: »Ich würde noch schnell duschen. Du klingst etwas verschwitzt.«

Es klingelte. Alaska erhob sich.

»Es klingelt«, sagte Selma.

»Das ist er«, sagte ich.

»Das ist anzunehmen«, sagte Selma. »Deo tut's auch.«

Es klingelte noch mal.

»Was soll ich denn jetzt tun?«, fragte ich, und Selma sagte: »Aufmachen, Luise.«

Aufmachen

Nachdem ich am Tag, als Martin beerdigt wurde, die Augen geschlossen hatte, unter Selmas Küchentisch, an ihrer kranzschleifenschwarzen Bluse, hatte ich sie sehr lange nicht mehr geöffnet.

Irgendwann war Selma mit mir im Arm unter dem Tisch hervorgekrabbelt. Ich hing mit beiden Armen an ihrem Hals, und sie setzte sich mit mir auf einen Stuhl. Ich schlief.

Meine Eltern kamen, knieten sich vor Selma und mich hin und versuchten irgendwann, mich wachzuflüstern. Meine Mutter hatte Schluckauf. Sie bekam immer Schluckauf vom Weinen. Weil sie für alle Kränze in unserer Gegend zuständig war, hatte sie auch die für Martins Beerdigung gemacht. »Diese Kränze nicht«, hatte sie zuerst gesagt, »ich weigere mich, diese Kränze zu machen«, und dann hatte sie sie doch gemacht, in der Nacht vor der Beerdigung, und es hatte bis zum Morgen im ganzen Dorf, im ganzen umstehenden Wald kein einziges Geräusch gegeben außer dem Schluckauf meiner Mutter und dem Knistern der Kranzschleifen in ihren Händen.

»Luise«, flüsterte meine Mutter, »Luise?«

»Wir legen sie aufs Sofa«, flüsterte mein Vater. Vorsichtig versuchte er, meine Arme von Selmas Hals zu lösen, aber das gelang nicht. Sobald mein Vater versuchte, mich von Selmas Schoß zu nehmen, klammerte ich mich nur noch fester an sie, und ich war im Schlaf erstaunlich stark.

»Lass mal«, sagte Selma, »ich bleibe einfach hier sitzen. Sie wird ja bald aufwachen.«

Das stimmte nicht. Ich schlief drei Tage lang. Selma behauptete später, es seien hundert Jahre gewesen.

Weil ich mich nicht absetzen ließ, trug mich Selma drei Tage lang unausgesetzt. Schlafende Zehnjährige sind um einiges massiger als wache Zehnjährige, und Selma fragte sich, ob Martin mich auch schlafend eine Minute in der Luft hätte halten können.

Solange ich mich nicht ablösen ließ, vertraute Selma nicht darauf, dass sie die durchbruchgefährdeten Stellen in Küche und Wohnzimmer automatisch umgehen würde, sie nahm es sich jetzt sicherheitshalber ausdrücklich vor. »Da nicht drauftreten«, murmelte sie, wenn sie mit mir in die Nähe einer roten Umrandung kam, denn es war etwas anderes, ob man allein einbrach oder mit jemandem im Arm.

Selma trug mich vor der Brust, auf dem Rücken, über der Schulter. Wenn sie aufs Klo musste, zog sie sich Strumpf- und Unterhose mit einer Hand herunter und balancierte mich auf ihrem Schoß. Wenn sie Hunger hatte, riss sie mit den Zähnen Tütensuppen auf. Sie lernte schnell, Mon Chéri mit einer Hand auszuwickeln. Wenn sie ins Bett ging, lag ich vor ihrer Brust oder an ihrem Rücken, die Arme um ihren Hals geschlungen. Selma trug drei Tage lang nicht nur mich, sondern auch ihre kranzschleifenschwarze Bluse, denn Umziehen und auch Waschen waren nicht möglich, solange ich mich nicht ablösen ließ.

Am zweiten Tag ging Selma mit mir ins Dorf, zum Einzelhändler. Auch der Einzelhändler trug noch Schwarz, er saß vor seinem Geschäft, das geschlossen hatte. *Wegen eines Trauerfalls* stand auf dem Schild an der Tür, als wüsste das nicht jeder.

»Kannst du kurz aufsperren?«, fragte Selma. Der Einzelhändler stand auf, er schien sich kein bisschen zu wundern, dass ich schlafend über Selmas Schulter hing.

»Hast du Trockenfutter für Hunde?«

»Leider nein«, sagte der Einzelhändler, »nur Dosen.«

Selma überlegte. »Wie viele Packungen Fleischwurst hast du vorrätig?«

Der Einzelhändler ging nachsehen. »Neun«, sagte er dann.

»Ich nehme alle«, sagte Selma, »und es wäre nett, wenn du sie mir gleich auspacken könntest. Und dann bitte hier reintun.« Sie drehte sich um, und der Einzelhändler nahm die Tüte ab, die an Selmas unter meinem Po verschränkten Fingern hing. Schweigend öffnete er neun Verpackungen und legte die aneinanderklebenden Fleischwurstscheiben in die Tüte.

»Kannst du mal mein Portemonnaie rausnehmen?«, fragte Selma und deutete mit dem Kinn auf die Tasche in ihrem schwarzen Rock.

»Geht aufs Haus«, sagte der Einzelhändler.

Selma ging am Geschäft des Optikers vorbei, sie spiegelte sich in seinem Schaufenster. Ich hing auf Selmas Rücken wie ein Aufhocker, darunter baumelte die Tüte. Der Optiker sah Selma nicht, sonst wäre er sofort herausgekommen und hätte versucht, ihr alles, was sie trug, abzunehmen. Selma aber sah den Optiker, auch er trug noch Schwarz, den guten Anzug, der mit den Jahren immer größer wurde. Er saß auf einem Hocker, sein Kopf war verschwunden in der Halbkugel des Perimeters, das er einem Augenarzt in der Kreisstadt abgekauft hatte.

Der Optiker bestimmte sein Gesichtsfeld. Geradeaus sah er nichts außer Hellgrau mit einem freundlichen roten Punkt in der Mitte eines sehr überschaubaren Halbkugelraumes. Am Rand seines Gesichtsfeldes erschienen kleinere blinkende Punkte, denen der Optiker signalisierte, dass er sie gesehen hatte. Es beruhigte ihn, den Kopf in die Halbkugel zu stecken und blinkenden Punkten zu versichern, dass sie da waren.

Selma ging vorbei an Elsbeths Haus. Auch Elsbeth trug noch Schwarz, sie stand mit einem Laubbläser im Garten. Sie hielt den Bläser an den Apfelbaum. Es war April, die Blätter waren dementsprechend jung.

»Was machst du da?«, rief Selma über das Dröhnen des Laubbläsers hinweg.

Elsbeth drehte sich nicht zu ihr um. »Ich will, dass Zeit vergeht«, rief sie. »Ich will, dass schon Herbst ist. Der überüberübernächste Herbst.«

Die Blätter dachten nicht daran, sich von den Zweigen herunterpusten zu lassen. Sie waren halbstark und kräftig, sie begriffen nicht mal, was Elsbeth beabsichtigte, sie fühlten sich kein bisschen bedroht, sie fühlten sich eher geföhnt.

»Stell auf Turbo«, schlug Selma vor. Elsbeth hörte das nicht.

»Und was machst du?«, fragte sie laut und ohne sich umzudrehen.

»Ich trage Luise«, rief Selma, und Elsbeth rief: »Das ist auch gut.«

Selma nickte Elsbeths Rücken zu und ging weiter zu Palms Haus.

Kurz hatte Selma überlegt, die Hunde verhungern zu lassen. Palm hatte sie seit Tagen nicht mehr gefüttert, er war seit Martins Tod nicht aus dem Haus gekommen, nicht einmal zur Beerdigung. Selma hatte ihn zum Begräbnis abholen wollen, weil sie ahnte, dass er nicht kommen würde. Sie war zu Palms Haus gegangen, die Hunde hatten vor Hunger noch inniger gekläfft als sonst. Sie hatte sich an ihnen vorbeigedrückt, hatte geklopft und geklingelt, aber Palm hatte nicht geöffnet.

»Palm, du musst mit«, hatte sie schließlich unter Palms Küchenfenster in die Höhe gerufen. Dann hatte sie sich geräuspert und noch hinterhergerufen: »Du musst ihn zu Grabe tragen.« Sie hatte, während sie diesen Satz rief, die Augen zusammengekniffen, ein solcher Satz sollte niemals gerufen werden, selbst geflüstert wäre dieser Satz schon zu laut. »Anders geht es nicht, Palm«, hatte Selma noch gerufen, zweimal.

Palm hatte nicht geöffnet, und es war anders gegangen.

Jetzt, vor Palms Haus, überlegte Selma kurz, zurück zu Elsbeth zu gehen, zurück zum Optiker, damit sie ihr mit den Wurstscheiben helfen könnten. Sie entschied, dass das zu umständlich war.

Selma fand es immer zu umständlich, sich helfen zu lassen. Das Umständliche war vor allem das Bedanken hinterher, fand sie. Lieber fiel sie von einer haltlosen Leiter, lieber bekam sie einen elektrischen Schlag von einem Lampenkabel oder einen unelektrischen Schlag von einer Motorhaube, einen Hexenschuss von zu schweren Tüten, lieber brach sie durch die Böden ihrer Wohnung, als Hilfe in Anspruch zu nehmen und sich hinterher umständlich bedanken zu müssen.

Selma beugte sich vor, streckte die Arme aus und kippte den Inhalt ihrer Tüte auf den Boden. Sie beugte sich hinunter, versuchte dabei, mich auf ihrem Rücken nicht verrutschen zu lassen, Selmas Bandscheiben versuchten ebenfalls, nicht zu verrutschen, und selbst jetzt, mit hochrotem Kopf und entrüsteten Bandscheiben, fand Selma das alles immer noch weniger umständlich als Bedanken. Sie warf die Wurstscheiben von unten über Palms Jägerzaun. Sie warf sie vor die Hunde, die ganz außer sich gerieten.

Selma hielt mich fest und richtete sich wieder auf, sie seufzte, ihre Bandscheiben seufzten vielstimmig mit. Sie ging hinters Haus, die Kellertür war unverschlossen.

Sie stieg die Kellertreppe hoch und ging durch die Küche, wo sie versuchte, das nicht ganz aufgegessene Nutellabrot zu übersehen, das da noch auf dem Teller lag, durchs Wohnzimmer, wo sie versuchte, den Schlafanzug mit Obelix darauf zu übersehen, der da noch über der Sofalehne lag, bis ins Schlafzimmer.

In Palms Schlafzimmer war mutmaßlich seit Jahren nicht mehr gelüftet worden. Ein riesiger, dunkler Schrank stand da, als Teil eines dunklen Ensembles, daneben ein dunkles Doppelbett, die eine Matratze war vergilbt und unbezogen, auf der anderen lag zerwühlte Bettwäsche, das Kopfkissen am Fußende. Es war dämmrig. Selma schaltete das Licht an.

Palm lag auf dem Boden, auf der Seite. Er schlief. Sein Kopf ruhte auf Martins Schulranzen.

Man hatte den Schulranzen hundert Meter weiter an den Gleisen gefunden. Beinahe unversehrt war der Ranzen gewesen, nur der rechte Schulterriemen war gerissen.

Selma setzte sich aufs Bett, auf die zerwühlte Seite. Sie zog mich von ihrem Rücken über ihre Schulter auf ihren Schoß, mein Kopf lag jetzt in ihrer Armbeuge. Selma spürte ihr Herz klopfen, unregelmäßig, sie spürte oft in diesen Tagen, dass ihr Herz einen Schritt aus der Reihe machte, wie der Optiker, wenn er von seinen Stimmen angerempelt wurde.

Sie sah auf Palm, der schlief, sie sah auf mich, die schlief. Zwei gebrochene Herzen und ein gestörtes, dachte Selma. Dann dachte sie an den eisernen Heinrich im Märchen und dessen Herz, und dann ließ sie sich nach hinten fallen, auf Palms Bettdecke, die scharf nach Schnaps und Zorn roch, ein kläffender Geruch.

Direkt über Selmas Kopf hing die Lampenschale, auf ihrem Grund lagen tote Falter mit ihren toten Falterherzen. Selma schloss die Augen.

Hinter ihren Lidern tauchte ein unbewegtes Nachbild auf, in dem das, was eigentlich dunkel ist, hell erscheint und das, was eigentlich hell ist, sehr dunkel. Sie sah Heinrich die Straße hinuntergehen, der sich immer wieder umgedreht hatte, um ihr zu winken, ein allerletztes, ein allerallerletztes Mal, Selma sah auf dem Bild hinter ihren Lidern die jetzt angehaltene Bewegung des allerallerletzten Winkens, das jetzt angehaltene Lächeln, und Heinrichs dunkle Haare waren hell und seine hellen Augen sehr dunkel.

Lange lag Selma so da. Dann schulterte sie mich wieder. Sie schwankte kurz, das Herz machte einen Schritt nach rechts. Selma zog im Aufstehen die Decke vom Bett, zog sie hinter sich her, bis sie über Palms Bauch und Beinen lag. Dort ließ sie sie los.

»Du musst sie mal ablegen«, sagte der Optiker, »Ich sollte sie untersuchen«, sagte mein Vater, »Sie muss etwas zu sich nehmen«, sagte meine Mutter, »Du bist schon ganz krumm«, sagte Marlies, »Du musst auch etwas zu dir nehmen«, sagte Elsbeth. Alle sagten etwas, außer mir, Palm und Alaska.

»Sie lässt sich nicht ablösen«, sagte Selma, und: »Sie wird schon aufwachen«, und: »Sie ist gar nicht so schwer.« Letzteres war gelogen, ich war schwer wie ein Stein.

Selma nahm sich vor, das zu tun, was sie immer tat, weil man sonst Gefahr lief, nie mehr irgendetwas zu tun, und dann würden, wie bei dem verstorbenen pensionierten Postboten, irgendwann das Blut und der Verstand verklumpen, man würde sterben oder verrückt werden, und beides konnte Selma sich derzeit nicht erlauben.

Weil es Donnerstag war und sie das jeden Donnerstag tat, schaltete sie ihre Serie ein. Ich schlief auf ihrem Schoß. In der Serie kam gleich zu Anfang ein völlig fremder Mann gut gelaunt durch das Portal des viktorianischen Herrenhauses, der von Melissa als Matthew begrüßt wurde, obwohl er nicht Matthew war. Selma rückte näher an den Bildschirm heran, sie riss die Augen auf, aber es war wirklich nicht Matthew, er sah ihm nur entfernt ähnlich. Vermutlich hatte der Schauspieler, der immer Matthew gewesen war, keine Lust mehr gehabt oder war von einer anderen

Serie abgeworben worden oder verstorben, und deshalb hatte man kurzerhand einfach einen Ähnlichen als Matthew eingesetzt.

Selma schaltete den Fernseher aus und begann, einen Brief an den Sender zu schreiben. Sie schrieb, dass das nicht gehe. Sie schrieb, dass man, wenn einer verstorben oder abgeworben war, nicht einfach einen anderen einsetzen dürfe, der dann vorgab, schon immer Matthew gewesen zu sein, eine so billige Lösung dürfe man sich nicht erlauben, nicht mal auf Ländereien, nicht mal in amerikanisch-viktorianischen Herrenhäusern, würdelos sei das.

Selma erläuterte das auf drei eng beschriebenen Seiten. Dann kam der Optiker, er fand Selma mit ihrem Brief am Küchentisch, ich lag bäuchlings auf ihrem Schoß wie eine Decke. Selma sah zu ihm hoch, und der Optiker reichte ihr ein Taschentuch.

Weil Selma schnellstmöglich wieder tun wollte, was sie immer tat, ging sie um halb sieben auf der Uhlheck spazieren. »Komm, Alaska«, sagte sie, aber Alaska wollte nicht, auch Alaska wollte dieser Tage eigentlich nur schlafen.

Auf der Uhlheck ging der Optiker hinter Selma her, für den Fall, dass ich oder Selmas Bandscheiben verrutschten. Der Optiker sah zu Boden, ihm taten die Augen weh vom Weinen, von zu vielen Gesichtsfeldtests. Außerdem gab es, fand er, hier fortan nichts mehr zu sehen. Die symphonische Schönheit, die der Optiker Martin und mir hatte nahelegen wollen, war verräumt wie eine ausgediente Kulisse.

Am dritten Abend fing es auf der Uhlheck an zu regnen. Der Optiker hatte vorsorglich Selmas Regenmantel und ihre Regenhaube eingesteckt, ein transparentes Hütchen mit weißen Punkten. Er hängte den Mantel über mich auf Selmas Rücken, legte die Haube um Selmas Kopf, damit der Frisur nichts passierte, und knotete die Senkel vorsichtig unterm Kinn zu. Dann gingen sie weiter, aber nur kurz, denn Selma blieb abrupt stehen, und der Optiker, der damit nicht gerechnet hatte, lief in sie hinein. Selma schwankte, der Optiker hielt sie fest, er versuchte, sie und mich mit sich selbst zu stabilisieren, wie er es mit dem angesägten Pfahl des Hochsitzes getan hatte.

»Ehrlich gesagt, wird sie jetzt doch etwas schwer«, sagte Selma.

Sie drehte um und ging zurück. Zum ersten Mal seit Erfindung der Welt ging sie nicht volle dreißig Minuten die Uhlheck entlang. Der Optiker stockte kurz, als Selma nicht den Hang zu ihrem Haus hochging, sondern weiter und weiter hinunter, bis zum Einzelhändler. Sie hielt am Zigarettenautomaten.

»Hast du Kleingeld?«, fragte sie und schob mich von ihrer Schulter weit auf den Rücken, mein Kopf hing jetzt knapp über ihrem Po.

Selma hatte früher geraucht, als Heinrich noch lebte, auf vielen der grauen Fotos, die es von Heinrich und ihr gab, hatten beide eine Zigarette im Mundwinkel, und wenn nicht, sagte Selma, hatte das nur daran gelegen, dass sie so lachen mussten, dass die Zigaretten herausgefallen waren. Selma hatte aufgehört zu rauchen, als sie mit meinem Vater schwanger war, und sie hatte begonnen, eine von denen zu sein, die vorwurfsvoll mit den Händen wedelten und empört husteten, wenn vier Meter weiter jemand rauchte.

»Selma, das ist nun wirklich kein Grund, wieder mit dem Rauchen anzufangen«, sagte der Optiker, und er wusste schon eine Viertelsekunde, nachdem dieser Satz ihn verlassen hatte, dass es der blödeste Satz seit Langem war, und das in einer Zeit, die mit blöden Sätzen nicht geizte. Er war blöder als der Satz von der angeblichen Zeit, die angeblich heilt, blöder als der Satz von Gottes angeblich unerforschlichem Ratschluss.

»Dann sag mir einen besseren Grund«, sagte Selma, »sag mir einen einzigen Grund auf der ganzen Welt, der besser sein könnte als dieser hier.«

»Entschuldigung«, sagte der Optiker, zog sein Portemonnaie aus der Anzugjacke und gab Selma vier Mark. Selma warf sie in den Automaten und zog an der Griffmulde des erstbesten silbernen Fachs. Es ließ sich nicht öffnen. Selma zog erst, dann zerrte sie, sie zerrte auch an allen anderen Fächern, mein Kopf an ihrem Rücken wippte hin und her. Keins der Fächer ging auf.

»Idiotischer Scheißapparat«, sagte Selma.

»Lass«, sagte der Optiker, »ich hab welche.«

»Du? Du rauchst doch gar nicht.«

»Offenbar schon«, sagte der Optiker.

Er holte seine Zigaretten und ein Feuerzeug aus seiner Anzughose, klopfte eine Zigarette heraus, steckte sie an und gab sie Selma. Selma inhalierte tief, sie inhalierte bis in ihren Bauchnabel hinunter. Dann lehnte sie sich mit der freien Schulter an den Zigarettenautomaten und schloss die Augen.

»Herrlich«, sagte sie.

Selma rauchte die ganze Zigarette mit geschlossenen Augen, an den Automaten gelehnt, mit der transparenten Regenhaube auf dem Kopf, und der Optiker sah ihr zu. Selmas Schönheit war die einzige, die nicht verräumt worden war, und dem Optiker fielen in der Zigarettenlänge über ein Dutzend Briefanfänge ein. Er sah nach oben, in den jetzt dunkelnden Himmel. Über dem Optiker war unüberschaubarer Raum, in dem bald helle Punkte erscheinen würden und nicht der Hauch einer Möglichkeit, ihnen zu signalisieren, dass man sie gesehen hatte.

Selma öffnete die Augen, warf den Zigarettenstummel auf den Boden und trat ihn ausführlich aus. »Ich wusste das gar nicht«, sagte sie dabei, »dass du rauchst.«

Und beinahe hätte der Optiker gesagt: »Du weißt so einiges

nicht, Selma, so einiges weißt du nicht«, aber dann rempelten ihn die inneren Stimmen an, der Optiker schwankte eine halbe Sekunde lang. »Ganz falscher Zeitpunkt«, sagten die Stimmen, und ausnahmsweise hatten sie recht.

Selma und der Optiker gingen zurück zu unserem Haus. Selma schwang mich von der Schulter vor ihren Bauch, sie hatte mittlerweile Übung darin, und legte sich mit mir auf ihr Bett.

Der Optiker setzte sich auf den Bettrand. Er hatte noch nie hier gesessen. Selmas Bett, das Bett, in dem sie ab und an von einem Okapi träumte, war schmal, über einer bauschigen Decke lag ein gesteppter, groß geblümter Überwurf.

Selma knipste die Nachttischlampe an. Daneben stand ein Klappreisewecker aus beigefarbenem Lederimitat, der sehr laut tickte. Über Selmas Bett hing ein Gemälde in goldenem Rahmen, es zeigte einen Jungen, der glücklich und mit einer Schalmei zwischen Lämmern lagerte.

Hätte der Optiker das Bild angeschaut, hätte er festgestellt, dass der Junge aussah, als sei er noch nie von irgendetwas angerempelt worden. Hätte der Optiker für irgendetwas außer Selma und mich Augen gehabt, hätte er alles hier sehr schön gefunden: das durchfallfarbene Lederimitat um den Wecker, das zu laute Ticken, das Gesteppte und das Großgeblümte, die adipösen Lämmer, die Nachttischlampe aus Messing und Milchglas in Heinzelmännchenmützenform; so weitläufig war die verschwiegene Liebe des Optikers, dass all das von erhabener Schönheit gewesen wäre. Der Optiker aber sah nichts außer Selma und mir, wie wir einander zugewandt auf dem Bett lagen, meine Arme um Selmas Hals geschlungen.

Selma sah den Optiker an. Er nickte.

»Luise«, flüsterte Selma, »du musst mich jetzt mal loslassen. Es ist Zeit.«

Sie fasste meine Hände, und sie ließen sich lösen. Ich drehte mich auf den Rücken, ohne die Augen zu öffnen.

»Sind alle noch da?«, fragte ich.

Selma und der Optiker sahen sich an, und dann erfand Selma die Welt zum zweiten Mal.

»Nein«, sagte sie. »Es sind nicht mehr alle da. Aber die Welt gibt es noch. Die ganze Welt minus eins.«

Ich drehte mich auf die Seite und zog die Beine an, meine Knie berührten Selmas Bauch, sie strich mir über den Kopf.

»Alaska ist nicht groß genug«, sagte ich.

Wieder sahen sich Selma und der Optiker an, der Optiker schaute fragend, und Selma formte mit ihren Lippen lautlos ein Wort, das der Optiker nicht lesen konnte, deshalb formte sie das Wort noch einmal, und weil der Optiker immer noch nicht verstand, grimassierte sie schließlich mit ihrem ganzen Gesicht das Wort »Schmerz«, und das sah so komisch aus, dass der Optiker beinahe aufgelacht hätte.

»Das stimmt«, sagte Selma. »Alaska ist bei Weitem nicht groß genug.«

»Er ist auch nicht schwer genug«, sagte ich. »Was ist das schwerste Tier der Welt?«

»Ein Elefant, glaube ich«, sagte Selma, »aber auch der wird nicht reichen.«

»Wir brauchen zehn Elefanten«, sagte ich, und der Optiker räusperte sich. »Entschuldigung, aber das stimmt nicht«, sagte er. »Das schwerste Tier der Welt ist nicht der Elefant, sondern der Blauwal. Der ausgewachsene Blauwal wiegt bis zu zweihundert Tonnen. Schwerer ist nichts auf der Welt.«

Der Optiker beugte sich zu mir vor. Er war froh, etwas erklären zu können, in einer Zeit, die sich verlässliche Erklärungen sparte, nicht, weil sie keine abgeben wollte, sondern weil sie keine hatte.

»Allein die Zunge eines Blauwals wiegt so viel wie ein kompletter Elefant«, sagte er, »und der Blauwal wiegt fünfzigmal so viel wie seine Zunge. Stellt euch das mal vor.«

Selma sah den Optiker an. »Woher weißt du das alles?«, flüsterte sie.

»Keine Ahnung«, flüsterte der Optiker. »Es klingt ausgedacht«, flüsterte Selma, und der Optiker flüsterte: »Aber ich glaube, es ist wahr.«

»Wenn man nur fünfzigmal so viel wie seine Zunge wiegt, ist man leicht«, sagte ich.

»Nicht, wenn man ein Blauwal ist«, sagte Selma.

»Mit einem einzigen Atemzug eines Blauwals könnte man zweitausend Luftballons aufblasen«, sagte der Optiker.

Selma sah den Optiker an, er zuckte die Schultern. »Tatsache«, flüsterte er.

»Auch zweitausend Luftballons sind sehr leicht«, sagte ich. »Warum sollte man das tun?«

»Was?«, fragte der Optiker.

»Zweitausend Luftballons mit dem Atemzug eines Wals aufblasen«, sagte ich.

»Ich weiß nicht«, sagte der Optiker. »vielleicht, wenn man mal eine Dekoration braucht. Wenn man ein Fest feiern will.«

»Warum sollte man das wollen?«, fragte ich.

Selma strich mir über die Stirn, weiter und weiter, ihr kleiner Finger berührte ab und zu meine geschlossenen Lider.

»Das Herz eines Blauwals schlägt nur zwei- bis sechsmal pro Minute, vermutlich, weil es so schwer ist«, erklärte der Optiker. »Auch das Herz des Blauwals ist unfassbar schwer. Es wiegt über eine Tonne.«

»Martin könnte das hochheben«, sagte ich.

»Er könnte sogar zehn ausgewachsene Blauwale hochheben«, sagte Selma, »und zwar gleichzeitig. Zehn übereinandergestapelte, ausgewachsene Blauwale. Inklusive ihrer schweren Zungen und Herzen.«

»Martin ist nicht ausgewachsen«, sagte ich.

»Das wären dann ungefähr zweitausend Tonnen«, sagte der Optiker, und Selma sagte: »Es wäre ihm ein Leichtes.«

»Ich möchte nicht aufwachen«, sagte ich. Und dann hörte man eine Weile nur das Ticken des Reiseweckers.

»Ich weiß«, sagte Selma schließlich. »Wir wären aber sehr froh, wenn du dich doch dazu entschließen könntest.«

»Das stimmt«, sagte der Optiker und räusperte sich mehrfach, aber das, was ihm im Hals saß, ließ sich nicht wegräuspern. Vorsichtig strich mir der Optiker über die Wange, vorsichtig und langsam, als führe er mit dem Zeigefinger unter einem besonders schwierigen Wort in einem Zuckertütchenhoroskop entlang. »Du glaubst nicht, Luise, wie froh wir wären, wenn du dich entschließen könntest, wieder aufzuwachen. Mein liebes Kind«, sagte er, sehr schnell und leise, wie man schnell etwas zu Ende sagt, bevor man anfängt zu weinen und nichts mehr sagen kann.

Ich öffnete die Augen. Selma und der Optiker lächelten mich an, im Dämmerlicht der Nachttischlampe, dem Optiker liefen Tränen über das Gesicht, sie liefen unter seiner Brille hervor über die Wangen.

Ich sah mich um. Selmas Schlafzimmer, die ganze Welt, war so klein wie der Magen eines Blauwals. Selma strich mir über die Stirn, weiter und weiter.

Und weiter.

Es ist folgendermaßen

Frederik war vor einem halben Jahr aufgetaucht, am Tag, als Alaska verschwand. Selma hatte abends die Tür nicht richtig geschlossen, am Morgen stand sie sperrangelweit auf, und Alaska war fort.

Der Optiker vermutete, dass er losgezogen war, um meinen Vater zu suchen, der sich mittlerweile fast ununterbrochen auf Reisen befand. Selma glaubte, dass Alaska weggelaufen war, weil wir zu sehr mit uns selbst beschäftigt gewesen waren und ihn so wenig wahrgenommen hatten wie die Landschaft.

Ich hatte mit mir selbst zu tun gehabt, weil ich es mit Herrn Rödder zu tun bekommen hatte. Ich hatte die Lehre bei ihm begonnen, trotz der telefonischen Empfehlung meines Vaters, wenn schon nicht für eine Zeit ins Ausland, wenigstens in eine Großstadt zu ziehen, weil man, sagte er, nur in der Ferne wirklich werde. Ich war nicht in die Ferne gegangen, sondern nur um die Ecke, in die Kreisstadt, in eine Einzimmerwohnung, in Herrn Rödders Buchhandlung. »Na ja«, hatte mein Vater am Telefon gesagt, »ihr seid eben nicht fürs Abenteuer gemacht, du nicht und Alaska auch nicht.«

Selma war mit sich selbst beschäftigt gewesen, weil sie angefangen hatte, Rheuma zu haben. Ihre Gelenke verformten sich langsam, vor allem die Finger ihrer linken Hand. Mein Vater hatte nach der Diagnose von irgendeiner Küstenstadt aus angerufen und gesagt, Selma solle statt Rheuma lieber mehr Welt hereinlassen, er habe ein Ferngespräch mit Doktor Maschke über Selma geführt, und Doktor Maschke, in seiner Lederjacke, die man auch in einer schlechten Telefonverbindung knarzen hörte, habe gesagt, man bekomme Rheuma, wenn man Dinge festhalten wolle, die sich nicht festhalten ließen. Selma hatte den Hörer von der linken Hand, die angefangen hatte, sich zu verformen, in die rechte gewechselt und zu meinem Vater gesagt, er möge bitte endlich, endlich aufhören mit der ewigen Welt, und mein Vater hatte aufgelegt.

Wir suchten Alaska den ganzen Tag. Anfangs hatte auch Marlies mitgemacht, Elsbeth hatte sie dazu überredet, wegen der frischen Luft, die Marlies sicher guttäte.

Marlies war nach zehn Minuten wieder umgedreht. »Der Hund ist weg«, hatte sie gesagt, »findet euch damit ab.«

Wir durchkämmten den Wald, stiegen über Wurzeln und umgefallene, morsche Bäume, wir bogen tief hängende Zweige zurück und riefen immer wieder Alaskas Namen. Ich ging hinter Selma, Elsbeth und dem Optiker her, Selma hatte den Optiker untergehakt, Elsbeth ging auf Selmas rechter Seite, in ihren abgelaufenen Pumps. Sie waren alle drei um die siebzig. Letzte Woche hatten wir meinen zweiundzwanzigsten Geburtstag gefeiert, der Optiker war mit dem Finger durch die Kerzenflammen auf dem Kuchen gefahren. »Wie kann man nur so jung sein?«, hatte er gefragt.

»Ich habe keine Ahnung«, hatte ich geantwortet, obwohl der Optiker das nicht ausdrücklich mich, sondern in die Luft gefragt hatte.

Alaska war schon damals viel älter, als Hunde eigentlich werden können. Selma hatte vor Kurzem im Fernsehen eine Dokumentation über Kriminelle gesehen, die Hunde stahlen und sie, wie Selma sagte, zu Tierversuchen verarbeiteten. Selma war sehr besorgt.

»Ich glaube nicht, dass ausgerechnet Alaska zu einem Tierversuch verarbeitet wird«, sagte Elsbeth, »was sollte man an dem alten Hund denn testen?«

»Wie man unsterblich wird«, sagte Selma.

Ich glaubte nicht an Alaskas erforschliche Unsterblichkeit und fürchtete im Gegenteil, dass er sich womöglich zum Sterben zurückgezogen hatte. Es war nicht Alaskas Art, sich zurückzuziehen, aber bislang war es auch nicht seine Art gewesen, zu sterben. Bei jedem näher kommenden umgestürzten Baum, bei jedem näher kommenden Laubhaufen fürchtete ich, dass Alaska es womöglich für einen guten Platz zum Sterben gehalten haben könnte.

Ich hatte gleich in der Frühe, als wir Alaskas Verschwinden bemerkt hatten, bei Palm angerufen, weil ich fürchtete, dass er jagen gehen, Alaska mit einem Reh verwechseln und erschießen könnte.

»Aber das würde ich doch nie tun, Luise«, hatte Palm gesagt, »soll ich suchen helfen?«

Seit Martins Tod, seit zwölf Jahren, hatte Palm keinen einzigen Tropfen mehr getrunken. Gemeinsam mit Selma hatte er sämtliche Schnapsflaschen entsorgt, leere wie volle, sie fanden sich unter Palms Spüle, unter Palms Bett, im Schlaf- und im Badezimmerschrank. Selma und er waren insgesamt fünfmal zum Altglascontainer gefahren.

Palm war religiös geworden. Überall in seinem Haus hingen Zitate aus der Bibel, die meisten hatten mit Licht zu tun. *Ich bin das Licht der Welt* stand über Palms Kühlschrank, *Ich bin in die Welt gekommen als ein Licht* stand über der Anrichte, *Ich bin das Licht, das über allem ist* stand an Palms dunklem Schlafzimmerschrank.

Elsbeth hatte das nicht verstanden. »Wo ist denn da der Sinn«, hatte sie immer wieder gefragt, »wie kann er denn ausgerechnet jetzt religiös werden, wo Gott sich von seiner allerschlechtesten Seite gezeigt hat?«, aber Selma hatte gesagt, das ergebe ja wohl mehr Sinn, als im April Blätter vom Baum pusten zu wollen, und dass Palm sich schließlich schon immer gut mit Beleuchtung ausgekannt habe.

Kurz nach Martins Tod hatte ich eine Angst vor Palm gehabt, die anders war als die Angst, die ich früher vor ihm gehabt hatte. Nach Martins Tod hatte ich Angst vor Palms Schmerz. Ich wusste nicht, wie ich mich ihm nähern sollte, so wie man nicht weiß, ob und wie man sich einem bewegungslosen Tier nähern soll, das man noch nie gesehen hat. Der Schmerz hatte alles aus ihm herausgewühlt, was er nicht brauchen konnte, und das war so gut wie alles in Palm. Auch sein Zorn war gewichen, und ohne Zorn war er mir noch unheimlicher als mit.

Palms Blick war jetzt nicht mehr verwildert, auch seine Haare nicht, sie waren jeden Morgen gestriegelt und angeklatscht, und wie bei Martin stand nach kurzer Zeit trotzdem immer eine Strähne ab. Wenn man ihn darauf hinwies, sagte Palm: »Sie deutet zum Herrn.«

Seit Martins Tod besuchte Palm Elsbeth, den Optiker oder Selma, um Bibelstellen zu diskutieren. Sie ließen Palm bei sich sitzen, solange er wollte, in ihren Küchen, Wohnzimmern oder auf ihren Augenuntersuchungshockern. Palm hatte über die Jahre zwar einen Glauben in sich installiert, aber keiner konnte sicher sein, ob dieser Glaube solide genug war für ununterbrochene Stunden in Palms stillem Haus, und athletisch genug, um alles zu stemmen, was nicht mehr da war.

Meistens diskutierte Palm bei seinen Besuchen die Bibelstellen mit sich alleine, er nahm die Fragen zu seinen Ausführungen, die selten kamen, vorweg. »Du willst jetzt sicher wissen, warum Jesus zu dem Blinden gesagt hat, er soll nicht zurück ins Dorf gehen«, sagte Palm, »das kann ich dir erklären.« Er sagte: »Sicherlich hast du dich schon oft gefragt, wie genau Jesus den Lahmen gehend machte, nun, das erläutere ich dir gern«, und dann erläuterte Palm das, und der Optiker rührte stumm in seiner Kaffeetasse und ließ Palms Ausführungen über sich ergehen, und selbst Elsbeth, die sich wirklich anstrengte, Palm zuzuhören, schlief irgendwann ein, sie schlief sitzend und mit offenem Mund auf ihrem Sofa, und Palm erläuterte trotzdem weiter.

Die Einzige, die Palm tatsächlich Fragen stellte, die, wenn Palm die Bibel ausführte, mindestens sagte: »Ja, Palm, das frage ich mich in der Tat, erläutere doch mal«, war Selma. Sie fragte viel nach, damit er seine Ausführungen verlängerte, damit er wieder ein paar Stunden rumkriegte, denn darum, fand Selma, ging es für Palm: ein paar weitere Stunden nicht alleine rumzukriegen. Ab und zu ging Selma während Palms Besuchen ins Badezimmer und aß dort schnell fünf Mon Chéri auf einmal. Wegen der beginnenden Verformung in der linken Hand öffnete sie das Einwickelpapier einhändig, wie damals, als sie mich drei Tage lang getragen hatte. Nach den Mon Chéri atmete sie tief durch, steckte sich ein Eukalyptusbonbon in den Mund und ging zurück in die Küche, wo Palm mit weiteren Erläuterungen wartete.

Keiner von uns wagte es, Palm zu berühren. Wir gaben ihm die Hand, das war alles. Wir umarmten ihn nie, wir strichen ihm nicht mal über die Schulter. Keinesfalls, das wussten wir, wollte Palm berührt werden. Als zerfiele er sonst zu Staub.

»Nein, danke, das ist nicht nötig«, hatte ich gesagt, nachdem Palm seine Hilfe bei der Suche nach Alaska angeboten hatte, weil ich fürchtete, dass er die ganze Zeit aus der Bibel zitieren würde, schließlich wimmelte es in der Bibel von Stellen, die passten, wenn man jemanden suchte.

»Ich wünsche euch für eure Suche Gottes reichlichen Segen«, sagte Palm.

»Suchet, so werdet ihr finden«, hatte ich erwidert, um Palm eine Freude zu machen, und es hatte funktioniert.

Wir suchten bis zum Abend. »Alaska!«, riefen wir, »Alaska!«, wir liefen durch die zwei Nachbardörfer und fragten jeden, den wir trafen, ob er einen viel zu großen Hund gesehen hatte. Elsbeth erkundigte sich seit Stunden immer wieder, ob es einem von uns zufällig in der rechten Hand kribbele, und das war genauso anstrengend, wie es Palms Erläuterungen gewesen wären. Elsbeth hatte erläutert, dass man jemanden wiederfindet, wenn es einem in der rechten Hand kribbelt. »Nein«, sagten wir, »es kribbelt immer noch nicht.«

»Ich kann nicht mehr laufen«, sagte Selma schließlich. »Wir brechen ab«, sagte der Optiker, »wir suchen morgen weiter. Vielleicht sitzt Alaska ja längst vor der Tür und wartet auf uns.«

Ich wollte nicht abbrechen, ich ahnte, dass jemand verloren ist, wenn man die Suche nach ihm unterbricht. Ich hatte Angst vor dem Telefonat mit meinem Vater. Mein Vater liebte Alaska. Er sah ihn nur selten, das vereinfachte die Liebe, denn Abwesende können sich nicht danebenbenehmen. Mein Vater hatte am Morgen angerufen, die Verbindung war sehr schlecht gewesen. Selma hatte ihm gesagt, dass Alaska verschwunden war, obwohl wir alle um sie herumgestanden und mit den Armen gewedelt hatten, um ihr zu signalisieren, bloß nichts von Alaskas Verschwinden zu sagen, noch nicht. Selma aber hatte die Signale nicht verstanden und uns nur erstaunt angeschaut, wie wir da wedelten, als hätten wir uns alle gleichzeitig die Hände verbrannt.

»Ihr müsst ihn unbedingt wiederfinden«, hatte mein Vater gesagt, sofern Selma das in der schlechten Verbindung verstanden hatte, und dass er am Abend auf jeden Fall wieder anrufen werde. Ich sah vor mir, wie Selma ihm sagen würde, dass wir Alaska überall gesucht und nicht gefunden hätten. Ich sah meinen

Vater vor mir, irgendwo weit weg in einer Telefonzelle, in einer schlechten Verbindung, in der er nichts verstehen konnte außer »überall« und »nicht«.

»Geht ihr schon mal nach Hause«, sagte ich, »ich suche noch ein bisschen weiter.«

Ich ging nicht zurück durch die Dörfer, sondern am Waldrand entlang. Es wurde langsam dunkel. Als ich bei der Uhlheck war, auf der Wiese, auf der Selma in ihren Träumen mit dem Okapi stand, traten auf einmal drei Männer zwischen den Stämmen hervor. Sie waren so plötzlich und lautlos da, als kämen sie nicht aus dem Wald, sondern aus dem Nichts.

Ich blieb stehen. Die Männer hatten kahle Köpfe, schwarze Kutten und Sandalen an. Drei Mönche waren durchs Unterholz gebrochen. Ein plötzliches Okapi hätte nicht abwegiger sein können.

Die Mönche blickten konzentriert zu Boden. Als sie schließlich, ein paar Schritte entfernt von mir, die Köpfe hoben, sahen sie mich und blieben stehen.

Sie standen in einer Reihe vor mir. Es sah aus wie bei einer Gegenüberstellung im *Tatort*, wenn hinter einem Einwegspiegel Leute aufgereiht werden, unter denen ein Augenzeuge den Tatverdächtigen wiedererkennen soll. Um dem Augenzeugen das Wiedererkennen zu erschweren, ähneln die Aufgestellten einander sehr. »Der Täter trug eine schwarze Kutte«, hätte der Augenzeuge in diesem Fall ausgesagt, »und ein freundliches Lächeln.«

»Guten Abend«, sagte der Mönch in der Mitte. »Wir wollten Sie nicht erschrecken.«

Ich war nicht erschrocken gewesen, erst jetzt, als der Mönch in der Mitte das sagte, erschrak ich wie ein Augenzeuge, der den Tatverdächtigen glasklar wiedererkennt. Mir wurde schwindlig, ich machte einen Schritt nach rechts, nicht, weil mich irgendetwas von außen oder von innen anrempelte, sondern weil ich, als der Mönch in der Mitte »Guten Abend« sagte, ahnte, dass er das ganze großflächige Leben in einer einzigen Bewegung umdrehen würde.

Ich hatte immer geglaubt, dass man so was im Vorhinein nicht ahnen könnte, aber hier, auf der Uhlheck, merkte ich, man konnte es doch.

»Was machen Sie denn hier?«, fragte ich, weil das die angemessene Frage an jemanden ist, der sich an einem Leben zu schaffen macht.

»Gehmeditation«, sagte der Mönch. »Wir haben gerade eine Tagung in dem Dorf dahinten«, er zeigte hinter sich, was hinter dem Wald bedeuten sollte, »in dem Haus mit diesem besinnlichen Namen.«

»Haus der Einkehr«, sagte ich.

Eine Witwe im Nachbardorf hatte ihren Hof vor Jahren zu einem Gästehaus umfunktioniert, sie vermietete es meist übers Wochenende an Therapiegruppen. Als ich ein Kind war, war Schreitherapie in Mode gewesen. Manchmal waren Martin und ich ins Nachbardorf gelaufen, aus dem Haus der Einkehr waren gellende Schreie gekommen, an allen umstehenden Häusern waren die Rollladen heruntergelassen. Martin und ich hatten das lustig gefunden und zurückgeschrien, so laut wir konnten, bis ein verzweifelter Anwohner aus seinem Haus gekommen war und gesagt hatte: »Bitte, nicht ihr auch noch.«

»Und Sie?«, fragte der Mönch in der Mitte.

Noch war er der Mönch in der Mitte, noch hatte er keinen Namen, noch hätte der Mönch in der Mitte auch ein Jörn oder ein Sigurd sein können, was unglücklich gewesen wäre angesichts der noch nicht geschaffenen Tatsache, dass ich seinen Namen in den kommenden Jahren an die fünfundsiebzigtausendmal sagen und an die hundertachtzigtausendmal denken sollte.

»Ich suche Alaska«, sagte ich.

Einer der Mönche fing an zu kichern. Er war mindestens so alt, wie Bauer Häubel geworden war.

»Ist das eine Metapher?«, fragte der Mönch in der Mitte.

»Nein«, sagte ich, dachte dann aber an meinen Vater und Doktor Maschke. »Doch«, sagte ich, »es ist auch eine Metapher. Aber vor allem ist es ein Hund.«

»Seit wann ist er weg?«

»Ich glaube, seit vergangener Nacht«, sagte ich, weil einem die Zeit verschwimmt, weil man nicht mehr so genau weiß, was eine vergangene und was eine kommende Nacht ist, wenn man ahnt, dass das Leben gerade umgedreht wird.

Der Mönch in der Mitte sah den steinalten Mönch an, der nickte. »Wir helfen Ihnen«, sagte er dann.

»Den Hund zu suchen?«, fragte ich, weil man in verschwommener Zeit schwer von Begriff ist.

»Genau, den Hund zu finden«, sagte der Mönch.

»Zu suchen«, sagte ich.

»Zu finden«, sagte er.

»Das ist ungefähr dasselbe«, bemerkte der steinalte Mönch.

»Sie sind buddhistische Mönche«, sagte ich, und alle drei nickten, als sei das eine kostspielige Preisfrage gewesen.

»Wie sieht der Hund denn aus?«, fragte der steinalte Mönch.

»Groß, grau und alt«, sagte ich.

»Gut«, sagte der steinalte Mönch, »wir schwärmen aus.«

Er drehte sich um und ging geradewegs zurück in den Wald. Der zweite Mönch wandte sich nach rechts. Der Mönch, der der Mönch in der Mitte gewesen war, legte mir kurz die Hand auf die Schulter und lächelte mich an. Seine Augen waren sehr blau, beinahe türkis. »Blau wie eine masurische Seenplatte«, würde Selma später sagen, »blau wie Mittelmeerblau in der Mittelmeermittagssonne«, sagte später Elsbeth, »es handelt sich um eine Art Cyanblau, um genau zu sein«, würde der Optiker, und »blau wie blau eben«, würde Marlies sagen.

»Wollen wir zusammen losgehen?«, fragte er mich. »Mein Name ist übrigens Frederik.«

Wir gingen nebeneinander, wir hielten Ausschau, und immer wieder sah ich Frederik aus den Augenwinkeln an, wie Selma im Traum das Okapi ansah. Frederik war groß, er hatte die Ärmel seiner Kutte hochgeschoben, seine Arme waren braun, als kämen sie direkt aus den Sommerferien, blonde Härchen waren darauf, blond, das sah man, wären auch die Haare auf Frederiks Kopf gewesen, wenn sie nicht geschoren worden wären.

Wir sagten lange nichts. Ich überlegte fieberhaft eine Frage, aber weil es zu viele Fragen gibt, wenn auf der Uhlheck plötzlich ein buddhistischer Mönch neben einem hergeht, einer, der sich anschickt, das Leben umzudrehen, verkeilen sich alle Fragen ineinander, und keine lässt sich von den anderen lösen.

Frederik sah nicht aus, als habe er eine Frage. Ich dachte, dass buddhistische Mönche vielleicht grundsätzlich keine Fragen haben, aber das stimmte nicht. Frederik neben mir überlegte ebenfalls, wo man bei ineinander verkeilten Fragen ansetzen könnte. »Was glaubst denn du«, schrieb er viel später, »so was passiert mir ja auch nicht alle Tage.«

Frederik griff in die Tasche seiner Kutte und holte einen Schokoriegel heraus, es war ein Mars. Er wickelte ihn aus und hielt ihn mir hin. »Möchtest du?«

»Nein, danke«, sagte ich.

»Was ist Alaska denn für ein Hund?«

»Er gehört meinem Vater«, sagte ich.

Wir gingen über die Uhlheck. Frederik aß sein Mars, schaute mich immer wieder kurz an und dann wieder in die Landschaft, die sich enorm herausgeputzt hatte, wie Elsbeth, wenn Sonntagsbesuch kam, die Ähren waren tatsächlich golden, der Himmel einwandfrei.

»Schön habt ihr es hier«, sagte Frederik.

»Ja, nicht wahr«, sagte ich, »eine herrliche Symphonie aus Grün, Blau und Gold.«

Alles an Frederik war hell, die nicht vorhandenen Haare auf seinem Kopf, die vorhandenen türkisfarbenen Augen. Wie kann man nur so schön sein?, dachte ich, ich dachte es in genau dem Tonfall, in dem der Optiker in die Luft gefragt hatte, wie man nur so jung sein kann.

Und dann blieb ich stehen. Ich hielt Frederik am Ärmel seiner Kutte fest.

»Es ist folgendermaßen«, sagte ich. »Ich bin zweiundzwanzig Jahre alt. Mein bester Freund ist gestorben, weil er sich an eine nicht richtig geschlossene Regionalzugtür gelehnt hat. Das ist erst zwölf Jahre her. Immer, wenn meine Großmutter von einem Okapi träumt, stirbt hinterher jemand. Mein Vater findet, dass man nur in der Ferne wirklich wird, deshalb ist er auf Reisen. Meine Mutter hat einen Blumenladen und ein Verhältnis mit einem Eiscafébesitzer, der Alberto heißt. Diesen Hochsitz da«, ich zeigte auf die angrenzende Wiese, »hat der Optiker angesägt, weil er den Jäger umbringen wollte. Der Optiker liebt meine Großmutter und sagt es ihr nicht. Ich mache eine Ausbildung zur Buchhändlerin.«

All das hatte ich noch nie jemandem gesagt, weil es teilweise Dinge waren, die alle, die ich kannte, wussten, und teilweise Dinge, die keiner wissen durfte. All das sagte ich zu Frederik, damit er umstandslos einsteigen konnte.

Frederik schaute über die Felder und hörte mir zu wie jemand, der versucht, sich eine Wegbeschreibung genau einzuprägen.

»Und das ist eigentlich so weit alles«, sagte ich.

Frederik legte seine Hand auf meine, die immer noch seinen

Ärmel festhielt, und schaute weiter in die Ferne. »Ist er das?«, fragte er.

»Wer?«

»Alaska«, sagte Frederik.

Von weit, weit hinten kam etwas auf uns zugelaufen, ein kleines graues Ding, das beim Näherkommen immer größer wurde und immer mehr wie Alaska, und als es ganz nah war, als es uns erreichte, war er es tatsächlich. »In der Nähe wird man auch wirklich«, sagte Frederik, und ich hockte mich hin und schlang meine Arme um den atemlosen Hund, der voller kleiner Zweige und Blätter war. »Ein Glück«, rief ich, »ein Glück, wo bist denn du bloß gewesen?«, und es war ausnahmsweise erstaunlich, dass Alaska nicht antwortete.

Ich zupfte die Blätter und Zweige aus seinem Fell und prüfte, ob er sich irgendwo verletzt hatte. Alles war intakt.

»Ein wirklich hübscher Hund«, sagte Frederik, und das war das erste und einzige Mal, dass er mich anlog. Alaska war freundlich, aber hübsch war er beileibe nicht.

Ich richtete mich auf, Frederik und ich standen voreinander, und ich überlegte, was ich auf die Schnelle und vorsätzlich noch verlieren könnte, damit Frederik und ich hier noch etwas zu suchen hätten.

Frederik kratzte sich an seinem kahlen Kopf. »Ich müsste dann jetzt mal zurück«, sagte er. »Wie komme ich denn von hier zum Haus der Einkehr?«

»Wir bringen dich«, sagte ich etwas zu laut und so glücklich, wie man ist, wenn man einen absehbaren Abschied etwas unabsehbarer gemacht hat, »wir bringen dich einfach den ganzen Weg zum Haus der Einkehr.«

Wir gingen zum Waldrand, Alaska zwischen uns, ich hatte eine Hand auf seinem Rücken wie an einem Geländer. Wir gingen immer geradeaus, bis viel zu schnell das nächste Dorf auftauchte.

»Es ist folgendermaßen«, sagte Frederik plötzlich, als wir schon fast am Haus der Einkehr waren, »ich komme eigentlich aus Hessen.«

»Ich dachte, du kämst aus dem Nichts.«

»Das ist ungefähr dasselbe. Vor zwei Jahren habe ich mein Studium abgebrochen, um …«

»Wie alt bist du eigentlich?«, fragte ich, weil sich plötzlich alle Fragen entwirrten und zur Benutzung parat lagen.

»Fünfundzwanzig. Ich habe das abgebrochen, um in Japan in einem Kloster zu leben, und …«

»Warum?«

»Unterbrich mich nicht immer«, sagte Frederik, »ich habe dich auch nicht unterbrochen. Ich bin mal ein paar Wochen in einem buddhistischen Kloster gewesen. Und dann habe ich mich eben für diesen Weg entschieden. Wie spät ist es eigentlich?«

Wir standen jetzt vor dem Haus der Einkehr. An der Tür hing ein kleiner Dekokranz. Ich kannte diese Sorte, das Haus der Einkehr hatte offenbar bei meiner Mutter eingekauft. Der Kranz hieß *Herbsttraum* und war bestückt mit Textillaub in stimmungsvollen Herbstfarben. Es ist aber doch Sommer, dachte ich, es ist viel zu früh für einen Herbsttraum.

Frederik zog eine Armbanduhr aus der Tasche. Viel zu früh, dachte ich. »Viel zu spät«, sagte er, »ich muss da jetzt rein.«

Alaska hatte sich vor Frederik gesetzt, als wolle er ihm den Weg versperren. »Danke für die Hilfe«, sagte ich leise, weil man einem Abschied nicht dauerhaft von der Schippe springen kann. Es sei denn, dachte ich, das Haus der Einkehr stürzt jetzt auf der Stelle ein, weil seine Wände mürbe geworden sind, als Spätfolge von zu viel Schreitherapie.

Frederik schaute mich an. »Auf Wiedersehen, Luise«, sagte er, »es war ein Abenteuer, dich kennenzulernen.«

»Dich auch«, sagte ich.

Frederik strich mir über die Schulter. Ich schloss die Augen, und als ich sie öffnete, ging Frederik bereits durch die Tür. Die Tür begann, sich hinter ihm zu schließen, und ich ahnte, dass es eine Tür war, die, im Gegensatz zu anderen Türen, tadellos schließen würde.

Wenn man stirbt, heißt es, zieht das Leben an einem vorbei. Das muss manchmal sehr schnell gehen, wenn man beispielsweise irgendwo herausstürzt oder die Laufmündung eines Gewehrs unter dem Kinn hat. Während die Tür dabei war, sich hinter Frederik zu schließen, dachte ich in der Geschwindigkeit eines herausstürzenden Lebens, dass Alaska das Abenteuer gesucht hatte, obwohl mein Vater ihm jede Abenteuertauglichkeit abgesprochen hatte. Ich dachte, dass man Abenteuertauglichkeit womöglich nicht beurteilen kann, wenn man sich zu lange kennt, dass sie verlässlich nur von jemandem eingeschätzt werden kann, der zufällig durchs Unterholz gebrochen kommt. Ich dachte, während ich der Tür beim Geschlossenwerden zusah, daran, dass Frederik gesagt hatte, er habe sich für diesen Weg entschieden, und ich dachte, dass ich mich noch nie für etwas entschieden hatte, dass mir alles immer eher widerfuhr, ich dachte, dass ich zu nichts wirklich Ja gesagt hatte, sondern immer nur nicht Nein. Ich dachte, dass man sich von aufgeplusterten Abschieden nicht ins Bockshorn jagen lassen darf, dass man ihnen sehr wohl von der Schippe springen kann, denn solang keiner stirbt, ist jeder Abschied verhandelbar. Aufspringende Regionalzugtüren sind nicht verhandelbar, das Schließen einer Tür mit vorzeitigem Herbstlaub allerdings schon. Und im allerletzten Moment, bevor die Tür das Schloss erreichte, bevor ein vorbeiziehendes Leben aufschlägt, sprang ich vor und stellte einen Fuß in die Tür.

»Au«, sagte Frederik, weil ich sie ihm gegen die Stirn geschlagen hatte.

»Entschuldigung«, sagte ich, »aber ich brauche noch deine Telefonnummer.«

Ich strahlte Frederik an, weil ich tatsächlich die Welt hereingelassen hatte, und weil allein das so unvergleichlich war, schien es fast egal, wenn die Welt jetzt sagen würde: »Scher dich zum Teufel.«

Frederik rieb seine Stirn. »Telefonieren ist sehr umständlich«, sagte er dann. »Wir telefonieren eigentlich nie.«

»Gib sie mir trotzdem«, sagte ich.

Er lächelte. »Du bist ganz schön hartnäckig«, sagte er, und das hatte noch nie jemand zu mir gesagt. Er holte einen Stift aus seiner Tasche. »Hast du einen Zettel?«

»Nein.« Ich hielt ihm meine Hand hin. »Schreib sie hier drauf«, sagte ich.

»Eine Hand reicht nicht«, sagte Frederik.

Ich drehte meinen Arm um, Frederik fasste mich am Handgelenk und schrieb seine Nummer auf die Innenseite meines Unterarms. Der Stift kitzelte auf der Haut, Frederik schrieb und schrieb, die Nummer reichte von der Handwurzel bis beinahe zum Ellenbogen. Die Telefonnummern, die ich kannte, waren fast alle vierstellig.

»Danke«, sagte ich, »jetzt musst du aber mal los.«

»Dann auf Wiedersehen«, sagte Frederik, drehte sich um und schloss die Tür.

»Komm, Alaska«, sagte ich, und als wir losgegangen waren, als wir schon ziemlich weit entfernt waren vom Haus der Einkehr, ging die Tür wieder auf.

»Luise«, rief Frederik, »was ist eigentlich ein Okapi?«

Ich drehte mich um. »Das Okapi ist ein abwegiges Tier, das im Regenwald lebt«, rief ich, »es ist das letzte große Säugetier, das der Mensch entdeckt hat. Es sieht aus wie eine Mischung aus Zebra, Tapir, Reh, Maus und Giraffe.«

»Hab ich noch nie von gehört«, rief Frederik.

»Bis bald«, rief ich. Die Tür schloss, und ich verbeugte mich, weil kein anderes Publikum zur Verfügung stand, vor Alaska, ich verbeugte mich wie Martin, wenn er einen Stock in die Höhe gestemmt hatte. Immerhin hatte ich einen Fuß in die Tür gestellt. Immerhin hatte ich Frederik ein Tier beigebracht, nach dem nichts mehr kommen kann.

Alaska und ich rannten den ganzen Weg zurück in unser Dorf. Der Optiker und Selma, die auf den Stufen zu unserem Haus gesessen hatten, sprangen auf und liefen uns entgegen. »Da bist du ja«, riefen sie, »Gott sei Dank, wo bist du nur gewesen?«, und Alaska schwieg, und ich schwieg auch, weil ich außer Atem war.

Als Selma und der Optiker Alaska fertig begrüßt hatten, schauten sie zu mir hoch. »Was ist denn mit dir?«, fragte Selma, weil ich offenbar aussah, als hätte ich Alaska in letzter Minute aus der Gewalt Krimineller befreit, die ihn beinahe zu einem Tierversuch und auch mich zu irgendwas verarbeitet hätten.

»Er ist Mönch«, sagte ich, »buddhistischer Mönch. Er lebt in Japan.«

»Wer?«, fragte der Optiker.

»Moment mal«, sagte Selma, weil es Dienstag war und auf der Wiese oben am Waldrand das Reh erschien. Selma gestattete Palm mittlerweile alles, aber nicht das Reh. Es war schon seit Jahren nicht mehr das Reh von früher, längst hatte ein anderes Reh die Rolle des ursprünglichen Rehs übernommen, aber im Gegensatz zu ausgewechselten Serienschauspielern war Selma das egal. Sie ging zur Garage, öffnete die Tür und warf sie mit Karacho wieder zu. Das Reh verschwand, Selma kam zurück und setzte sich neben den Optiker auf die Stufen. Beide sahen mich erwartungsvoll an, als hätte ich angekündigt, ein Gedicht vorzutragen.

»Wer denn?«, fragte der Optiker.

Ich erzählte von den Mönchen, die durchs Unterholz gebrochen waren, vom Mönch in der Mitte, der Frederik war, von Hessen und Japan und davon, wie ich im letzten Moment einen Fuß in die Tür des Hauses der Einkehr gestellt hatte. Ich erzählte das alles atemlos, als würde ich immer noch rennen, auf der Stelle.

»Aber was machen denn buddhistische Mönche aus Japan ausgerechnet hier?«, fragte der Optiker.

»Gehmeditation«, sagte ich feierlich.

Ich hielt den beiden meinen Unterarm hin, wie Patienten meinem Vater früher ihre Arme zur Blutabnahme hingehalten hatten. »Wir müssen die abschreiben, bevor sie verwischt. Habt ihr schon mal so eine lange Nummer gesehen?«

»Je länger eine Nummer ist, desto weiter weg ist der, dem sie gehört«, sagte Selma.

Wir gingen ins Haus und setzten uns an den Küchentisch. Weil sie so froh war, ihn wiederzuhaben, hatte Selma Alaska auf den Schoß genommen. Niemand hatte ihn mehr auf dem Schoß gehabt, seit er ausgewachsen war; Selma war vollständig hinter Alaska verborgen.

Der Optiker neben mir holte seinen Füller aus der Brusttasche seines Hemdes und setzte seine Brille auf. Ich legte meinen Unterarm vor ihm auf die Küchentischplatte, und der Optiker begann, die Ziffern auf ein Blatt abzuschreiben. Das dauerte.

»Diese Nummer ergibt bestimmt eine sehr schöne Melodie«, sagte der Optiker. Selma hatte ihr Telefon mit Wählscheibe vor Kurzem ausrangieren müssen, sie hatte jetzt eins mit Tasten und den dazugehörigen Pieptönen. »Ja, vermutlich den Hochzeitsmarsch«, sagte Selma hinter Alaska.

Der Optiker war fertig und pustete auf die Tinte, damit sie nicht verwischte. »Danke«, sagte ich, stand auf und befestigte die Nummer an Selmas Pinnwand über dem Kühlschrank.

Der Optiker und ich standen vor der Telefonnummer wie früher vor dem Bahnhof, als der Optiker Martin und mir die Uhr und die Zeitverschiebung erklärt hatte.

»Ich weiß nicht«, sagte Selma, die immer noch vollständig hinter Alaska verborgen war, es sah aus, als würde Alaska bauchreden. »Hätte es nicht auch jemand Näheres sein können? Dieser Nette aus deiner Berufsschule vielleicht?«

»Leider nicht«, sagte ich.

Das neue Telefon klingelte. Ich lief hin und nahm ab, und ich wusste, dass das mein Vater war, noch bevor er »Hallo, die Verbindung ist leider sehr schlecht« sagen konnte.

»Ich hab ihn gefunden, Papa«, sagte ich, »auch den Hund.«

Ich wollte mal hören, wie es Alaska geht

Wenn man unbedingt jemanden anrufen möchte und sich genauso unbedingt davor fürchtet, fällt einem plötzlich auf, wie viele Telefone es gibt. Es gab das brandneue Tastentelefon in Selmas Wohnzimmer und in der Wohnung darüber das elegante, schmale Telefon meiner Mutter. Es gab das Telefon im Hinterzimmer des Optikers, das in jägergrünen Samt gehüllte Telefon auf Elsbeths Beistelltischchen. Es gab das Telefon in meiner Wohnung in der Kreisstadt, das neben der Kasse in Herrn Rödders Buchhandlung. Es gab, auf dem Weg von meiner Wohnung zur Buchhandlung, ein gelbes Telefonhäuschen. »Wir sind bereit«, sagten all diese Telefone, »an uns liegt es nicht.«

Auch der Optiker war bereit. Gleich am Tag, nachdem Frederik durch das Unterholz gebrochen war, war er mit einem Zettel voller buddhistischer Buchtitel in die Buchhandlung gekommen. Kein einziges davon hatten wir vorrätig gehabt. Als Herr Rödder beim Großhändler anrief, um die Bestellung durchzugeben, verzweifelten Herr Rödder und der Großhändler an den japanischen Autoren. Herr Rödder rief die Buchstaben der unverständlichen Namen in den Hörer, als befände sich der Großhändler auf hoher See.

Als die Bücher angekommen waren, setzte sich der Optiker mit dem Bücherstapel und einem Textmarker an Selmas Küchentisch. Er las hoch konzentriert und markierte sehr viel; dabei murmelte er immer wieder: »Selma, ich sage dir, das ist alles ganz wunderbar.«

Selma saß dem Optiker gegenüber. Sie hatte Strümpfe ausgebessert, Überweisungen ausgefüllt und klebte jetzt Briefmarken auf Kuverts, mit dem Zeigefinger der verbogenen linken Hand strich sie über die Marken. Sie tut immer alles so, als täte sie es zum ersten oder zum letzten Mal, dachte der Optiker. Dann sagte er: »Wusstest du, dass es gar kein Ich gibt? Dass das sogenannte Ich nichts als eine Schwingtür ist, durch die der Atem ein und aus geht?«

»Du bist eine Schwingtür mit ziemlich roten Wangen«, sagte Selma.

»Atme mal«, sagte der Optiker.

»Ich atme schon mein Leben lang.«

»Ja, aber so richtig«, sagte der Optiker und atmete tief ein und aus. »Hier steht, dass jede Erleuchtung mit dem Putzen des Bodens beginnt und endet«, sagte er, »wusstest du das?«

»Das wusste ich nicht«, sagte Selma, »aber ich hatte es gehofft.«

»Und wusstest du, dass eigentlich nichts verloren gehen kann?«

Selma sah den Optiker an. Dann legte sie den letzten frankierten Umschlag zu den anderen und stand auf. »Weißt du, ich habe schon genug mit Palms Erläuterungen zu tun. Es wäre schön, wenn du nicht auch noch herumerläutern würdest.«

»Entschuldigung«, sagte der Optiker. Dann las er weiter. »Nur eins noch, Selma«, sagte er eine Minute später, »ganz kurz. Hör mal: *Wenn wir etwas anschauen, kann es aus unserer Sicht verschwinden, aber wenn wir nicht versuchen, es zu sehen, kann dieses Etwas nicht verschwinden.* Ich verstehe das nicht. Verstehst du das?«

»Nein«, sagte Selma, dass es ihr aber sehr recht wäre, wenn der Optiker jetzt mal verschwinden würde, das könne ja nicht so schwer sein, wenn er sowieso kein Ich habe, aber der Optiker blieb sitzen und markierte weiter.

»Wenn Luise ihn anruft, muss sie ihn unbedingt fragen, was das bedeutet«, murmelte er, und dann rief ich bei Selma an.

»Und? Hast du dich schon bei ihm gemeldet?«, fragte sie.

»Natürlich nicht«, sagte ich.

Ich hatte Frederik noch nicht angerufen, weil ich Angst vor Verstockung hatte. Immer, wenn es um etwas Wichtiges ging, wurde ich im Handumdrehen verstockt. Ich war deswegen beinahe durch die Abiturprüfung gefallen, ich hatte die Führerscheinprüfung beim ersten Versuch nicht bestanden, ich war so verstockt gewesen, dass auch das Auto schließlich verstockte, und nach dem Bewerbungsgespräch in der Buchhandlung hatte Herr Rödder mich und meine Verstockung nur eingestellt, weil sich sonst niemand angeboten hatte.

»Ich dachte, ich rufe lieber dich an«, sagte ich zu Selma. »Wie geht es denn?«

»Gut«, sagte Selma. »Aber dem Optiker nicht. Er behauptet, eine Schwingtür zu sein.«

»Sag ihr, sie soll ihn das mit dem Verschwinden fragen«, rief der Optiker.

»Und du sollst den Mönch fragen, wie es kommt, dass man etwas nicht sieht, wenn man nicht versucht, es zu sehen«, sagte Selma, »oder so ähnlich.«

»Sie hat ihn also noch nicht angerufen?«, fragte der Optiker.

»Nein«, flüsterte Selma.

»Im Buddhismus geht es ja auch immer viel um Nicht-Tun«, sagte der Optiker.

»Ich komme heute Abend vorbei«, sagte ich, und als ich vorbeikam, saß der Optiker immer noch am Küchentisch und las, und Selma war mit einem Kartoffelstampfer zugange, sie stampfte auf Kartoffeln ein, als wolle sie beweisen, dass sehr wohl etwas verschwinden konnte.

»Wirke ich gerade unverstockt?«, fragte ich.

»Ja«, sagte der Optiker, der wegen seiner Lektüre nicht zuhörte. »Ja«, sagte Selma, die wegen des Stampfens nicht zuhörte.

»Dann mach ich das jetzt«, sagte ich, »dann rufe ich jetzt an.«

»Gut«, sagten Selma und der Optiker, ohne von der durch und durch markierten Lektüre und den bis zur Unkenntlichkeit zerstampften Kartoffeln aufzusehen.

Ich ging ins Wohnzimmer, nahm das Telefon und begann, die Nummer zu wählen. Als ich bei der Hälfte war, kam der Optiker hereingestürmt und drückte den Finger auf die Gabel. »Tu es nicht«, sagte er. Ich sah ihn an.

»Zeitverschiebung«, sagte der Optiker, »es ist da jetzt vier Uhr morgens.«

Ich übernachtete auf Selmas Klappsofa im Wohnzimmer, einem Ungetüm aus rotem Breitcord. Das tat ich oft, ich schlief bei Selma unten oder bei meiner Mutter oben, anders als die Nächte in der Kreisstadt waren die bei Selma im Dorf so kompromisslos still und dunkel, wie es sich für Nächte gehört.

Um zwei Uhr nachts wurde ich wach. Ich knipste die kleine Lampe auf dem Couchtisch an, stand auf und ging zum Fenster, um die einbruchgefährdete Stelle herum, die der Optiker rot markiert hatte. Draußen war es finster. Man konnte nichts sehen außer dem eigenen verschwommenen Spiegelbild. Ich trug eins von Selmas Nachthemden, verschwommen, knöchellang und geblümt.

Ich rechnete acht Stunden vor. Wenn ich jetzt nicht anrufe, dachte ich, dann rufe ich gar nicht mehr an, dann verschiebt sich die Zeit auf Nimmerwiedersehen. Ich nahm die aufgerollte Telefonschnur vom Haken, ging mit dem Telefon zurück zum Fenster und wählte Frederiks Nummer.

Es klingelte so lange, als müsse sich das Klingeln mühselig bis nach Japan durchschlagen, von hier in die Kreisstadt, was schwierig genug war, und dann durch die Karpaten, die ukrainische Ebene, das Kaspische Meer, durch Russland, Kasachstan und China.

Gerade als ich dachte, dass es unmöglich sei, dass ein Klingeln, das im Westerwald beginnt, es bis nach Japan schafft, nahm am anderen Ende der Leitung jemand ab.

»Moshi moshi«, sagte eine muntere Stimme. Das klang wie der Name eines Kinderspiels.

»Hello«, sagte ich. »I am sorry, I don't speak Japanese. My name is Luise and I am calling from Germany.«

»No problem«, sagte die muntere Stimme, »hello.«

»I would like to speak to Frederik«, sagte ich in den Hörer, in die Finsternis vor dem Fenster, »to Monk Frederik«, und das klang, als wolle ich einen nach Frederik benannten Berg sprechen.

»No problem«, sagte die Stimme noch einmal, und mir gefiel, wie wenig Probleme es dort in Japan offenbar gab.

Sehr lange hörte ich nichts außer einem Rauschen. Während die muntere Stimme nach Frederik suchte, suchte ich nach einem munteren ersten Satz. Ich hätte mich früher darum kümmern, ich hätte mit Selma und dem Optiker einen erstklassigen Satz ausarbeiten müssen, jetzt war es zu spät, jetzt waren auch zweitklassige erste Sätze unauffindbar im Dickicht der Schwärze vor dem Fenster. *Hallo Frederik*, dachte ich, *ich hätte da mal eine Fachfrage zum Buddhismus*, *Hallo Frederik, na, wie war der Flug?*, *Hallo Frederik, apropos Hessen*, und dann kam ein weiterer Mönch an den Apparat, der nicht Frederik war. »Hello«, sagte er, »how can I help you?«, »Hello«, sagte ich und dass ich Monk Frederik sprechen möchte, der Mönch reichte den Hörer einem weiteren Mönch, der immer noch nicht Frederik war, und so ging es weiter, bis ich sechs Mönche begrüßt hatte. »No problem«, sagte auch der letzte Mönch, und dann hörte ich im Hintergrund schnelle Schritte und wusste, dass das Frederiks waren.

»Ja?«, sagte er.

Ich hielt den Hörer mit beiden Händen fest. »Hallo«, sagte ich, und dann nichts mehr.

»Hallo Luise«, sagte Frederik, und weil es unüberhörbar war, merkte er sofort, dass mir der erste Satz fehlte. Er nahm ihn mir im Handumdrehen ab, er tat einfach, als habe nicht ich ihn, sondern er mich angerufen.

»Hallo«, sagte er, »hier ist Frederik. Ich wollte mal hören, wie es Alaska geht.«

Meine Hand hörte auf zu zittern. »Danke«, sagte ich, »vielen Dank.«

»Kein Problem«, sagte Frederik.

»Alaska geht es gut«, sagte ich, »geht es dir auch gut?«

»Mir geht es eigentlich immer gut«, sagte Frederik, »und dir?«

Ich lehnte meine Stirn gegen die Fensterscheibe. »Kannst du etwas sehen?«, fragte ich.

»Ja«, sagte Frederik, »die Sonne scheint. Ich sehe direkt auf die Holzhütte gegenüber. Das Dach ist voller Moos. Dahinter sind die Berge. Ich kann den Wasserfall sehen.«

»Ich sehe gar nichts«, sagte ich, »es ist stockfinster. Wie spät ist es?«

»Es ist zehn Uhr vormittags.«

»Es ist zwei Uhr in der Nacht«, sagte ich, und Frederik lachte und sagte: »Auf irgendetwas sollten wir uns einigen.«

Ich setzte mich aufs Fensterbrett. Die Verstockung nahm neben mir Platz, und sie klang wie Marlies, als sie sagte: »Da bin ich. Das wird nichts. Finde dich damit ab.«

»Und was siehst du nicht?«, fragte Frederik.

»Die Tanne vor dem Wohnzimmerfenster«, sagte ich. »Den Essigbaum daneben. Kühe auf der Weide gegenüber. Den Apfelbaum und seine Brücke.«

Die angelehnte Wohnzimmertür ging auf, Alaska kam herein und rollte sich zu meinen Füßen zusammen. Ich stand auf und griff in sein altes Fell, ich versuchte wieder, nach draußen zu sehen, aber ich sah nur mich in verschwommen und schloss die

Augen. Wenn ich jetzt nicht aufhöre, verstockt zu sein, dann wird das nichts, dachte ich, dann biegt das Leben falsch ab.

»Bist du noch da?«, fragte Frederik.

Dinge können nicht verschwinden, wenn man sie nicht ansieht, hatte der Optiker gesagt, oder so ähnlich, und ich überlegte, ob sie vielleicht verschwinden konnten, wenn man sie ansprach.

»Ja«, sagte ich, »Entschuldigung. Ich habe eine Verstockung. Ich bin sehr verschwommen.«

Frederik räusperte sich. »Du heißt Luise«, sagte er, »und einen Nachnamen hast du bestimmt auch. Du bist zweiundzwanzig Jahre alt. Dein bester Freund ist gestorben, weil er sich an eine nicht richtig geschlossene Regionalzugtür gelehnt hat. Das ist erst zwölf Jahre her. Immer, wenn deine Großmutter von einem Okapi träumt, stirbt hinterher jemand. Dein Vater findet, dass man nur in der Ferne wirklich wird, deshalb ist er auf Reisen. Deine Mutter hat einen Blumenladen und ein Verhältnis mit einem Eiscafébesitzer, der Alberto heißt. Den Hochsitz auf dem Feld hat ein Optiker angesägt, weil er einen Jäger umbringen wollte. Dieser Optiker liebt deine Großmutter und sagt es ihr nicht. Du machst eine Ausbildung zur Buchhändlerin.«

Ich öffnete die Augen und lächelte in die Fensterscheibe. »Die Verbindung ist sehr gut«, sagte ich.

»Ziemlich«, sagte Frederik. »Es rauscht nur ein bisschen.«

Ich nahm das Telefon und ging im Wohnzimmer herum, die Telefonschnur war hinter mir her, die Verstockung aber nicht.

»Hattest du heute schon Gehmeditation?«, fragte ich.

»Nein«, sagte Frederik, »aber Sitzmeditation. In der Frühe. Neunzig Minuten lang.«

Ich dachte an den Optiker, der Bandscheibenvorfälle wegen seiner vorwiegend sitzenden Tätigkeit hatte.

»Tut das nicht weh?«

»Doch«, sagte Frederik, »es tut ziemlich weh. Aber das macht nichts.«

»Warum bist du Mönch geworden?«

»Weil es mir richtig erscheint«, sagte Frederik. »Warum wirst du Buchhändlerin?«

»Weil es sich so ergeben hat.«

»Das ist doch auch gut«, sagte Frederik, »wenn sich etwas so ergibt.«

»Hast du immer dieses schwarze Gewand an?«

»Fast immer.«

»Kratzt das nicht?«

»Nein«, sagte Frederik, »eigentlich nicht. Luise, es ist schön, dich zu sprechen, aber ich muss jetzt leider mal los.«

»Wird jetzt weitermeditiert?«

»Nein«, sagte er, »ich klettere jetzt aufs Dach und entferne das Moos.«

Ich blieb vor der rot markierten Stelle stehen.

Frederik hatte mir den ersten Satz abgenommen, aber den letzten nahm er mir nicht ab, den musste ich selber tragen. Ich trug ihn bis zum allerletzten Moment des Gesprächs.

»Also dann, mach's gut, Luise«, sagte Frederik.

Ich hielt einen Fuß über die rot markierte Stelle. »Ich möchte, dass wir uns wiedersehen«, sagte ich.

Frederik schwieg. Er schwieg so lange, dass ich fürchtete, er sei plötzlich versteinert und zu einem nach ihm benannten Berg geworden.

»Du bist ziemlich gut darin, im letzten Moment einen Fuß in die Tür zu stellen«, sagte er. Er klang plötzlich sehr ernst. »Ich muss mir das überlegen«, sagte er, »ich melde mich.«

»Aber wie denn?«, fragte ich, weil er meine Telefonnummer nicht kannte, aber er hatte bereits aufgelegt.

Als Selma die Tür öffnete, in einem geblümten, knöchellangen Nachthemd und mit einem Haarnetz auf dem Kopf, damit der Frisur über Nacht nichts geschah, balancierte ich immer noch mit einem Fuß über der markierten Stelle. »Was machst du denn da?«, fragte sie, griff meine Schultern und drehte mich um, als sei ich eine Schlafwandlerin.

»Ich bin ausgesprochen wach«, sagte ich. Ich hielt ihr den Telefonhörer hin. »Da war Japan dran.«

»Das war sicher eine Sternstunde für diesen Apparat«, sagte sie und nahm mir den Hörer aus der Hand. Dann schob sie mich an den Schultern durchs Wohnzimmer in Richtung Sofa, und ich war so munter, als sei das eine Polonaise.

»Er überlegt sich, ob wir uns wiedersehen sollen«, sagte ich und setzte mich aufs Sofa.

»Vielleicht solltest du dir das auch noch mal überlegen«, sagte Selma und setzte sich neben mich. Wegen des Haarnetzes auf ihrem Kopf sah ihre Stirn vergittert aus.

»Warum?«

»Weil er so weit weg ist«, sagte Selma. Wir saßen eng nebeneinander. Wir waren ungeheuer geblümt.

»Weit weg sind fast alle«, sagte ich.

»Genau«, sagte Selma, »es könnte ja mal einer näher sein. Ich will nur sagen: Du solltest die Möglichkeit einbeziehen, dass das vielleicht nichts wird.«

»Das wird was«, sagte ich, »verlass dich drauf«, und vierzehn Tage später kam ein Brief.

Die Witwe aus dem Nachbardorf brachte ihn bei Selma vorbei, es war Samstag. »Ich hab Luftpost für dich, Luise«, sagte sie. Sie sprach sehr laut, und ich fragte mich, ob das eine Spätfolge von zu viel Schreitherapie war. Sie hielt mir einen hellblauen, hauchdünnen Umschlag hin. Unter vielen bunt geblümten Briefmarken stand in sehr gleichmäßiger Schrift:

An
Luise
c/o Selma (im Nachbardorf)
c/o Haus der Einkehr
Fichtenweg 3
57327 Weyersroth
ドイツ – *Germany*

»Ich muss schon sagen, das ist eine gewagte Adresse«, donnerte die Witwe. »Sie ist übrigens fast länger als die ganze Karte. Er schreibt, dass er es sich überlegt hat und Ende des Jahres wieder in Deutschland ist und man sich dann sehen kann. Und viele Grüße schickt er, der Herr Frederik.«

»Haben Sie den Umschlag etwa geöffnet?«, fragte Selma.

»Das war nicht nötig«, donnerte die Witwe, drehte den Umschlag um und hielt ihn über unsere Köpfe, unter die Deckenlampe im Flur. Der Umschlag war so dünn, die Tinte auf dem Papier darin so schwarz, man konnte alles sehen.

Verfallsdaten

Im September kam mein Vater zu Besuch. Wie immer stand er plötzlich vor der Tür, braun gebrannt und mit verfilzten Haaren, mit Schuhen, in deren Profil noch afrikanische Wüste oder mongolische Steppe klebte, mit einem Rucksack, der Stockflecken hatte vom Schnee der Arktis. Wie immer sagte er noch in der Tür: »Ich muss schon morgen wieder los«, als sei das ein Zauberspruch, der ihm erlaubte, einzutreten.

Seit er unentwegt auf Reisen war, hatte mein Vater immer zwei Uhren am Handgelenk. Die eine zeigte die Uhrzeit des Landes an, das er gerade bereiste, die andere die mitteleuropäische Zeit. »So habe ich euch immer dabei«, sagte er.

Er wirkte überlebensgroß, wenn er zwischendurch bei uns vorbeikam, und er nahm so viel Platz ein, dass wir uns neu arrangieren mussten wie Möbelstücke, die sich plötzlich in einer kleineren Wohnung wiederfinden. Wir stießen ständig aneinander, wir standen in Zimmerecken, während mein Vater mit großen Gesten und blitzenden Augen von seinen Abenteuern erzählte. Er erzählte so laut, als habe er in den letzten Monaten ständig gegen ein stürmisches Meer anbrüllen müssen oder gegen einen Wüstenwind.

Alaska war überglücklich, meinen Vater zu sehen. Er wich ihm nicht von der Seite und wurde augenblicklich jünger. Er sprang um meinen Vater herum und hörte nicht auf, mit dem Schwanz zu wedeln. Weil Alaska so groß war, wedelte er Kaffeetassen und Zeitschriften vom Sofatisch, einen Veilchentopf von der Küchenfensterbank. »Was die Liebe alles vermag«, sagte Selma, während wir hinter Alaska Scherben und Erde auffegten, »vielleicht täusche ich mich, aber ich glaube, Alaska ist auch noch ein Stückchen gewachsen in der letzten halben Stunde.«

»Und? Was ist bei euch so los?«, fragte mein Vater.

Er fragte das mit einem bedauernden Unterton, als erkundige er sich nicht nach unserem Leben, sondern nach dem Verlauf einer Erkältungskrankheit oder einer besonders langwierigen Sitzung im Dorfgemeinschaftshaus, die er geschwänzt hatte.

»Wie läuft es mit dem Buddhisten?«

»Er kommt bald zu Besuch«, sagte ich.

»Doktor Maschke schwört ja auf den Buddhismus«, sagte mein Vater und holte eine Plastiktüte aus seinem Rucksack, »Loslassen und so. Unterhalte dich doch mal mit ihm über den Buddhismus, Luise, er würde sich bestimmt sehr freuen.«

Mein Vater kippte den Inhalt der Plastiktüte auf Selmas Küchentisch, darin waren in arabische Zeitungen eingeschlagene Geschenke. Selma wickelte einen hellgrünen, mit Pailletten besetzten Kaftan aus.

»Das ist aber nett«, sagte sie und zog den schimmernden Kaftan vorsichtig erst über ihre Frisur und dann über ihren ganzen langen Körper. Unter dem glitzernden Stoff schauten ihre hellbraunen orthopädischen Schuhe hervor.

Der Optiker bekam ein Glas tunesischen Honig und ich eine Satteltasche. »Die ist aus echtem Kamelleder«, sagte mein Vater. »Wie praktisch«, sagte der Optiker. Meine Mutter war nicht da, ihr Geschenk lag unausgepackt auf dem Küchentisch.

Am Abend setzten wir uns auf die Stufen vor dem Haus, mein Vater nahm die ganze untere Stufe ein, Alaska lag zu seinen Füßen, Selma, der Optiker und ich saßen hinter meinem Vater auf der obersten Stufe. Mein Vater rauchte Nelkenzigaretten, legte den Kopf in den Nacken und deutete in den Sternenhimmel. »Ist es nicht erstaunlich«, sagte er, »dass man überall die gleichen Sterne sieht, egal, wo man ist? Wahnsinn, oder?«, und weil das ein schöner Gedanke war, verkniff sich der Optiker die Bemerkung, dass das genau genommen gar nicht stimmte.

Selma schaute nicht in den Sternenhimmel, sondern auf den Kopf meines Vaters. Sie rückte ihre Brille zurecht und beugte sich so weit vor, dass ihre Nase seine Haarspitzen berührte. »Du hast Läuse«, stellte sie fest.

»Ach du Scheiße«, sagte mein Vater.

»Ich hab irgendwo noch einen Läusekamm von den Kindern«, sagte Selma und ging ihn suchen, den Kamm, mit dem sie früher Martin und mir die Läuse ausgekämmt hatte.

Ich schaute mit meinem Vater in den Himmel. »Warst du eigentlich auch schon mal in Japan?«, fragte ich. »Nein«, sagte mein Vater, »Japan interessiert mich nicht so. Aber Doktor Maschke schwört ja auf den Buddhismus.«

Selma kam mit dem Läusekamm, einer Badehaube und einer Plastikflasche zurück. »Ich hab sogar noch Läuseshampoo gefunden«, sagte sie.

»Ist das denn noch gut?«, fragte der Optiker, »das ist doch mindestens fünfzehn Jahre alt.« Mein Vater nahm Selma die Shampooflasche aus der Hand und besah sie von allen Seiten. »Es steht kein Verfallsdatum drauf«, sagte er. »Na also«, sagte Selma und schraubte die Flasche auf, denn sie fand, dass etwas, auf dem kein Verfallsdatum stand, auch keins haben konnte.

Selma massierte das Shampoo in die Haare meines Vaters und strich es zurück, er sah mit dem glänzenden Haar aus wie Rock Hudson. Er schaute wieder in den Sternenhimmel. »Wahnsinn«, sagte er.

»Kopf bitte gerade halten«, sagte Selma. »Ich zieh dir jetzt die Badehaube drüber. Das Zeug muss über Nacht einwirken.« Es war Elsbeths Badehaube, die violette mit Rüschen, die Selma sich vor vielen Jahren ausgeliehen und nie zurückgegeben hatte. »Es tut mir leid, ich habe keine andere«, sagte Selma.

»Mach nur«, sagte mein Vater.

Selma steckte ihre Hände in die Badehaube, um sie zu weiten, und auf der violetten Oberfläche, zwischen den Rüschen, bildeten sich sofort kleine Risse; die Badehaube hatte ihr Verfallsdatum, das nirgends verzeichnet war, deutlich überschritten.

Mein Vater betastete die Rüschen auf seinem Kopf und drehte sich zu mir um. »Und?«, fragte er. Ich lächelte. »Sehr kleidsam«, sagte ich.

»Wo ist eigentlich Astrid?«, fragte mein Vater. Selma, der Optiker und ich sahen uns an. Wir wussten nicht, ob mein Vater wusste, dass meine Mutter ein Verhältnis mit dem Eiscafébesitzer hatte.

»Sie müsste bald nach Hause kommen«, sagte ich, »sie ist im Eiscafé.«

»Ach, echt?«, sagte mein Vater, und da wussten wir, dass er es nicht wusste.

Als ein paar Minuten später meine Mutter den Hang zum Haus hinaufgefahren kam und das Licht ihrer Scheinwerfer über uns hinwegglitt, legte Selma meinem Vater eine Hand auf die Schulter und sagte: »Peter, mein Lieber, es ist so, Astrid hat in der Zwischenzeit auch ein wenig Welt hereingelassen.«

Meine Mutter stieg aus und blieb abrupt stehen, als sie meinen Vater sah. Dann kam sie auf uns zu. Sie hatte ein in Einwickelpapier geschlagenes Tablett dabei. Mein Vater erhob sich.

»Hallo Astrid«, sagte er. Meine Mutter schaute meinen Vater mit der Badehaube an, dann Selma in ihrem Kaftan. »Ihr beiden könnt einfach alles tragen«, sagte sie.

Mein Vater wollte meine Mutter umarmen, aber sie hielt ihm schnell die Hand hin. Dann wickelte sie das Tablett aus, drei

Pappbecher mit je drei Kugeln Eis standen darauf, sie hatten bereits angefangen zu schmelzen.

»Das sieht ja lecker aus«, sagte mein Vater.

»Ich hab jetzt leider nur drei mitgebracht«, sagte meine Mutter, »ich wusste ja nicht, dass du da bist.«

»Du kannst meins haben«, sagte ich zu meinem Vater.

»Nein«, sagte meine Mutter, »komm lieber mit hoch, Peter, ich muss dir was sagen.«

Mein Vater folgte ihr ins Haus. Wir hörten sie die Treppe zur oberen Wohnung hinaufgehen.

»Der Arme«, sagte Selma, »hoffen wir, dass er auch das tragen kann.«

Wir ließen das Eis neben uns zu Ende schmelzen. Der Optiker griff nach der zerdrückten Packung Nelkenzigaretten, die mein Vater liegen gelassen hatte, und zündete sich eine an. Sie schmeckte, als würde er Astrids Blumenladen rauchen.

Selma wusste seit kurz nach Martins Tod, dass der Optiker angeblich rauchte, aber er hatte das noch nie in ihrem Beisein getan. Sie sah ihm fasziniert zu, wie ein Kind, das zum ersten Mal einem Erwachsenen beim Pinkeln im Stehen zuschaut. Dem Optiker schmeckte die Zigarette nicht, nicht weil sie nach Blüten schmeckte, sondern weil Selma so fasziniert schaute. »Jetzt guck doch bitte nicht so«, sagte er.

»Ich kann nicht fassen, dass du rauchst«, sagte Selma und guckte weiter. Der Optiker seufzte. »So kann ich das nicht«, sagte er und trat die Zigarette aus. Manche Dinge, dachte er, müssen vor Selma verborgen bleiben.

Nach zwanzig Minuten kam mein Vater wieder herunter und setzte sich zu uns auf die Stufen. Er kratzte sich mit dem Zeigefinger unter der Badehaube, sie saß so stramm, dass sie nicht verrutschte. »Gut«, sagte er, »gut.«

»Was meinst du mit gut?«, fragte Selma und strich meinem Vater über den Rücken.

»Ich meine, dass dann ja für alle gesorgt ist«, sagte er, »das ist doch gut.«

Er griff nach den Nelkenzigaretten. Ich überlegte, ob auch die Nachricht von meiner Mutter und Alberto erst über Nacht einwirken musste. Aber so war das nicht. Mein Vater erwähnte Alberto nicht mehr. Er schlief auf Selmas rotem Sofa, wusch anderntags das Läuseshampoo aus und packte die frisch gewaschene, noch feuchte Wäsche in seinen Rucksack. »Ich zieh dann mal wieder los«, sagte er, »schön war's bei euch«, und Alaska wurde in Sekundenschnelle wieder so alt, wie er war.

»Da sind Sie ja«, sagte Herr Rödder und zog seine Augenbrauen zusammen, die wie immer in Aufruhr waren. »Das wurde aber auch Zeit. Marlies Klamp war heute wieder hier und sagte, Ihre letzte Empfehlung habe ihr erneut nicht gefallen. Leider, Luise. Leider. Wenn das so weitergeht …«

»Ich habe Ihnen was mitgebracht«, sagte ich und überreichte Herrn Rödder die Satteltasche. Sein Gesicht hellte sich augenblicklich auf.

»Mein Gott, Luise, die ist ja wunderschön«, flüsterte er und strich über das Leder, »ist die wirklich für mich?«

»Die ist für Sie«, sagte ich, »sie ist aus echtem Kamelleder.«

»Ich weiß gar nicht, was ich sagen soll«, sagte Herr Rödder, »wissen Sie was? Die hängen wir über das Regal mit der Reiseliteratur. Wo haben Sie dieses Schmuckstück denn her?«

»Beziehungen«, sagte ich.

Als ich auf der Klappleiter stand, um über der Reiseliteratur die Satteltasche anzubringen, stand plötzlich meine Mutter neben mir. Ich legte die Tasche auf ein Regalbrett.

»Was machst du denn hier?«, fragte ich. Meine Mutter trug ein dunkelblaues Tuch mit langen goldenen Fransen um die Schultern. Von hier oben konnte ich auf ihren Kopf sehen, die schwarz gefärbten Haare wuchsen grau nach.

»Es hat ihm überhaupt nichts ausgemacht«, sagte meine Mutter, als hätte sie meinem Vater ein kostspieliges Geschenk gemacht, über das er sich kein bisschen gefreut hatte.

Efeu aus Elsbeths Sicht

»Luise bekommt demnächst Besuch aus Japan«, sagte im Oktober Selma zu Elsbeth und band ihr auf die Seele, es nicht weiterzusagen, weil sie nicht wusste, ob mir das recht war, und die Bänder um Elsbeths Seele hielten genau bis zum Einzelhändler.

Elsbeth hatte dem Einzelhändler einen *Herbsttraum* meiner Mutter vorbeigebracht, weil der Einzelhändler sein Geschäft neuerdings gern jahreszeitlich dekorierte. Außerdem brauchte sie eine Mausefalle. Der Einzelhändler war gerade dabei, die Alkoholika in das Regal gleich neben der Kasse zu sortieren, um sie künftig besser im Blick zu haben, die Zwillinge aus dem Oberdorf hatten wiederholt Schnaps geklaut.

»Wenn man Friedhofserde in einer Pfanne brät, gibt der Dieb sein Diebesgut zurück«, erzählte Elsbeth. »Du könntest aber auch einfach Mausefallen zwischen die Flaschen legen. Ich bräuchte übrigens eine.«

Als der Einzelhändler die Falle geholt hatte und Elsbeth fragte, wie es ihr so ginge, platzte es aus Elsbeth heraus. »Luise bekommt Besuch aus Japan«, sagte sie, »von einem buddhistischen Mönch.«

»Das ist ja ein Ding«, sagte der Einzelhändler und ging mit Elsbeth zur Kasse, »leben die eigentlich zölibatär?«

»Keine Ahnung«, sagte Elsbeth und prüfte die Mausefalle, es war eine, die Mäusen das Genick brach, »ich jedenfalls schon.«

»Das wäre gut zu wissen«, sagte der Einzelhändler, »falls Luise in ihn verliebt ist.«

»Wer lebt zölibatär?«, fragte Bauer Häubels Enkelin, die gerade den Laden betreten hatte.

»Ich«, sagte Elsbeth.

»Und der Mönch aus Japan, in den Luise verliebt ist«, ergänzte der Einzelhändler, während er Elsbeth das Geld für den *Herbsttraum* in die Hand zählte.

»Er muss wahnsinnig gut aussehen«, sagte Elsbeth.

»Dann lebt er bestimmt nicht zölibatär«, sagte Bauer Häubels Enkelin, und Elsbeth sagte entrüstet, dass das ja wohl nichts mit dem Aussehen zu tun habe.

»Woher weißt du das?«, fragte der Einzelhändler. »Hast du ihn schon gesehen? Gibt es Fotos?«

»Leider nein«, sagte Elsbeth, »aber Luise hat es Selma so gesagt.«

Der Optiker kam dazu, er hatte eine Packung tiefgefrorenen Fischauflauf in der Hand, der genau für eine Person reichte, und Wärmepflaster für den Rücken. »Hört mal kurz zu«, sagte er. »*Wenn wir etwas anschauen, kann es aus unserer Sicht verschwinden, aber wenn wir nicht versuchen, es zu sehen, kann dieses Etwas nicht verschwinden*. Versteht ihr das?«

»Das ist die originellste Rechtfertigung für Ladendiebstahl, die ich je gehört habe«, sagte der Einzelhändler.

Elsbeth hielt dem Optiker die Mausefalle hin. »Wusstest du eigentlich, dass tote Mäuse gegen Augenleiden helfen?«, fragte sie. »Ich kann sie dir ins Geschäft bringen, wenn ich sie erwischt habe.«

»Danke, nein«, sagte der Optiker.

»Luise liebt einen Buddhisten, der nicht zölibatär in Japan lebt und uns in drei Wochen besucht«, sagte Bauer Häubels Enkelin.

»Ich sage dazu nichts«, sagte der Optiker. »Das ist Luises Sache. Habt ihr nichts anderes zu tun, als euch in Luises Angelegenheiten zu mischen?«

»Nein«, sagten der Einzelhändler und Bauer Häubels Enkelin gleichzeitig.

»Leider«, fügte Elsbeth hinzu.

Der Optiker seufzte. »Das mit der Liebe halte ich für übertrieben«, sagte er, »sie kennt ihn doch kaum.«

»Man muss jemanden doch nicht kennen, um ihn zu lieben«, sagte Elsbeth.

»Weißt du noch mehr?«, fragte Bauer Häubels Enkelin. »Natürlich«, sagte der Optiker, der irrtümlich glaubte, dass sie nicht mehr über den Buddhisten, sondern über den Buddhismus wissen wollte, und räusperte sich. »*Erkenntnis bedeutet, in unbeirrbarem Gleichmut zu leben.*«

Der Einzelhändler packte die Wärmepflaster des Optikers in eine Tüte. »Das klingt jetzt aber doch sehr nach Zölibat«, fand er.

Der Optiker ging überall mit seinen Zitaten herum und fiel damit allen genauso auf die Nerven wie früher Friedhelm mit seinem Lied vom schönen Westerwald.

Seit Frederik aufgetaucht war, versuchte der Optiker, seinen inneren Stimmen mit Buddhismus beizukommen, wenn sie unerträglich laut wurden, besonders nach zweiundzwanzig Uhr. Das funktionierte aber auch nicht besser, als den Stimmen die vollgequalmten Postkartensprüche aus der Kreisstadt entgegenzuhalten.

Um zweiundzwanzig Uhr ging der Optiker in sein Bett, das genau für eine Person reichte, und stellte seine Cordpantoffeln auf dem Bettvorleger ab.

Als der Optiker ein Kind war, hatte seine Mutter ihm immer geraten, die Sorgen abends in die Pantoffeln zu legen, sie wären dann am nächsten Morgen nicht mehr da. Das hatte nie geklappt, weil die inneren Stimmen des Optikers sich für etwas Besseres hielten als Sorgen, die sich mit Pantoffeln als Quartier zufriedengaben.

Die Stimmen hielten dem Optiker regelmäßig alles vor, was er falsch oder gar nicht gemacht hatte, sie griffen wahllos Dinge aus allen Zeitaltern des Optikers heraus und warfen sie ihm vor die nackten Füße. Dabei war es ihnen vollkommen egal, dass der Optiker diese Dinge genau deshalb nicht getan hatte, weil die Stimmen ihm davon abrieten; sie hielten ihm alles vor, was er ihretwegen unterlassen hatte.

»Du bist schon als Sechsjähriger nicht über den Apfelbach gesprungen«, sagten sie beispielsweise, »obwohl alle anderen sich das getraut haben.«

»Aber ihr hattet mir doch davon abgeraten«, sagte der Optiker.

»Das tut doch jetzt überhaupt nichts zur Sache«, sagten die Stimmen. Es waren immer sie und nie der Optiker, die bestimmten, was etwas zur Sache tat.

Am liebsten kamen sie auf Selma zu sprechen. »Wie lange schon traust du dich nicht, ihr zu sagen, dass du sie liebst?«, fragten sie genüsslich. »Das wisst ihr doch«, sagte der Optiker, »keiner weiß es so gut wie ihr.«

»Sag es uns«, sagten die Stimmen.

»Ihr habt mir doch immer davon abgeraten«, rief der Optiker.

Wenn die Stimmen, meist gegen Mitternacht, zu faul waren, ein konkretes Beispiel hervorzuholen, ersetzten sie es durch Worte wie »alles«, »nichts«, »niemals« und »immer«, mit denen man den Optiker besonders gut anrempeln konnte, vor allem, seit der Optiker älter geworden war. »Immer« und »Niemals« lassen sich im Alter noch schwieriger ausräumen als ohnehin schon.

»Du hast dich nie etwas getraut, du hast nie wirklich etwas gewagt«, sagten die Stimmen.

Sie waren so deutlich und entschlossen, dass der Optiker manchmal kaum glauben konnte, dass die Leute um ihn herum, Selma zum Beispiel, sie nicht hören konnten. Der Optiker erinnerte sich an Elsbeths verstorbenen Mann, der unter einem lautstarken Tinnitus gelitten hatte und schließlich vollkommen zermürbt auf dem Behandlungsstuhl meines Vaters zu weinen begonnen und sein Ohr ganz nahe an das Ohr meines Vaters gehalten hatte. »Hören Sie das denn nicht?«, hatte Elsbeths Mann verzweifelt gefragt. »Es kann doch nicht sein, dass Sie das nicht hören.«

»Klappe halten«, sagte der Optiker versuchsweise, drehte sich auf die Seite und konzentrierte sich auf seine Pantoffeln auf dem Bettvorleger.

»Du hast niemals wirklich was gewagt«, sagten die Stimmen. »Ja, weil ihr mir immer von allem abgeraten habt!«, rief der Optiker, und die Stimmen wiederholten, dass das nichts zur Sache täte, nur auf das Ergebnis käme es an, und so drehten sie sich nächtelang im Kreis, und das Ergebnis am nächsten Morgen war immer ein übernächtigter, von seinen inneren Stimmen ausgeweideter Optiker, der zusammengesunken auf seinem Untersuchungshocker versuchte, das Gewicht von »Immer« und »Niemals« zu stemmen und schließlich seinen Kopf in das Perimeter steckte, denn nur hier hatten die Stimmen keinen Zutritt.

Jetzt, seit Frederik aufgetaucht war, hatte der Optiker stets ein Buch über Buddhismus auf seinem Nachttisch liegen, und wenn die Stimmen mit Selma, mit »Niemals« und »Immer« anrückten, schlug er es an einer der markierten Stellen auf. »Ich bin der Fluss«, sagte der Optiker dann, »und ihr seid Blätter, die auf mir vorbeitreiben.«

»Apropos Fluss«, sagten die Stimmen, »wir sagen nur: Apfelbach.«

»Ich bin der Himmel«, sagte der Optiker, »und ihr seid nur Wolken, die an mir vorüberziehen.«

»Falsch, Optiker«, antworteten Stimmen, »der Himmel ist keiner, und du bist die Wolke, eine ziemlich zerfledderte Wolke, und wir sind der Wind, der dich umtreibt.«

Anfang November, als ich noch nicht ahnen konnte, dass es eine Planänderung geben und Frederik bereits am nächsten Tag da sein würde, ging ich mit einer Liste durchs Dorf. Ich fing mit Marlies an, damit ich das Schlimmste hinter mir hatte.

»Keiner da«, rief Marlies durch ihre geschlossene Haustür.

»Bitte, Marlies, nur ganz kurz«, sagte ich.

»Es ist keiner da«, rief sie, »finde dich damit ab.«

Ich ging ums Haus herum und sah durchs Küchenfenster. Marlies saß an ihrem Tisch und trug wie immer nur Norwegerpullover und Unterhose. Sie war jetzt Mitte dreißig, aber sie sah jünger aus. Irgendetwas konservierte Marlies.

Ich lehnte mich neben das gekippte Küchenfenster an die Hauswand. »Marlies«, sagte ich durch den Fensterschlitz, »ich kriege bald Besuch aus Japan.«

»Interessiert mich nicht die Bohne«, sagte Marlies.

»Ich weiß«, sagte ich, »und ich wollte dir auch nur sagen: Falls du meinem Besuch begegnest, könntest du dann … könntest du dann etwas zugänglicher sein? Irgendwie freundlicher? Nur ganz kurz. Ich wäre dir sehr dankbar.«

Ich hörte, wie Marlies sich eine Peer Einhundert anzündete, kurz darauf zog der Rauch zu mir heraus.

»Ich bin nicht freundlich«, sagte sie, »finde dich damit ab.«

Ich seufzte. »O.k., Marlies. Ist denn ansonsten alles klar bei dir?«

»Könnte nicht besser sein«, sagte Marlies. »Und jetzt auf Wiedersehen.«

»Mach's gut«, sagte ich, stieß mich von der Wand ab und ging zu Elsbeth, die in ihrem Garten stand und einen mit Efeu umwachsenen Apfelbaum betrachtete, die Arme unter ihrem immensen Busen verschränkt.

Es war der Apfelbaum, dessen Blätter sie nach Martins Tod herunterzublasen versucht hatte. Als sie im Herbst danach von selbst abgefallen waren, hatte Elsbeth gegen den Stamm getreten und unter Tränen gesagt, dass es jetzt zu spät sei und sie genauso gut hängen bleiben könnten.

Elsbeth deutete auf das Efeu. »Ich will das Zeug eigentlich abschneiden, aber eigentlich auch nicht«, murmelte sie. Die Gartenschere lehnte am Stamm des Apfelbaums.

»Und was spricht dagegen?«, fragte ich.

»Efeu ist manchmal ein verzauberter Mensch«, erklärte Elsbeth, »und wenn er als Efeu die Baumkrone erreicht hat, ist er erlöst.«

»Apropos Aberglauben«, begann ich.

»Die Frage ist jetzt«, sagte Elsbeth, »erlöse ich den Menschen oder den Baum?«

Das Efeu umrankte bereits den oberen Teil des Stammes.

»Ich würde mich für den Baum entscheiden«, sagte ich. »Wenn es ein Mensch ist, ist er ja schon über die Hälfte erlöst. Das ist mehr, als man von uns allen sagen kann.«

Elsbeth tätschelte mir mit ihrer dicken Hand die Wange. »Du klingst immer mehr wie Selma«, sagte sie und griff zur Gartenschere.

»Elsbeth«, sagte ich, »jetzt kommt ja bald Besuch aus Japan, und ich wollte dich fragen, ob du vielleicht möglichst wenig vom Aberglauben reden könntest.«

»Warum denn?«, fragte Elsbeth und begann zögerlich, das Efeu abzuschneiden, sie entschuldigte sich bei jedem Schnitt bei dem womöglichen Menschen, der das Efeu war.

»Weil das seltsam ist«, sagte ich.

»Entschuldigung«, sagte Elsbeth und schnitt. »Aber wäre es nicht viel seltsamer, wenn ich *nichts* Abergläubisches sagen würde? Entschuldigung, lieber eventueller Mensch.«

»Ich finde nicht«, sagte ich, »man kann ja auch über andere Dinge sprechen.«

»Über was denn?«

»Über die Turbulenzen bei den Vorbereitungen zum Weihnachtsfest im Dorfgemeinschaftshaus«, schlug ich vor, »über die Frage, ob es am Nachmittag oder am Abend stattfinden soll.«

»Das klingt nicht wirklich interessant«, sagte Elsbeth. »Aber gut. Ich werde nichts Abergläubisches sagen.« Sie entschuldigte sich bei einer weiteren Efeuwurzel. »Hoffentlich vergesse ich das nicht«, sagte sie, »halt mal.«

Sie drückte mir die Gartenschere in die Hand, schloss die Augen, machte zwei große Schritte nach vorne und zwei zurück.

»Was war das?«, fragte ich, und Elsbeth sagte: »Das hilft gegen Vergesslichkeit.«

Den Optiker fand ich mit seinem Kopf im Perimeter. Selma war da, sie hatte dem Optiker Kuchen vorbeigebracht und saß auf der Kante des Tisches, auf dem der Phoropter stand, von dem Martin und ich geglaubt hatten, dass man mit ihm in die Zukunft schauen könnte.

»Es ist nur Luise«, sagte sie, als die Ladenglocke ging, damit der Optiker wusste, dass es kein Kunde war, und er getrost in seinem Apparat bleiben und kleinen Punkten signalisieren konnte, dass er sie gesehen hatte.

»Kannst du Alaska nachher mit zu dir nehmen?«, fragte Selma, »ich bin morgen den ganzen Tag beim Arzt.« Selma hatte sich die verformte Hand mit Schmerzsalbe eingerieben, sie glänzte.

»Natürlich«, sagte ich. »Ich wollte euch auch noch was fragen.«

»Nur zu«, sagte der Optiker.

»Ich wollte dich bitten, dass du Frederik nicht zu viele Fragen über den Buddhismus stellst.«

Der Optiker nahm seinen Kopf aus dem Perimeter und drehte sich auf seinem Hocker zu mir um. »Warum denn nicht?«

»Weil er ja nicht dienstlich hier ist«, sagte ich und dachte an meinen Vater, dem, als er noch Arzt war, ständig außerhalb der Sprechstunde Symptome vorgetragen wurden, auf der Straße, im Eiscafé und sogar im Wartezimmer von Doktor Maschke.

»Was ist denn das für ein Zettel?«, fragte der Optiker. Ich hielt ihm mein kariertes Ringbuchblatt hin, und der Optiker las vor:

Marlies: sympathischer
Optiker: kein Buddhismus
Elsbeth: weniger Aberglauben
Selma: weniger skeptisch
Palm: weniger Bibelzitate
Mama: weniger abwesend wirken
Ich: weniger verstockt, weniger erschrocken, weniger besorgt, neue Hose

Der Optiker fasste sich in seinen unteren Rücken. »Ich dachte, es geht im Buddhismus um Authentizität«, sagte er. »Ja«, sagte ich, »aber nicht unbedingt um unsere.«

»Neue Hose finde ich gut«, sagte Selma.

»Aber warum denn keine Bibelzitate?«, fragte der Optiker.

»Ich dachte, das bringt ihn vielleicht auf, so als Buddhist«, sagte ich, als seien Buddhismus und Christentum konkurrierende Fußballvereine.

»Ich dachte, er ist nicht im Dienst«, sagte der Optiker, und Selma sagte: »Und ich dachte, einen Buddhisten bringt gar nichts auf. Aber da sollte ich vielleicht etwas skeptischer sein.«

»Es geht im Buddhismus ja übrigens auch um das Aufgeben der Kontrolle«, sagte der Optiker und steckte seinen Kopf wieder in das Perimeter.

»Komm«, sagte Selma zu mir, »wir gehen spazieren. Es ist fast halb sieben, und ich glaube, du musst dringend mal an die frische Luft.«

Wir gingen über die Uhlheck, es stürmte, der Wald rauschte, wir hatten unsere Mantelkragen hochgeschlagen, der Wind wehte mir die Haare ins Gesicht, und Selma manövrierte ihren Rollstuhl über den aufgeweichten Feldweg.

Selma war nicht mehr gut zu Fuß, wollte aber keinesfalls auf ihren täglichen Spaziergang über die Uhlheck verzichten, deshalb hatten wir einen Rollstuhl angeschafft, einen Rollstuhl mit dicken Rädern wie die eines Mountainbikes. Selma wollte sich nicht schieben lassen. Sie holperte immer eine Weile in ihrem Rollstuhl neben mir her, dann erhob sie sich und schob ihn wie einen Rollator.

Selma führte ihre Gedanken spazieren und las derweil meine, die sich, besonders, seit Frederiks Besuch näher rückte, nicht spazieren führen ließen, sondern sich um mich und die umstehenden Bäume wickelten wie Buchstabengirlanden.

»Warum machst du dir so viele Sorgen«, fragte Selma, »warum bist du so nervös?«

Ich sah dem Rollstuhl zu, wie er sich durch den Matsch mühte, und sagte: »Heinrich, der Wagen bricht.«

Selma sah mich von der Seite an. »Das glaube ich nicht«, sagte sie.

»Ich habe solche Angst, dass er uns alle seltsam findet.«

»Er ist doch selber seltsam«, sagte Selma, »bricht da durchs Unterholz und isst ein Mars.«

Der Rollstuhl steckte mit einem Rad in einer Matschpfütze, Selma rüttelte ihn heraus. »Das ist aber nicht alles, oder?«, fragte sie.

»Nein«, sagte ich. Seit Frederiks Besuch näher rückte, war ich damit beschäftigt, mein Herz zu beargwöhnen, wie die Leute im Dorf nach Selmas Traum. Das Herz war so viel Aufmerksamkeit nicht gewohnt und klopfte deshalb verstörend schnell. Ich erinnerte mich, dass es bei einem aufziehenden Herzinfarkt in einem Arm kribbelt, aber nicht, in welchem, deshalb kribbelte es in beiden Armen.

»Du verwechselst da was«, sagte Selma.

Die Liebe ereilt einen, dachte ich, sie tritt ein wie der Gerichtsvollzieher, der vor Kurzem bei Bauer Leidig im Nachbardorf erschienen war. Die eintretende Liebe, dachte ich, klebt einen Kuckuck auf alles, was man hat, und sagt: »Das gehört dir jetzt alles nicht mehr.«

»Du verwechselst da was, Luise«, sagte Selma, »das ist nicht die Liebe, das ist der Tod.«

Sie legte einen Arm um mich, es sah aus, als schöbe sie jetzt mich und den Rollstuhl durch den Matsch. »Und es gibt da einen feinen Unterschied«, sagte sie und lächelte, »aus dem Reich der Liebe sind schon welche zurückgekommen.«

Während Selma und ich über die Uhlheck gingen, überprüfte der Optiker die zahllosen Linsen in seinem Phoropter. Er konnte in diesem Phoropter natürlich nicht sehen, dass Herr Rödder morgen wieder über Alaska schimpfen und reichlich *Blue Ocean Breeze* versprühen würde. Er konnte nicht sehen, dass es eine Planänderung geben und mein defekter, geschwätziger Anrufbeantworter sprachlos sein würde angesichts der Nachricht, dass Frederik früher kam, dass er so gut wie schon da war. Der Optiker konnte nicht sehen, dass ich Frederik entgegenlaufen würde, und auch nicht, dass wir auf dem Treppenabsatz nicht wissen würden, ob und wie wir uns umarmen sollten. Er konnte nicht sehen, wie Frederik lachte und sagte: »Du schaust mich an, als wäre ich der Leibhaftige. Ich bin es nur, Frederik. Wir hatten telefoniert.«

Und falls er es doch sehen konnte, verschwieg er es.

Felicità

»Du bist zu früh«, sagte ich, als Frederik und ich vor meiner Wohnungstür standen, und das war der blödeste aller möglichen ersten Sätze.

»Ich weiß, es tut mir leid«, sagte Frederik, »es hat sich was verschoben. Du zitterst«, sagte er dann, »du bebst ja richtig.«

»Das ist ganz normal«, sagte ich, »das ist bei mir immer so.«

Von der Wohnungstür gegenüber fiel ein kleiner Salzteigkranz ab und zersprang in tausend Stücke. Frederik sah hinüber zu den Scherben, dann wieder zu mir.

»Es ist alles nicht wirklich gut befestigt«, sagte ich.

Frederik schaute mich mit einer Freundlichkeit und Aufmerksamkeit an, die schwer auszuhalten war. »Komm doch rein«, sagte ich und hielt ihm die Tür auf.

In meinem winzigen Flur lagerten zwei Umzugskisten mit Dingen aus der Praxis meines Vaters. Er hatte seine Sachen überall verteilt, einige Kartons standen in Elsbeths Keller, einige bei mir, das meiste war bei Selma.

Auch Alaska stand im Flur, und es war so eng, als seien wir alle drei in einen Schrank geflohen. Frederik versuchte, sich zu Alaska herunterzubeugen, aber für ein Herunterbeugen hätte man mehr Platz gebraucht.

»Was ist das denn?«, fragte er und deutete auf einen durchsichtigen Plastikbehälter, der oben auf den Kisten lag. »Das sind Instrumente für den Hals-Nasen-Ohren-Bereich«, sagte ich. »Gibt es denn noch ein weiteres Zimmer?«, fragte Frederik.

»Hier«, sagte ich und schob Frederik in mein Zimmer.

Ich versuchte, mein Zimmer wie Frederik zum ersten Mal zu sehen. Das Klappsofa mit einer Decke für Alaska darauf, das Bücherregal, das schon in meinem Kinderzimmer gestanden hatte, das Bett, das eine Matratze auf einem Lattenrost war, die in einer Ecke gestapelten Leseexemplare. Frederik schaute auf das Regal, sah dann schnell weg und ging zielstrebig auf ein kleines Foto an der Wand zu. Das Foto war das Einzige in der gesamten Wohnung, was ich nicht abgewischt hatte.

»Das ist so bei Besuch«, hatte Selma einmal gesagt, »man putzt alles, und dann steuert der Besuch sofort auf die eine Stelle zu, die man vergessen hat.«

»Das ist Martin«, sagte ich. Martin und ich waren auf dem Bild vier Jahre alt. Selma hatte es zu Karneval aufgenommen. Ich war als Veilchen gegangen, mit einem viel zu großen violetten Hut von Elsbeth auf dem Kopf, Martin als Erdbeere. Der Optiker hatte sich Kunstrasen um die Schultern gelegt und überzeugte als Beet. Er trug Martin auf dem Arm.

»Das Regal ist schief«, sagte Frederik, ohne den Blick von dem Foto abzuwenden.

»Hast du Hunger?«, fragte ich.

»Sehr.«

»Ich habe mir was überlegt. Es gibt hier ein japanisches Restaurant, die haben ein Gericht, das heißt *Fastenspeise der Buddhisten*, ich dachte …«

»Um ehrlich zu sein«, sagte Frederik, »ich habe Hunger auf Pommes. Pommes mit Ketchup.«

Wir gingen durch die Kreisstadt, Alaska zwischen uns, und ich wunderte mich darüber, dass die Leute Frederik und seine Schönheit nicht unentwegt anstarrten, dass es keine Auffahrunfälle gab, dass die Leute sich nicht die Hälse verrenkten und gegen Laternenpfähle liefen, dass das Paar, das diskutierend an uns vorbeilief, nicht auf Nimmerwiedersehen seinen Faden verlor. Ein paar Leute schauten uns aus den Augenwinkeln an, aber sie schauten bloß wegen der Kutte.

Wir gingen in einen Imbiss. Es gab zwei Stehtische, einen Spielautomaten, über einem der beiden Tische lief ein kleiner Fernseher. Der Spielautomat blinkte und dudelte. Es roch nach altem Fett.

»Ist das schön hier«, sagte Frederik, und er meinte das ernst.

Frederik aß vier Schälchen Pommes frites. »Möchtest du auch?«, fragte er immer wieder, nachdem ich mein Schälchen aufgegessen hatte, und hielt mir Pommes an einer Plastikgabel hin. »Das ist ganz hervorragend.« In dem Fernseher über uns traten gerade Al Bano und Romina Power auf, *Felicità* sangen sie. »Dabei fällt mir ein: Wie läuft es denn eigentlich zwischen deiner Mutter und dem Eisverkäufer?«, fragte Frederik und drückte ein weiteres Päckchen Ketchup auf seine Pommes.

»Gut. Aber ich glaube, meine Mutter liebt meinen Vater immer noch.«

»Hervorragend«, sagte Frederik, »und dein Vater?«

»Der ist auf Reisen.«

»Und dieser Optiker? Hat er sich deiner Großmutter offenbart?«

»Nein.«

»Hervorragend«, sagte Frederik und steckte sich fünf Pommes auf einmal den Mund.

Ich lächelte ihn an. »Was isst du denn so in Japan?«

»Reis mit wenig, hauptsächlich«, sagte Frederik und wischte sich Ketchup aus den Mundwinkeln. »Ist noch Cola da? Komm, ich hole uns noch Cola.«

Frederik stand auf und ging zum Kühlschrank neben der Theke, vorbei an dem Mann am Spielautomaten, der sich nicht mal nach Frederik umdrehte. Plötzlich war ich froh, dass wir ins Dorf fahren würden. So würde es Menschen geben, die später bestätigen könnten, dass Frederik wirklich da gewesen war. Der Mann am Spielautomaten und der Imbissverkäufer wären keine brauchbaren Zeugen, sie waren unbegreiflicherweise mit anderen Dingen beschäftigt als mit Frederik, mit Glücksspiel und mit Friteusen.

Als Frederik wieder bei mir war, strahlte er mich an mit seinen hellen Augen, die, wie der Optiker später erläutern würde, cyanblau waren, als sei die Cola ein geborgener Schatz. Er hielt mir eine Flasche hin, ich nahm sie und stellte fest, dass ich nicht mehr zitterte. Es ist schön, dass du da bist, dachte ich. Frederik lachte und lehnte sich zurück. »Es ist schön, dass ich da bin«, sagte er erleichtert, als sei er sich da keinesfalls sicher gewesen.

Die Nacht verbrachten wir mit einer Armeslänge Abstand, er auf der Klappcouch, ich in meinem Bett. Die Kutte lag auf dem Stuhl wie ein ohnmächtig gewordenes Gespenst. Ich hatte befürchtet, dass Frederik darunter spezielle Buddhistenunterwäsche trug, die aussah wie die Hosen von Sumoringern, aber er trug das, was normale Leute tragen.

Frederik hatte die Klappcouch so justiert, dass er keinesfalls auf das schiefe Regal schauen musste. Beide sahen wir an die Zimmerdecke, als habe jemand angekündigt, dass sich dort in wenigen Minuten eine preisgekrönte Dokumentation abspielen würde. Ich hatte nicht gewusst, wie auffällig ich nicht schlief, bis Frederik irgendwann sagte: »Du musst jetzt mal schlafen, Luise.«

»Ich bin doch ganz still«, sagte ich, und Frederik sagte: »Man hört bis hierher, wie du ganz still bist.«

Tief in der Nacht, während Frederik und ich immer noch geduldig auf die Dokumentation warteten, schreckte meine Mutter in Albertos Bett aus dem Schlaf hoch.

Es war drei Uhr, Alberto lag nicht neben ihr, er stand oft nachts auf, um unten im Eiscafé einen neuen Becher zu komponieren. Meine Mutter blickte auf die leere Stelle neben sich, die zurückgeschlagene Bettdecke. Es dauerte ein wenig, bis sie begriff, dass außer Alberto noch etwas anderes fehlte.

Es war die ewige Frage, ob sie meinen Vater verlassen sollte. Die Frage war weg, und meine Mutter wusste plötzlich genau, dass sie nie wiederkommen würde, weil meine Mutter im Moment des Hochschreckens meinen Vater verlassen hatte.

Sie ließ sich in die Kissen zurücksinken und schaute auf die nackte, dunkle Glühbirne über Albertos Bett.

Man konnte über Jahre in der schlechten Gesellschaft einer Frage leben, man konnte sich von ihr ausnehmen lassen, und dann verschwand sie in einer einzigen Bewegung, in einem einzigen Moment eines Hochschreckens. Meine Mutter verließ meinen Vater, und dass der sie bereits vor einiger Zeit verlassen hatte, tat überhaupt nichts zur Sache. Meine Mutter hatte eine Zeitverschiebung, deshalb verließ sie ihn aus ihrer Sicht zuerst.

Und natürlich merkte mein Vater das. Er merkte es weit weg in Sibirien, und er rief genau in der Sekunde, in der meine Mutter hochschreckte, von einem Münzfernsprecher aus bei ihr an und erreichte sie nicht, weil sie in Albertos Bett saß und ihn verließ. Deswegen hatte mein Vater in der sibirischen Telefonzelle nichts in der Hand außer einem schier endlosen Freizeichen, und Selma, unten in ihrer Wohnung, presste sich das Kopfkissen aufs Ohr, weil es über ihr läutete und läutete und läutete.

Nachdem meine Mutter hochgeschreckt war, konnte sie nicht mehr einschlafen. Sie zog sich an und ging grußlos an Alberto vorbei aus der Eisdiele in das stille Dorf. Sie betrachtete die geschlossenen Gesichter der Häuser, die sie seit Jahrzehnten auswendig kannte und die ihr erst jetzt zum ersten Mal nahestanden. Während sie durch die Straßen ging, breitete sich nach und nach all der Raum aus, den sie durch das Verschwinden der Frage gewann.

Die Fingerspitzen meiner Mutter, die kalt gewesen waren, solang sie denken konnte, wurden plötzlich warm. Meine Mutter war nicht gut im Trennen, aber sie war sehr gut im Getrenntsein.

Sie lief lange durchs Dorf, länger, als unser Dorf eigentlich ist, sie wollte mich nicht wecken, aber sie war so glücklich über all den Platz, den sie auf einmal hatte, dass sie gegen sechs Uhr morgens nicht länger warten konnte. Sie ging zur Telefonzelle neben dem Einzelhändler. Über der Tür des Geschäfts ging gerade flackernd die Leuchtschrift an, vor dem Geschäft hielt der Lieferant.

Frederik und ich schreckten hoch, als das Telefon klingelte, ich erschrak, weil ich wusste, dass so früh nur bei unaufschiebbarem Sterben oder unaufschiebbarer Liebe das Telefon klingelt, und weil alles, was die Liebe für Unaufschiebbarkeit gebraucht hätte, auf meinem Klappsofa lag, dachte ich: Jetzt ist jemand gestorben.

»Entschuldige, dass ich euch wecke, Luise«, sagte meine Mutter. »Ich muss dir unbedingt etwas erzählen. Ich habe deinen Vater verlassen«, sagte sie, »ich bin jetzt alleine.« Sie sagte das so aufgeregt, wie andere verkünden: »Ich habe jemanden kennengelernt.«

»Glückwunsch«, sagte ich.

»Und ich wollte dir sagen«, meine Mutter atmete tief durch, »ich wollte dir sagen, dass es mir sehr leidtut, dass ich nie wirklich für dich da gewesen bin.«

Ich fuhr mir mit der Hand über mein Gesicht. Genauso gut, fand ich, hätte meine Mutter sich für eine Jahreszeit entschuldigen können.

Um irgendwas zu sagen, sagte ich: »So war das eben.«

Meine Mutter sah zu dem Lieferwagen. Der Lieferant des Einzelhändlers schob gerade einen mannshohen, mit grauer Plane abgedeckten Gitterwagen voller Lebensmittel in das Geschäft und blieb auf halbem Wege stehen, um sich den Schuh zuzubinden. Und wenn jetzt plötzlich Elsbeth aufgetaucht wäre und »Schau mal, Astrid«, gesagt hätte, »das sieht doch genauso aus wie eine graue, ungeheuerliche Wand aus Reue, vor der wir alle irgendwann knien«, dann hätte meine Mutter gesagt: »Ja, ganz genauso sieht das aus.«

»Damit muss ich leben, dass das eben so war«, sagte meine Mutter in den Hörer.

»Ja«, sagte ich, »ich tue das auch. Schon eine Weile lang. Es geht eigentlich ganz gut.«

»Schlaf noch ein wenig, Luischen«, sagte meine Mutter, und ich wollte jetzt wirklich sehr gerne schlafen, Frederik ebenfalls, wir wollten keinesfalls länger auf die Dokumentation warten, aber als ich aufgelegt hatte, klingelte das Telefon gleich noch mal, und wieder war es nicht Tod, sondern Liebe.

»Was ist denn noch?«, fragte ich.

»Ich bin's«, sagte mein Vater.

»Ist was passiert?«

»Nein.«

»Warum rufst du dann so früh an?«

»Ich kann Astrid nicht erreichen«, sagte mein Vater, »und ich wollte dir was sagen.«

»Es tut mir sehr leid, dass ich nie wirklich für dich da gewesen bin«, sagte ich.

»Was?«, sagte mein Vater. »Du bist doch immer für mich da.«

»Das war ein Witz.«

»Wie bitte?«, fragte er. »Ich verstehe dich nicht so gut, die Verbindung ist sehr schlecht. Was ich, was ich dir sagen wollte.«

»Bist du betrunken?«

»Ja. Ich wollte dir sagen: Ich musste deine Mutter damals verlassen, ich hatte gar keine Wahl. Man kann nicht für immer mit jemandem zusammen sein, der sich ständig fragt, ob er einen verlassen soll.«

»Hast du wirklich nicht mit Mama gesprochen?«

»Nein«, rief mein Vater, »ich sag doch, ich kann sie nicht erreichen.«

»Und warum wolltest du mir das sagen?«

»Weil ich deine Mutter nicht erreichen kann«, sagte er knisternd.

»Ich bin auch gerade nicht gut zu erreichen, Papa.«

»Nur eins noch, Luischen«, sagte mein Vater. »Wenn Leute in Sibirien in den Wald gehen und dann einzeln ausschwärmen, rufen sie in regelmäßigen Abständen die Namen der anderen, und die anderen sagen dann: Ja, ich bin hier, und dann können alle sicher sein, dass niemand gerade von einem sibirischen Bären bedroht wird, und jetzt kann ich Astrid nicht erreichen.«

»Ich habe gerade Besuch«, sagte ich, »und zwar nicht von einem sibirischen Bären.«

»Oh Gott, Luise, das tut mir leid, das hatte ich vergessen«, sagte mein Vater, »herzliche Grüße.«

Ich legte auf, ging zurück in mein Zimmer, legte mich ins Bett, zog die Decke bis unters Kinn hoch und schaute zu Frederik hinüber. »Du siehst aus wie der müdeste Mensch der Welt«, sagte er besorgt.

»Mein Vater kann meine Mutter nicht erreichen, weil sie ihn verlassen hat, weil er sie verlassen hat, weil sie sich immer gefragt hat, ob sie ihn verlassen soll«, sagte ich. »Und herzliche Grüße.«

»Können die dich damit nicht in Ruhe lassen?«, fragte Frederik und legte sich wieder hin. »Gib mal deine Hand.«

Ich rutschte an den Rand meines Bettes und streckte meinen Arm aus, er war exakt so lang, dass Frederik meine Hand nehmen konnte. So lagen wir da.

»Fahren wir morgen ins Dorf?«, fragte ich.

»Sehr gern«, sagte Frederik.

So lagen wir da, bis Frederik doch noch eingeschlafen und seine Hand aus meiner gefallen war.

Fünfundsechzig Prozent

Frederik und ich saßen in meinem Auto, es goss in Strömen, die Scheibenwischer wedelten hektisch hin und her. »Ich kann fast überhaupt nichts sehen«, sagte ich.

Frederik beugte sich zu mir herüber und wischte mit seinem Jackenärmel über die Scheibe. Er summte ein Lied, das ich nicht kannte. Ich dachte an die Liste, mit der ich durchs Dorf gegangen war, und hoffte, dass noch mehr Punkte eingehalten werden würden als nur die neue Hose, die ich mir tatsächlich gekauft hatte. Ich beugte mich sehr nahe an die überströmte, beschlagene Windschutzscheibe, als gelte es, dort etwas zu entziffern. Alaska schlief auf dem Rücksitz und fand das alles recht gemütlich.

»Atmen, Luise«, sagte Frederik und wischte weitere Sichtlöcher frei. Das sagte auch der Optiker immer, seit er buddhistische Bücher las. »Ich atme schon mein Leben lang«, sagte ich.

Frederik legte mir seine Hand auf den Bauch. »Ja, aber hierhin«, sagte er. »Man soll nicht immer nur obenrum atmen.«

Selma hatte recht gehabt. Ich hatte etwas verwechselt. Frederik ereilte mich nicht wie ein Gerichtsvollzieher oder ein Herzinfarkt, und auch die Verstockung war weisungsgemäß ausgeblieben. Hier ist es, dachte ich, das hoch gehandelte Hier und Jetzt, von dem der Optiker immer spricht. Hier war ich, obwohl ich fast überhaupt nichts sehen konnte, mitten im Hier und Jetzt statt wie sonst im Wenn und Aber, und ich nahm Frederiks Hand, und dann krachte es sehr laut, und ich war sicher, dass das ein Band war, ein Band, das von meinem Herzen sprang, aber es war der Hubkolben.

Frederik lief mit Selmas Nummer durch den Regen zu einer Telefonzelle, um ihr mitzuteilen, dass wir uns verspäteten, und um sie zu bitten, die ADAC-Karte des Optikers ins Spiel zu bringen und einen Mechaniker zu schicken. Alaska und ich warteten im Auto, und plötzlich merkte ich, wie meine Füße nass wurden. Ich sah nach unten. Um Kupplung, Bremse und Gaspedal hatte sich eine tiefe Pfütze gebildet. Ich schaute nach hinten, zwischen die Sitze, und auch dort stand Wasser. Ich stieg aus und ging mit Alaska um das Auto herum, ohne genau zu wissen, wonach ich suchte.

Frederik kam klitschnass zurückgelaufen, die Kutte unter seiner Jacke klebte an seinen Beinen. Ich öffnete die Wagentür und deutete in den Fußbereich. Frederik beugte sich über den Fahrersitz. »Wie ist denn das da reingekommen?«

»Ich habe nicht die leiseste Ahnung«, sagte ich, »es war plötzlich einfach da. Ich bin lieber ausgestiegen, wegen der Elektrizität.«

Wir standen am Seitenstreifen in der Novemberkälte und wurden vollgeregnet, und ich dachte daran, wie der Optiker Selma und mir vorgelesen hatte, dass es in jedem Moment etwas Schönes zu entdecken gibt. Ich klopfte Frederik auf den Unterarm und deutete auf den Asphalt. »Schau mal, das Farbenspiel in der Pfütze dort.«

»Ich fürchte, das ist Öl«, sagte er.

Der Mechaniker kam und war sehr gut gelaunt. »Haben wir schon Karneval?«, lachte er und deutete auf Frederiks Kutte. »Offensichtlich«, sagte Frederik und deutete seinerseits auf den weißen Regenanzug des Mechanikers, der aussah wie von der Spurensicherung.

Der Mechaniker begutachtete den Motor. »Das wird nichts mehr«, sagte er, »Kolbenfresser.«

»Da ist auch Wasser im Fußbereich«, sagte ich, »obwohl der Wagen völlig dicht ist.«

Der Mechaniker zog die Augenbrauen hoch und ging mit einer Langsamkeit, die so gar nicht zum Wetter passte, um das Auto herum. Er überprüfte die Fenster, das Dach, die Türen. Dann legte er sich unters Auto. Weil ich an die buddhistischen Sätze des Optikers dachte, fragte ich nicht, ob das alles vielleicht auch ein bisschen schneller ginge.

»Und?«, fragte Frederik, als der Mechaniker wieder unter dem Auto hervorkam.

»Ehrlich gesagt: Ich kann mir überhaupt nicht erklären, wie das Wasser da reinkommt«, sagte der Mechaniker bestürzt. Offenbar gab es sonst nicht viel, was er sich nicht erklären konnte.

Alaska zitterte. Ich zitterte noch mehr, Frederik legte seinen Arm um mich. Er zitterte auch. Schließlich zuckte der Mechaniker mit den Schultern. »Wasser sucht sich seinen Weg«, sagte er.

»Das stimmt wohl«, sagte Frederik, »und jetzt?«

»Jetzt fahr ich Sie«, sagte der Mechaniker und band mein Auto an seines.

Frederik setzte sich in mein Auto, ich setzte mich mit Alaska in das des Mechanikers, um ihm den Weg zu zeigen. Er hatte eine Plane unter Alaska und eine unter mich gelegt, damit wir nicht alles volltropften.

»Wasser sucht sich seinen Weg, egal, wie gut etwas abgedichtet ist«, sagte er. Das Duftbäumchen an seinem Rückspiegel hieß *Grüner Apfel*, roch aber genauso wie Herrn Rödders Ozeanspray. Es bemühte sich, gegen den nassen Hund anzuduften, es bemühte sich ebenso emsig und erfolglos, wie sich die Scheibenwischer gegen den Regen bemühten.

Ich drehte mich um und winkte Frederik zu, er winkte zurück.

»Der Mensch besteht ja zu fünfundsechzig Prozent aus Wasser«, sagte der Mechaniker. Ich strich mir die nassen Haare aus dem Gesicht. »Ganz besonders heute«, sagte ich.

Vor uns tauchte das Ortsschild auf. Der Mechaniker und Frederik hielten vor dem Hang am Haus. Davor standen, unter einem Regenschirm, Selma und der Optiker.

Tausend Jahre zur See

Sie kamen uns entgegen, Selma spannte einen weiteren Schirm auf. »Konnichiwa«, sagte der Optiker und verbeugte sich tief, und Frederik verbeugte sich ebenfalls.

Frederik und Selma gaben sich die Hand und schauten sich dabei sehr lange an. »Sie sehen gar nicht nach Japan aus«, sagte Selma, »eher nach Hollywood.«

Der Optiker und ich dachten an die mehreren Leben, die man im Buddhismus hat, denn die Art, wie Selma und Frederik sich ansahen, legte nahe, dass sie sich in mindestens einem der Leben schon mal begegnet waren, und zwar nicht so nebenher, sondern weil sie gemeinsam einen Weltuntergang abgewendet hatten oder in derselben Familie groß geworden waren.

»Sie sehen auch nicht so aus, wie ich Sie mir vorgestellt habe«, sagte Frederik. »Sie sehen aus wie jemand aus dem Fernsehen. Ich komme nur gerade nicht auf den Namen.«

Und das war der Moment, in dem wir es endlich auch sahen. Mein Gott, er hat recht, dachten der Optiker und ich, und wir konnten nicht fassen, dass es uns unser ganzes aktuelles Leben lang nie aufgefallen war.

Selma zog die Augenbrauen zusammen, weil der Optiker und ich sie anstarrten, als sähen wir sie zum ersten Mal. »Kommt schnell rein«, sagte sie, und wir gingen ins Haus.

»Vorsicht, da nicht drauftreten.« Der Optiker deutete sicherheitshalber schon vom Flur aus auf die rot umrandete Stelle in der Küche. »Da besteht Durchbruchgefahr. Ich habe den Bereich markiert.« Frederik schaute durch die Küchentür, auf die rote Umrandung. »Es gibt diese Stelle schon länger«, sagte der Optiker, »ich weiß, das ist eigentlich kein Zustand«, und Frederik lächelte und sagte: »Offenbar schon«, und dann zog er seine Schuhe aus, und deswegen taten wir anderen das auch.

Selma holte Handtücher und einen Bademantel, dann gingen wir in die Küche. Ich versuchte, den Raum wie Frederik zum ersten Mal zu sehen. Die gelben Tapeten, den hellblauen Büfettschrank mit grauen, gefältelten Gardinen in den Glastüren, die Eckbank, den alten, zerkratzten Holztisch. Das graue Linoleum mit der kreisrunden, rot umrandeten Stelle in der Nähe des Fensters, von der Martin einmal gesagt hatte, sie sähe in dem grauen Boden aus wie das Auge eines Wals, ein Auge mit totaler Lidrandentzündung rundherum, und den Boiler über der Spüle, auf dem immer noch die Hanuta-Sammelbildchen von Martin und mir klebten: ein angebissener, grinsender Apfel, der sagte: »Ich hab heut Biss«, eine energische Walnuss, die rief: »Lass knacken«. Ich versuchte, die Makramee-Eule an der Wand neu zu sehen, die die Frau des Einzelhändlers Selma geschenkt hatte, die leinenweißen Vorhänge, die genau bis zur Fensterbank reichten.

Es gelang mir nicht, es war wie der Versuch, vorsätzlich etwas zu verlieren.

Selma hatte einen Rosenkohlauflauf im Ofen, den machte sie immer für Gäste, die zum ersten Mal kamen, weil bei dem Auflauf nichts schiefgehen konnte. Durch die vom Kochen beschlagenen Fensterscheiben sahen wir, wie der Regen draußen noch stärker wurde, es regnete, als hätten alle Wasserfälle der Welt beschlossen, heute ausnahmsweise hier herunterzufallen.

Auf dem Küchentisch lag, neben einer Packung Mon Chéri, ein buddhistisches Buch des Optikers. Er ließ es schnell in Selmas Besteckschublade verschwinden. »Darf ich?«, fragte Frederik und deutete auf die Packung Mon Chéri. »Selbstverständlich«, sagte Selma.

»Köstlich«, sagte er und nickte ernst, und Selma nickte ernst zurück, als wäre Mon Chéri eine hochspezielle Wissenschaft, in der es weltweit nur wenige Experten gab.

»Ihr tropft beide«, sagte Selma schließlich. »Oh, Entschuldigung«, sagte Frederik, nahm mit einer Hand den Bademantel und ein Handtuch und mit der anderen ein weiteres Mon Chéri.

Der Optiker begann, den Tisch abzuräumen, Selma begann, in der Soße auf dem Herd zu rühren, und als die Badezimmertür hinter Frederik schloss, fuhren beide herum und liefen zu mir hin.

»Alles in Ordnung? Kribbeln in den Armen?«, fragte Selma. »Verstockungsgrad?«, fragte der Optiker. Sie schauten mich an wie eine Notfallpraxis.

Ich strich Selma über die Haare, die jetzt endlich als die Haare Rudi Carrells erkannt worden waren. »Alles in Ordnung«, sagte ich, »Verstockung kaum messbar, stabiler Allgemeinzustand.«

»Dann ist ja gut«, sagte Selma, und Frederik kam in ihrem Bademantel und mit seiner klatschnassen Kutte über dem Arm zurück, und jetzt ging ich ins Badezimmer, mit einem Kleid von Selma.

Während der Auflauf im Ofen war, saß Frederik in Selmas Bademantel auf der Heizung im Wohnzimmer, genau an der Stelle, von der aus die Verstockung und ich zum ersten Mal mit ihm telefoniert hatten.

Im Wohnzimmer war es noch aufgeräumter, als es ohnehin schon bei Selma war. Die kerzengeraden Bücherregale waren entstaubt, die Zeitschriften auf dem Sofatisch lagen ganz genau übereinander, die Kissen auf dem roten Sofa sahen aus, als hätte sich noch niemals jemand an sie gelehnt.

Frederik sah Selma zu, wie sie unsere nassen Sachen auf den Wäscheständer hängte. »Darf ich Ihnen helfen?«, hatte er gefragt, aber Selma hatte natürlich abgewunken: »Auf keinen Fall«, hatte sie gesagt, »werden Sie erst mal wieder trocken, Sie pudelnasser Mönch.«

Selma hängte alles so sorgfältig auf, als sollte die Wäsche dort für immer hängen bleiben, als würden nachfolgende Generationen aus der Art der Wäschehängung wertvolle Schlüsse ziehen können.

»Sie sind eine gute Buddhistin«, sagte Frederik. Selma befestigte eine letzte Wäscheklammer an meiner Hose und drehte sich zu ihm um. »Schön, dass das endlich mal jemand merkt«, sagte sie.

Nachdem wir jeder zwei und Frederik vier Portionen Auflauf gegessen hatten, legte der Optiker sein Besteck auf dem Teller zusammen und räusperte sich.

»Ich wollte Sie mal ganz kurz etwas fragen«, sagte er und schaute mich dabei aus den Augenwinkeln an. »Stimmt es eigentlich, dass etwas verschwinden kann, wenn wir versuchen, es zu sehen, es aber nicht verschwinden kann, wenn wir nicht versuchen, es zu sehen?«

Ich trat dem Optiker unterm Tisch gegen das Bein.

»Mich interessiert das jetzt gar nicht aus buddhistischer Sicht«, sagte er schnell, »sondern aus rein beruflichen Gründen.«

Frederik wischte sich über den Mund. »Das weiß ich auch nicht«, sagte er, »da muss ich drüber nachdenken«, und Selma deutete aus dem Fenster, wo drei beschirmte Gestalten den Hang hochkamen, es waren Elsbeth, der Einzelhändler und Palm.

Selma öffnete die Tür.

»Hallo«, sagte Elsbeth und hielt ihr einen Küchenmixer entgegen. »Ich wollte dir endlich mal den Mixer zurückbringen. Ich war zufällig gerade in der Nähe.«

»Genau, und wir haben auch Eis mitgebracht«, sagte der Einzelhändler hinter Elsbeth, der ein riesiges eingewickeltes Tablett auf den Armen trug.

Selma trat zur Seite, und die drei kamen hintereinander in die Küche. Ich rutschte näher an den Optiker heran und war mir nicht mehr sicher, ob es tatsächlich gut war, die Welt hereinzulassen. Der Optiker lächelte mich an. »Es geht im Buddhismus ja auch darum, jedem Erleben bedingungslos zuzustimmen«, flüsterte er.

Elsbeth hatte sich herausgeputzt, sie trug ein schwarzes Kleid mit riesigen violetten Blumen, einen violetten Hut mit einem schwarzen, durchbrochenen Schleierchen und einem Veilchenstrauß an der Krempe. Frederik stand auf, und Elsbeth streckte ihm die Hand entgegen. »Sie sind das also«, sagte sie strahlend, »wir haben Sie alle schon sehnlichst erwartet.«

»Danke«, sagte Frederik, »was für ein hübscher Hut.«

Elsbeth wurde rot. »Finden Sie?«, fragte sie und griff sich an das Veilchensträußchen. »Übrigens: Wenn man an Veilchen riecht, kriegt man entweder Sommersprossen oder wird verrückt.«

»Elsbeth, bitte«, flüsterte ich, und sie wurde noch röter. »Also, das behaupten jedenfalls manche Leute«, sagte sie schnell, »ich persönlich würde so was ja nie, also, ich halte das ja für –« Elsbeth schaute sich um, in der Hoffnung, dass ihr jemand aus dem Satz heraushelfen könnte, aber keiner wusste, wie. »Wir sind übrigens gerade mit den Turbulenzen bei den Vorbereitungen zum Weihnachtsfest beschäftigt«, sagte sie dann, »im Dorfgemeinschaftshaus. Wir überlegen, ob es am Nachmittag oder am Abend stattfinden soll. Es ist«, Elsbeth sah aus, als versuche sie, sich an etwas zu erinnern, das sie vor langer Zeit auswendig gelernt hatte, »es ist wirklich hochinteressant.«

Frederik beugte sich vor und roch an dem Veilchensträußchen. »Ich hoffe auf Sommersprossen«, sagte er. »Was ist denn da in dem Paket?«

»Guten Tag«, sagte der Einzelhändler und schob sich vor Elsbeth, »ich bin der Einzelhändler.« Er entfernte das Papier von seinem Papptablett. Darauf standen sieben Pappeisbecher mit Schirmchen. »Das ist aus dem Eiscafé. Wir haben hier zweimal die *Heimliche Liebe* mittel, einmal *Brennendes Verlangen*«, er hielt die jeweiligen Becher hoch und stellte sie auf den Tisch, »einmal *Flammende Versuchung,* und hier ganz was Feines: die neueste Kreation von Alberto, *Tropicbecher Astrid*. Sie kommt auch gleich noch vorbei.«

»Köstlich«, sagte Selma und zog den Tisch aus. Wir rückten zusammen, alle nahmen Platz, ganz am Rande Palm, der noch gar nichts gesagt hatte und dasaß wie ein schüchterner Zehnjähriger. Die Strähne auf seinem Kopf stand ab. Aus Platzgründen legte der Optiker seinen Arm auf die Lehne der Küchenbank hinter Palm und achtete sorgfältig darauf, ihn nicht zu berühren.

»Das ist Herr Werner Palm«, sagte Selma, und Frederik reichte ihm über den Tisch hinweg die Hand. »Freut mich, Sie kennenzulernen.« Palm schwieg, lächelte und nickte.

»Erzählen Sie doch mal«, sagte Elsbeth, »wie ist es denn so im Kloster?«

»Wieso sind Sie ausgerechnet Buddhist geworden?«, fragte der Einzelhändler. »Haben Sie nie an einen Ausbildungsberuf gedacht?«

»Gibt es in Ihrem Leben auch eine Buddhistin?«, fragte Elsbeth.

»Mich persönlich würde interessieren, wie flammende Versuchung und heißes Verlangen mit unbeirrbarem Gleichmut zusammenpasst«, sagte der Einzelhändler, »leben Sie zölibatär?«

»Unser Optiker hat erzählt, dass man während der Meditation manchmal von anderen Mönchen verprügelt wird«, sagte Elsbeth, »ist das wirklich wahr?«

»Können Sie mal was auf Japanisch sagen?«, fragte der Einzelhändler.

»Jetzt seid doch bitte alle mal still«, sagte ich laut, und alle sahen mich an, als sei das ein ausgesprochen unpassender Vorschlag, den man besser überhörte, und dann sahen wieder alle zu Frederik. Er legte seinen Löffel neben das *Heiße Verlangen* und sagte, im Kloster sei es zumeist sehr still und dass Buddhismus tatsächlich ein Ausbildungsberuf wäre, nein, sagte er, es gäbe in seinem Leben keine Buddhistin, jedenfalls keine, der ein Zölibat im Wege stünde, und in der Tat bekäme man während der Meditation manchmal einen Stockschlag verpasst, allerdings einen sehr wohlgesetzten, der die Nackenmuskulatur entspanne, und dann sagte er: »Umi ni sennen, yama ni sennen.«

»Was heißt das?«, fragte Elsbeth, und Frederik sagte: »Tausend Jahre zur See, tausend Jahre in den Bergen.«

»Ach, wie schön«, sagte Elsbeth und tätschelte mir über den Tisch hinweg die Hand, »das könnte ja von deinem Vater sein.«

Alle lächelten Frederik an, als sei er eine preisgekrönte Dokumentation.

Frederik grinste und sah etwas verlegen aus. »Sie sind alle sehr nett«, sagte er.

»Ja, nicht wahr?«, sagte Elsbeth und setzte sich aufrecht hin.

Frederik erhob sich. »Ich geh mal kurz meine Robe wieder anziehen«, sagte er, und wir nickten erstaunt, wir hatten alle immer gedacht, dass das eine Kutte sei.

Als Frederik aus der Tür war, drehten sich alle zu mir um. »Guter Mann«, sagte der Einzelhändler. »Er ist fantastisch«, sagte Elsbeth, »er ist zwar nicht so attraktiv, wie du gesagt hast, aber er ist so wahnsinnig klug«, sie sagten das, als hätte ich Frederik erfunden, Palm nickte still, und der Optiker sagte feierlich: »Biolumineszenz.«

»Was ist denn das?«, fragte Elsbeth. »Das ist ein Stoff in Tieren, der dazu führt, dass sie von innen leuchten«, erklärte er.

Selma sagte nichts und strich mir über die Haare.

Frederik und ich gingen mit Alaska hoch zur Uhlheck. Frederik trug den gelben Regenmantel des Optikers über seiner Robe, ich hatte immer noch Selmas Kleid an und ihren gelben Regenmantel. »Wir sind eine Symphonie aus Gelb«, sagte Frederik. Wir trugen Gummistiefel, Selma hatte Gummistiefel aus allen Zeiten und in allen Größen. Frederik hielt Selmas Schirm über uns beide, der Regen prasselte darauf.

»Werner Palm redet nicht viel«, sagte Frederik, und ich erklärte ihm, dass er so gut wie nie etwas sagte, solange keine Bibelstellen erläutert werden mussten, er aber immer dabei war und dass es genau darum ginge: dass Palm dabei war, dass er mit am Tisch saß und nicht alleine zu Hause.

»Du sagst auch nicht viel, Luise«, sagte Frederik.

Ich sagte ihm nicht, dass ich alle Hände voll damit zu tun hatte, dass plötzlich er mit am Tisch saß, also die hereingelassene Welt, und auch damit, dass er es seinerseits mit der Welt zu tun bekam, mit der Welt in Form von Selma, dem Optiker, dem Einzelhändler, Elsbeth und Palm, ich sagte ihm nichts von der Liste in meiner Hosentasche, an deren Punkte sich kein Mensch hielt, und dass man unter all diesen Umständen nicht viel reden kann und besser nur zuschaut.

»Rudi Carrell«, sagte ich.

Frederik schaute hoch. »Wo?«, fragte er.

»Selma«, sagte ich, »sie sieht aus wie Rudi Carrell.«

»Genau«, rief Frederik, »ganz genau den meinte ich.«

Der Regen fiel so dicht, dass man kaum etwas sehen konnte, Weg und Feld waren längst ununterscheidbar geworden, und die ganze Schönheit der Landschaft, an der ich heute ausnahmsweise nicht achtlos vorbeigegangen wäre, die ich Frederik gern präsentiert hätte, als sei sie meine Erfindung, war verwässert. Ich hielt den Rand des Regenschirms fest, der drohte, unter den Wassermassen einzubrechen.

Frederik klappte den entkräfteten Schirm zusammen und nahm meine Hand, als habe es eine Zeitverschiebung gegeben, als seien seit gestern Nacht, als er meine Hand zum ersten Mal genommen hatte, viele Jahre vergangen und als sei es ganz selbstverständlich, dass wir uns an den Händen hielten.

Wir rannten zurück, so wie ich nur als Kind, nur mit Martin gerannt war, wenn wir geglaubt hatten, ein Höllenhund oder sonst ein Tod, den es nicht gab, sei hinter uns her. Alaska rannte neben uns, das war anstrengend, denn durch all den Regen in seinem Fell war er viel schwerer als sonst.

Der Optiker fuhr Frederik und mich zurück in die Kreisstadt. Palm hatte tatsächlich die ganze Zeit über kein Wort gesprochen, nur ganz am Schluss, als alle nebeneinander vor der Tür standen, um uns ausführlich nachzuwinken, war Palm vorgetreten, hatte Frederiks Hand genommen und gesagt: »Ich wünsche Ihnen Gottes reichlichen Segen.«

»Den wünsche ich Ihnen auch«, hatte Frederik geantwortet, und er hatte sich so tief vor Palm verbeugt, dass Palm seine Hand vorstreckte, um Frederik aufzufangen, falls er das Gleichgewicht verlöre, aber das war nicht nötig gewesen.

Als wir schon am Ende des Dorfes waren, vor Marlies' Haus, kam uns meine Mutter entgegengelaufen. Sie hielt sich einen langen, in Zellophan gewickelten Blumenstrauß über den Kopf. Der Optiker bremste und kurbelte das Fenster herunter. Es goss nach wie vor, meine Mutter streckte ihren klitschnassen Kopf durchs Fenster. »Verdammt, ich bin wieder mal zu spät«, sagte sie, »es tut mir leid.« Sie griff über den Optiker hinweg und schüttelte Frederik die Hand, »ich bin Astrid, die Mutter. Ich bin außerdem neuerdings die Exfrau von Luises Vater.«

»Guten Abend«, sagte Frederik. Meine Mutter zog ihren Kopf

zurück. »Der ist für Sie«, sagte sie und schob den Strauß durchs Fenster, es waren sehr langstielige Gladiolen. »Oh, danke«, sagte Frederik, »die sind aber schön«, und verstaute den Strauß umständlich zwischen seinen Beinen, die Blüten reichten bis ans Autodach. Meine Mutter klopfte an die hintere Scheibe und lächelte mich an. Sie sah froh aus und sehr jung. Ich nickte ihr zu und sah hinter ihr eine Bewegung an Marlies' dunklem Wohnzimmerfenster. Meine Mutter hielt sich ihre Tasche über den Kopf, obwohl das überhaupt nichts mehr nützte, und lief weiter. Ich öffnete die Wagentür und ging zu Marlies' Haus.

»Marlies, ich bin es«, rief ich. »Willst du kurz Guten Tag sagen kommen?«

Nichts rührte sich.

»Du musst auch nicht zugänglich sein. Das war eine sehr blöde Idee.«

Marlies öffnete das Fenster einen Spalt. »Lasst mich in Ruhe mit eurem bescheuerten Besuch«, rief sie.

»In Ordnung«, sagte ich, »dann mach's gut«, und stieg wieder ins Auto.

Frederik drehte sich um. »Kommt noch jemand?«

»Nein«, sagte ich, »jetzt kommt keiner mehr.«

Das schwere Herz des Blauwals

Das Auto des Optikers war ein orangefarbener Passat Kombi aus den 1970er-Jahren, und auch ihn hätte man zu einem Versuch über Unsterblichkeit verarbeiten können. Der Optiker hatte Martin und mich im Winter mit diesem Passat zur Schule gebracht, wenn der Regionalzug wegen zu viel Schnee ausgefallen war, und er hatte mich ein halbes Jahr lang jeden Tag gefahren, als ich nach Martins Tod nicht mehr in den Zug steigen wollte.

»Warum ist nicht die Zugtür auf meiner Seite aufgegangen?«, hatte ich den Optiker gefragt, zwei Monate nach Martins Tod, von der Rückbank aus.

Der Optiker hatte am Seitenstreifen gehalten. Er hatte den Warnblinker angeschaltet und mich eine Weile lang im Rückspiegel angesehen. Ich saß auf zwei Kissen, damit der Sicherheitsgurt richtig auf meiner Schulter lag. Seit Martins Tod schnallte der Optiker mich auf der Rückbank an.

Er drehte sich zu mir um. »Weißt du noch, als ich dir die Uhr erklärt habe, und die Zeitverschiebung?«

Ich nickte.

»Ich habe dir auch die Groß- und Kleinschreibung erklärt und das scharfe S und die Grundrechenarten. Und alles über Laub- und Nadelbäume. Und über Tiere zu Wasser und zu Land.«

Ich nickte wieder und dachte daran, dass der Optiker die einander abwegigsten Dinge in Zusammenhang bringen konnte, deshalb bestimmt auch die Grundrechenarten und eine Regionalzugtür.

»Und wenn du älter bist«, sagte der Optiker, »dann erkläre ich dir noch viel mehr. Ich kann dir Aufbau und Funktionsweise des Auges erklären und wie man Auto fährt und etwas eindübelt. Ich kann dir die Weltlage erklären und alle Sternbilder. Und ich kann dir auch erklären, was ich selbst nicht verstehe. Wenn du etwas wissen willst, wovon ich keine Ahnung habe, dann werde ich alles darüber lesen und es dir erklären können. Ich stehe für alles zur Verfügung«, der Optiker griff über seine Schulter nach hinten und strich mir über die Wange, »auch für diese Frage.«

Er stieg aus, ging um den Passat herum und setzte sich neben mich auf die Rückbank. »Hier habe ich noch nie gesessen«, sagte er und sah sich um. »Das ist aber gemütlich hier hinten bei dir, Luise.«

Er schaute auf seine Hände, als läge meine Frage dort, als hielte er sie, damit wir sie von allen Seiten betrachten konnten.

»Es gibt auf deine Frage keine Antwort«, sagte der Optiker, »nirgendwo auf der Welt und auch nicht drum herum.«

»Auch nicht in Kuala Lumpur?«, fragte ich. Da war mein Vater gerade.

»Nicht mal da«, sagte der Optiker. »Wenn man eine Antwort auf diese Frage sucht, ist das so, als würde Wassili Alexejew versuchen, hunderttausend Kilo zu stemmen.«

»Das kann kein Mensch«, sagte ich.

»Genau«, sagte der Optiker. »Es ist anatomisch nicht möglich. Und auch die Antwort auf deine Frage ist anatomisch nicht möglich.«

Er legte seine Hand auf meine, meine Hand verschwand unter der großen Hand des Optikers.

»Es wird in deinem Leben Momente geben, in denen du dich fragen wirst, ob du überhaupt irgendetwas richtig gemacht hast«, sagte er. »Das ist ganz normal. Es ist auch eine sehr schwere Frage. Um die hundertachtzig Kilo, würde ich sagen. Aber es ist eine, auf die es eine Antwort gibt. Sie taucht meist spät im Leben auf. Ich weiß nicht, ob Selma und ich dann noch da sein werden. Deshalb sage ich dir das jetzt: Wenn es so weit ist, wenn diese Frage auftaucht und dir nicht sofort etwas einfällt, dann erinnere dich daran, dass du deine Großmutter und mich sehr glücklich gemacht hast, so glücklich, dass es für ein ganzes Leben von vorne bis hinten reicht. Je älter ich werde, desto mehr glaube ich, dass wir nur für dich erfunden worden sind. Und wenn es einen guten Grund gibt, erfunden zu werden, dann bist das du.«

Ich lehnte mich an die Schulter des Optikers, er legte seine Wange an meinen Kopf. Eine Weile lang hörte man nur das Ticken des Warnblinkers.

»Einer muss mich jetzt mal zur Schule fahren«, sagte ich.

Der Optiker lächelte. »Das bin dann wohl ich«, sagte er, gab mir einen Kuss auf den Kopf und stieg um auf den Fahrersitz.

Frederik versuchte eine Weile knisternd, den ausladenden Gladiolenstrauß zu justieren, dann gab er auf. Er lehnte den Kopf ans Seitenfenster, um an den Blumen vorbeischauen zu können. Der Optiker sah ab und an zu ihm hinüber, aber der Strauß versperrte ihm die Sicht.

Alaska schlief. Er nahm fast die ganze Rückbank ein, sein Kopf lag auf meinem Schoß. Man hörte nur das Prasseln draußen, die Bemühungen der Scheibenwischer, hin und wieder das Knistern des Zellophans.

Ich legte meine Fingerspitzen an das obere Ende der geschlossenen Fensterscheibe, an der schräg das Wasser herunterrann. Dieses uralte Auto hält dicht, dachte ich.

»Darf ich Ihnen etwas anvertrauen?«, fragte der Optiker plötzlich, ohne den Blick von der Fahrbahn abzuwenden.

»Natürlich«, sagte Frederik hinter dem Blumenstrauß.

Der Optiker sah kurz zu mir nach hinten, dann räusperte er sich, und alles, was der Optiker dann sagte, sagte er leise, als hoffe er insgeheim, dass der Regen seine Stimme überspielen würde.

»Sie sprachen doch von diesen Stockschlägen«, sagte der Optiker. »Ich habe gelesen, dass man die auch bekommt, wenn man während der Meditation von seinen Gedanken fortgetragen wird. Bei mir ist es eher so, dass mir die Gedanken selbst Stockschläge verpassen. Und ich bestehe zu weit mehr als fünfundsechzig Prozent aus Gedanken.«

Und dann erzählte der Optiker Frederik alles von den Stimmen, die ihn anrempelten und torkeln ließen, die ihm alles vorwarfen, was er ihretwegen nicht getan hatte. Er erzählte, dass er versucht habe, den Stimmen mit Postkartensprüchen und Buddhismus beizukommen, und dass er sich ihnen gegenüber als Himmel und als Fluss ausgegeben hatte. Frederik sagte nichts. Sein Kopf lag am Fenster, die Straßenlaternen draußen verschwammen im Regen und bildeten Lichtschweife.

»Sie halten mich bestimmt für verrückt«, sagte der Optiker. »Sie finden bestimmt, dass ich dringend zu einem Arzt gehen sollte.« Er wischte mit seinem Anzugärmel über die Windschutzscheibe. »Ich war schon beim Arzt«, sagte er. »Er hat eine Elektroenzephalografie erstellt.«

Der Optiker sah zu Frederik hinüber, zu den schweigenden Gladiolen. »Sie finden bestimmt, dass ich zu einem Arzt ohne Geräte und Instrumente gehen sollte. Sie finden bestimmt, dass ich zu einem Psychologen gehen sollte. Ich will aber nicht zum Psychologen«, sagte er und blinkte, wir waren jetzt fast da. »Psychologen knarzen und schicken ihre Patienten in die Welt hinaus. Ich möchte das nicht. Ich bin zu alt für die Welt.«

Du bist so alt wie die Welt, dachte ich auf der Rückbank.

»Ich habe das alles noch nie jemandem gesagt«, sagte der Optiker zu den Scheibenwischern, zum Regen, zum Zellophan, zu Frederik. »Ich hoffe, ich bin Ihnen nicht zu nahe getreten.«

Er hielt vor meinem Haus, und endlich sagte Frederik mal etwas. »Sind wir schon da?«, fragte er.

»Kommen Sie doch noch mit rein«, sagte Frederik vor meiner Haustür. Der Optiker sah mich an, ich nickte. »Aber nur ganz kurz«, sagte er.

In meiner Wohnung ging der Optiker um die ausgeklappte Couch herum auf das gerahmte Karnevalsfoto zu und nahm es von der Wand. »Das sind ja wir alle«, sagte er. »Ich finde, ich sehe gut aus, so als Beet.«

Frederik blieb in der Zimmertür stehen. »Das geht einfach nicht mit diesem Regal«, sagte er und verschwand in die Küche.

»Was geht denn nicht mit dem Regal?«, flüsterte der Optiker.

»Es ist schief, seiner Meinung nach«, sagte ich.

Der Optiker trat einen Schritt zurück und betrachtete das Regal ausgiebig. »Stimmt. Jetzt, wo du es sagst.«

»Kommt ihr mal kurz?«, rief Frederik aus der Küche.

Er saß auf einem meiner beiden Stühle und deutete auf den anderen. Auf dem Tisch lagen die Untersuchungsinstrumente meines Vaters für den Hals-Nasen-Ohren-Bereich.

»Was haben Sie denn vor?«, fragte der Optiker, und Frederik sagte: »Bitte nehmen Sie doch Platz.«

Der Optiker sah mich fragend an, ich zuckte mit den Schultern, und der Optiker nahm Platz. Frederik setzte sich den Reflexspiegel meines Vaters auf den Kopf. Der Kopf meines Vaters war umfangreicher als Frederiks, weil mein Vater Haare hatte, Frederik musste den Spiegel mit einer Hand festhalten. Mit der anderen griff er nach dem silbernen Nasenspekulum. Der Optiker sah Frederik an.

»Ich werde jetzt die Stimmen untersuchen«, sagte Frederik.

»Ich bitte Sie«, sagte der Optiker, »das geht doch gar nicht.«

»Doch«, sagte Frederik, »das ist eine neue Methode. Aus Japan.«

Der Optiker sah Frederik an, als sei von uns Frederik der, der dringend mal zum Psychologen müsse.

»Jetzt bitte mal nach vorne schauen und stillhalten«, sagte Frederik, beugte sich vor und schaute dem Optiker mit dem Spekulum ins Ohr.

»Das ist eigentlich ein Instrument für die Nase«, sagte ich.

Frederik sah kurz zu mir hoch, die Reflexlampe saß knapp über seinen Augenbrauen. »Nicht in Japan«, sagte er und vertiefte sich in das linke Ohr des Optikers.

Alaska kam herein und schnupperte an dem Etui mit den restlichen Instrumenten, er freute sich, vielleicht roch es nach meinem Vater.

»Und?«, fragte der Optiker nach einer Weile.

»Ich kann sie ganz deutlich erkennen«, sagte Frederik.

Der Optiker hielt jetzt ganz still. Er erinnerte sich plötzlich daran, wie er als Fünfjähriger beim Arzt im Nachbardorf gewesen war. Er hatte Windpocken gehabt, voller roter Pusteln war er gewesen, voll hohem Fieber und Schüttelfrost. Das Fieber brachte schlimme Träume mit, tags wie nachts, deshalb weinte der Optiker viel, auch, wenn er längst aufgewacht war.

Er hatte Angst vor dem Arztbesuch gehabt. Angst davor, dass der Arzt sagen würde: »Jetzt heul nicht«, Angst vor dem kalten Stethoskop. Der Arzt aber hatte sehr freundlich gesagt: »Bitte nimm doch Platz, kleiner, gepunkteter Mann«, und seine Arzthände warm gerieben und das Stethoskop angehaucht, damit nichts davon kalt wäre. Dann hatte er dem Optiker erklärt, dass mit dem Saft und der Salbe, die er gleich bekäme, lauter kleine Boxweltmeister in ihn hineinrutschen würden. Die wären so klein, dass man sie mit bloßem Auge nicht erkennen könne, aber sehr stark und nur dafür erfunden, die Windpocken k. o. zu schlagen. Dem Optiker war es sofort etwas besser gegangen, wegen der unsichtbaren Weltmeister in ihm, die auf seiner Seite waren, die das Fieber zerschlagen würden und die Träume auch.

Natürlich glaubte der Optiker keine Sekunde lang, dass Frederik die Stimmen sehen konnte. Aber das Kind, das der Optiker gewesen war, glaubte es sehr gern.

»Wirklich?«, fragte der Optiker. »Sie können sie sehen?«

»Sie liegen hier ganz glasklar vor mir«, sagte Frederik. »Es handelt sich um mindestens drei Stimmen. Sie sind tatsächlich … sie sind tatsächlich recht hässlich.«

»Nicht wahr?«, sagte der Optiker und lächelte Frederik an.

»Stillhalten bitte«, sagte Frederik, und der Optiker sah schnell wieder nach vorne.

»Ziemlich hässlich«, sagte Frederik. »Und mir scheint, als hätten Sie sich die bereits vor sehr langer Zeit zugezogen.«

»Das stimmt«, sagte der Optiker, »das stimmt genau.«

Frederik hielt die Reflexlampe fester, klemmte sich das Spekulum zwischen die Zähne, griff mit der freien Hand an sein Stuhlbein und rutschte um den Optiker herum auf dessen andere Seite.

»Ich schaue jetzt mal durch Ihr rechtes Ohr«, sagte er. »Ah, jetzt sehe ich sie von hinten.«

Der Optiker schaute konzentriert geradeaus, auf die Kacheln über meiner Spüle.

»Manche geben ihren Stimmen ja Namen«, sagte Frederik, »mir hat das aber nicht geholfen.«

Der Optiker fuhr herum und sah Frederik an. »Sie haben so was auch?«

»Klar«, sagte Frederik. »Bitte noch mal nach vorne schauen.«

»Kann man denn irgendwas dagegen tun?«, fragte der Optiker bewegungslos.

»Ehrlich gesagt, nein«, sagte Frederik. »Diese Stimmen bleiben höchstwahrscheinlich.« Er klopfte dem Optiker mit dem Nasenspekulum aufs Ohr. »Wo sollten sie auch hin? Außer Ihnen haben die ja niemanden. Und sie haben auch nichts anderes gelernt, als Sie vollzuquasseln.«

Die Reflexlampe rutschte Frederik über die Augen, er schob sie sich auf den Hinterkopf. »Hören Sie auf, den Stimmen vorzulesen. Keine Postkarten und keinen Buddhismus. Die sind so alt, die kennen das alles schon.«

Er legte das Spekulum auf den Küchentisch und sah den Optiker an. Der Optiker nahm das Spekulum in die Hand und betrachtete es lange.

»Fantastisch, was mit der modernen Technologie alles möglich ist«, sagte er und lächelte.

Der Optiker fuhr nach Hause. Dort ließ er sich bäuchlings auf sein Bett fallen, das Bett, das genau für eine Person reichte, und er fühlte sich schwer wie mindestens das Herz eines Blauwals, schwer wie etwas, das man anatomisch unmöglich hochheben konnte. Das muss ich Selma erzählen, dachte der Optiker noch, bevor er einschlief, dass man so solide und schwer sein kann, nur falls sie das noch nicht weiß.

Die Stimmen im Optiker würden natürlich keine Ruhe geben, bloß weil jemand vorgegeben hatte, sie sehen zu können. So leicht war das nicht, aber ab jetzt wurde es langsam weniger schwer.

Der Optiker hörte auf, den Stimmen vorzulesen. Er hörte auf, ihnen gegenüber zu behaupten, dass er ein Fluss oder ein Himmel sei; was ja ohnehin leicht zu widerlegen war. Er behauptete gar nichts mehr, er sagte einfach überhaupt nichts mehr zurück. Und mit der Zeit verwandelte sich das Zischen der Stimmen in ein Lispeln, ihr Klagen in Jammern. Der Optiker verlor die Stimmen nicht, aber die Stimmen verloren mit der Zeit den Optiker. Wenn sie etwas sagten, und das taten sie weiterhin oft und gern, sprachen sie mit der Zeit immer mehr ins Leere, wie auf einen kaputten Anrufbeantworter.

Biolumineszenz

»So viel wie heute habe ich schon sehr lange nicht mehr geredet«, sagte Frederik. Wir saßen auf meiner Fensterbank und schauten auf das Sofa und mein Bett, wo Frederik und ich letzte Nacht beide nicht geschlafen hatten. Zwischen uns stand eine Schale mit Erdnüssen, die Frederik bereits einmal leer gegessen und wieder aufgefüllt hatte.

»Ich würde gern noch bleiben«, sagte Frederik, »aber ich muss morgen zurück.«

Ich sah Frederik an, und er konnte wahrscheinlich deutlich sehen, dass ich das schlimm fand. »Ist das schlimm?«, fragte er.

Ich dachte an die Authentizität, um die es im Buddhismus ging und die ich allen untersagt hatte; sie hatte sich trotzdem ihren Weg gesucht, und es war nicht schlimm gewesen. Authentizität, dachte ich, komm schon, Luise, eins, zwei, drei. »Nein«, sagte ich, verdammt, dachte ich, »nein, das ist nicht schlimm.«

Ein Buch, das quer über den anderen im Regal gelegen hatte, fiel auf den Boden, *Abriss der Psychoanalyse*, mein Vater hatte mir das geschenkt.

»In deiner Gegenwart fällt ja gern mal was runter«, sagte Frederik.

Ich sah ihn aus den Augenwinkeln an, so, wie man jemanden ansieht, den man mehr liebt, als man preisgeben möchte. Er sah müde aus. Ich war hellwach, tat aber so, als müsste ich gähnen. »Es ist ja schon sehr spät«, sagte ich, »ich geh mal Zähne putzen.«

»Tu das«, sagte Frederik, und ich ging Zähne putzen. Dann kam ich zurück und setzte mich wieder neben ihn.

»Ich geh dann auch mal Zähne putzen«, sagte er.
»Tu das«, sagte ich, und Frederik ging Zähne putzen, kam zurück und setzte sich wieder neben mich.
»Ich muss noch Alaska seine Abendtablette geben«, sagte ich.
»Tu das«, sagte Frederik, und ich ging in die Küche, wo Alaska sich bereits auf seiner Decke unter dem Tisch zusammengerollt hatte, drückte seine Abendtablette in eine Kugel Leberwurst, legte sie vor ihn hin, ging zurück und setzte mich wieder neben Frederik.
»Was hat er denn eigentlich?«, fragte er. »Schilddrüsenunterfunktion und Osteoporose«, sagte ich.
Ich überlegte, was man jetzt noch tun könnte.
»Ich geh noch mal kurz Selma anrufen«, sagte ich, »ich frag mal, ob es bei denen auch noch so stark regnet.«
»Tu das«, sagte Frederik.
Wie kann man nur so schön sein, dachte ich, und daran, dass es im Buddhismus ja immer auch ums Nicht-Tun geht.
»Ich tue übrigens die ganze Zeit nichts anderes, als dich nicht zu küssen«, sagte ich und stand schnell auf, um zum Telefon zu gehen. Frederik hielt mich am Handgelenk fest.
»Jetzt kann ich nicht mehr«, sagte er, griff in meinen Nacken und zog mein Gesicht zu sich heran, »irgendwann muss mal Schluss sein«, und dann fing es an. Frederik küsste mich, ich küsste Frederik, und zwar so, als seien wir genau dafür erfunden worden.
Frederik zog sich seine Robe über den Kopf wie einen viel zu langen Pullover, und dann begann er, Selmas Kleid aufzuknöpfen.
Frederik knöpfte sehr konzentriert, als würden nachfolgende Generationen wertvolle Schlüsse aus der Art des Aufknöpfens ziehen können. Das dauerte enorm lang, als knöpfte Frederik die ganze Strecke zwischen Deutschland und Japan auf, und das gab

der Verstockung Gelegenheit, es sich neben uns auf der Fensterbank gemütlich zu machen. Wegen der Verstockung dachte ich daran, dass ich noch nie so nackt vor jemandem gestanden hatte, wie ich gleich vor Frederik stehen würde, wenn er die ganze Strecke aufgeknöpft hätte, ich dachte daran, dass ich immer dafür gesorgt hatte, dass Nacktheit unbeleuchtet war und unter einer Decke, aus gutem Grund, dachte ich, aber zum Glück dachte ich auch daran, dass Dinge verschwinden können, wenn man sie sagt.

»Ich bin nicht halb so schön wie du«, sagte ich.

Frederik hatte den letzten Knopf geöffnet, den Knopf ganz unten an Selmas Kleid. Er kam hoch und strich mir das Kleid von den Schultern. »Du bist dreimal so schön«, sagte er, hob mich hoch und legte mich aufs Bett. Die Verstockung blieb, wo sie war, auf der Fensterbank.

Und alles, was Frederik jetzt tat, tat er mit einer Bestimmtheit, als habe er sich bereits jahrelang mit einer Landkarte meines Körpers befasst, als hinge in Japan eine solche Karte an Frederiks Wand, als habe er lange davorgestanden und sich alle Wege genau eingeprägt.

Ich hatte keine Landkarte von Frederiks Körper. Ich wusste nicht, wo ich anfangen sollte, und flatterte mit meinen Händen seine Brust und seinen Bauch entlang.

Frederik fing meine Hände ein, »du machst jetzt mal gar nichts«, sagte er. Er fasste mich an den Schultern und drückte meinen Oberkörper auf die Matratze.

»Frederik?«, flüsterte ich, als er irgendwo weit unten war, an den Innenseiten, mit seinem Mund und seinen Händen, die sich ihren Weg nicht suchen mussten.

»Ja?«, murmelte Frederik, als hätte ich zur Unzeit an einer Zimmertür geklopft, hinter der er gerade etwas Bahnbrechendes erfand. »Du hast«, sagte ich, »also, du hast so eine erstaunliche Präzision.«

Frederik sah zu mir hoch. »Sagt man so was nicht eher über Rasierapparate?«

Er lächelte mich an, seine Augen waren jetzt nicht mehr cyanblau oder türkis, sondern fast schwarz. Ich erinnerte mich daran, was der Optiker mir als Kind über Pupillen erklärt hatte, dass sie sich weiten bei Dunkelheit und Freude.

Frederik kam zu mir hoch, er legte seinen Kopf an meinen Hals und seine Hand auf meine Brust, hinter der mein Herz hämmerte wie jemand von außen, dem der Einlass verwehrt wird. Mein Herz hat so gar nichts gemein, dachte ich, mit dem Herz eines Blauwals.

»Warum bist du so ruhig?«, fragte ich. Frederik küsste mich und sagte: »Ich bin so ruhig, weil du so nervös bist.«

Er strich mit dem Handrücken über meinen Hals. »Ich habe doch gesagt, du sollst nichts machen«, flüsterte er.

»Ich mache doch aber auch gar nichts«, sagte ich.

»Doch«, flüsterte Frederik, »du machst dir die ganze Zeit Gedanken.«

Ich drehte meinen Kopf zu ihm hin, mein Mund lag an seiner Stirn. »Machst du dir denn gar keine Gedanken?«

»Nein«, sagte Frederik an meinem Hals und legte seine Hand in die Mulde zwischen meinen Rippen und meinem Becken, »gerade nicht«, murmelte er, »morgen werde ich mir vermutlich welche machen«, er legte seine flache Hand unter meinen Bauchnabel, und jetzt musste Schluss sein mit dem Nichtstun, und ich schlang meine Arme um seinen Rücken, »ich werde mir sogar ziemlich viele Gedanken machen«, flüsterte er und schob mit seinem Bein meine Beine auseinander, »aber jetzt nicht, Luise«, flüsterte Frederik, und das hörte ich schon nicht mehr.

Gegen drei Uhr in der Nacht wachte ich kurz auf. Frederik lag neben mir, auf dem Bauch, die Arme unter dem Kopf verschränkt, das Gesicht mir zugewandt, und schlief. Ich sah ihm eine Weile zu und strich mit dem Zeigefinger über seinen rauen Ellenbogen.

»Merk dir das alles gut«, sagte ich leise. Ich sagte es zu mir selbst und zu der Verstockung, die weit weg auf der Fensterbank war.

Ich setzte mich auf, an den Rand des Bettes. Kurz dachte ich, es hätte über Nacht hereingeregnet, aber die Pfütze in der Mitte des Zimmers war nur Frederiks Robe.

Meine Bettdecke lag auf dem Boden. Sie war vor langer Zeit heruntergerutscht, ich holte sie ein wie ein sehr alter Fischer ein Netz. Das dauerte. Meine Arme bestanden zu neunzig Prozent aus Wasser, ich war hinfällig vor Liebe.

Und während ich die Decke einholte, schlief der schwere Optiker bäuchlings in seinem Bett, ohne sich im Laufe der Nacht auch nur einmal bewegt zu haben. Währenddessen schliefen auf Elsbeths Sofa Elsbeth und Palm im Sitzen. Elsbeth war als Erste eingeschlafen und dann kurz wieder aufgewacht: »Entschuldige, Palm, aber sie machen mich so müde«, hatte sie gesagt, »deine ganzen Bibelstellen und Erläuterungen«, und Palm hatte sie angelächelt und erwidert: »Aber das ist doch überhaupt nicht schlimm, liebe Elsbeth«, und Elsbeth war wieder eingeschlafen, und Palm hatte weiter erläutert, bis auch er eingeschlafen war. Währenddessen schlief Marlies nicht. Sie stand am Fenster und aß Erbsen aus der Dose, sie stand vollumfänglich am Fenster, das war nur nachts möglich, weil dann niemand vorbeikam, um sie zu belästigen. Sie stopfte die Erbsen unwillig in sich hinein, weil ihr Körper sie schüchtern daran erinnert hatte, dass sie heute wieder mal den ganzen Tag nichts gegessen hatte, das Erbsenwasser rann ihr übers Kinn, sie fuhr sich über den Mund. Währenddessen stand mein Vater vor einem Münzfernsprecher in Moskau, sah auf die Uhr an seinem Handgelenk, auf die mitteleuropäische Zeit, und hängte den Hörer wieder ein. Währenddessen lag meine Mutter neben Alberto in der Wohnung über dem Eiscafé und hatte Schluckauf. Alberto hatte sie ein paar Stunden zuvor gefragt, ob sie nicht zusammenziehen wollten, und meine Mutter hatte so laut und lange gelacht wie seit Ewigkeiten nicht mehr, als sei Zusammenziehen der lustigste Witz der Welt. Alberto war zu Recht beleidigt gewesen. »Schon gut«, hatte er gesagt, »jetzt krieg dich mal wieder ein«, aber meine Mutter hatte sich nicht wieder eingekriegt, »Entschuldigung, es hat gar nichts mit dir zu tun«, hatte sie gesagt, Tränen waren ihr über die Wangen gelaufen, »es ist nur so wahnsinnig komisch, ich weiß auch nicht warum.« Sie versuchte einzuschlafen, aber der Schluckauf hielt dagegen, und immer, wenn meine Mutter an das Wort »Zusammenziehen« dachte, prustete sie wieder los, bis Alberto sagte: »Mir reicht's, ich geh aufs Sofa.«

Und währenddessen lag Selma in ihrem Bett unter der geblümten Steppdecke und träumte zum Glück nur beinahe von einem Okapi. Im allerletzten Moment war es nur ein verwachsenes Rind, das neben ihr im Dämmerlicht auf der Uhlheck stand.

Ein Tier spürt so was

Ich schlief bis zum Vormittag und wurde wach, weil es an der Tür klingelte. Frederik war verschwunden, nur die Robe und sein Koffer waren noch da. Ich ging schlaftrunken zur Tür und nahm den Hörer der Gegensprechanlage ab. »Komm mal bitte runter«, sagte Frederik, »du musst mir tragen helfen.«

Weil ich keinen Bademantel hatte, zog ich mir Frederiks Robe über und lief die Treppe hinab.

Frederik stand vor der Haustür, umgeben von sechs Kartons. »Du siehst aus wie ein angebrannter Lebkuchenmann«, sagte er.

»Und du siehst so normal aus«, sagte ich, denn Frederik trug, was normale Leute tragen, eine Jeans und einen Pullover.

Ich deutete auf die Kartons. »Was ist das denn alles?«

»Das geht einfach nicht mit diesem schiefen Regal«, sagte er, »ich habe dir ein neues gekauft.«

Wir trugen die Kartons in den Flur und die Treppe hoch, Frederik ging hinter mir. »Wie hast du das denn hertransportiert?«, fragte ich. Frederik blieb stehen.

»Wer alle Gaben des Lebens einzeln nach Hause trägt, dem wird Erleuchtung zuteil«, sagte er.

Ich drehte mich um und schaute ihn an.

»Das war ein Witz«, sagte Frederik. »Möbeltaxi.«

Oben sah er auf die Uhr. »Ich muss los«, sagte er, »du musst das alleine aufbauen«, und keiner von uns wusste, dass ich das acht Jahre lang nicht tun würde.

Auf Flughäfen wimmelt es von sorgfältig verstauten Wahrheiten, die auf den letzten Drücker ans Licht wollen. Überall sah man Leute, die sich ein letztes Mal umarmten, und ich hoffte, dass sie das taten, weil eine Wahrheit ans Licht gekommen war, die sich als gar nicht so grauenhaft und furchterregend entpuppt hatte wie befürchtet. Vielleicht umarmten sich die Leute aber auch nur möglichst fest, damit die verschwiegene Wahrheit keine Chance hatte, herauszurücken und auf den letzten Metern noch Gestank und Getöse zu verbreiten.

Wir standen vor der Anzeigetafel. Frederik stellte seinen Koffer ab und sah mich an. »Ich gebe es dir wieder«, sagte er, »ich schicke es dir«, und damit meinte er hundertdreiundzwanzig Mark.

Uns war erst spät eingefallen, dass wir kein Auto hatten, deswegen waren wir mit dem Taxi gefahren. »Muss das sein mit diesem riesigen, hässlichen Vieh?«, hatte der Taxifahrer geschimpft, und Frederik hatte geantwortet: »Ja, muss es. Das riesige, hässliche Vieh muss immer mit.«

Wir hatten auf der Rückbank gesessen, mit Alaska zwischen uns, der zur Hälfte auf der Rückbank, zur Hälfte im Fußraum hockte. Frederik hatte angekündigt, dass er sich Gedanken machen würde, und jetzt machte er sie sich. Ich sah ihm dabei zu.

Die ganze Fahrt über hatten wir geschwiegen, erst kurz bevor wir die Flughafenausfahrt erreichten, legte Frederik den Arm um mich, was bedeutete, den Arm vor allem um Alaska zu legen. »Warum bist du so ruhig?«, fragte er.

»Ich bin so ruhig, weil du so nervös bist«, hatte ich gesagt, und das stimmte, ich war nicht nervös, noch nicht, ich wurde es erst hier und jetzt in der Abflughalle.

»Nein«, sagte ich, »gib mir das Geld nicht wieder. Du hast mir doch das Regal geschenkt.«

Wir schauten hoch zu der riesigen Anzeigetafel, als sie sich lautstark aktualisierte. Die Buchstaben fielen rappelnd umeinander, sie lösten sich auf in ein verschwommenes Schwarz-Weiß. Wir und alle Leute um uns herum warteten darauf, dass die Buchstaben sich wieder einkriegten, alle schauten wir gebannt hoch, als hofften wir, dass die Anzeigetafel uns gleich verraten würde, wie das Leben weiterging. Die Buchstaben beruhigten sich, und die Tafel verriet tatsächlich, wie das Leben weitergehen würde, allerdings nur für die nächsten fünf Minuten und in ihrer kurzangebundenen Anzeigentafelart. »Gate 5b«, las Frederik.

Auf dem Weg durch die Halle zog Alaska plötzlich so heftig an der Leine, dass ich beinahe das Gleichgewicht verlor.

Er zog in Richtung eines Mannes, der auf uns zugelaufen kam. Ich kniff die Augen zusammen. Ich hatte den Mann noch nie gesehen, aber ich wusste sofort, wer das war.

»Entschuldigung, dass ich Sie einfach so anspreche«, sagte er zu Frederik, »mein Name ist Doktor Maschke. Ich bin Psychoanalytiker. Sie sind Buddhist, oder?« Er hielt Frederik die Hand hin. Seine Lederjacke knarzte.

»Ja«, sagte Frederik, »ich bin Buddhist.« Er sah mich kurz an. »Glaube ich zumindest.«

»Ich interessiere mich sehr für den Buddhismus. Praktizieren Sie Zazen?«

Frederik nickte, und Doktor Maschke konnte seinen Blick nicht von ihm losreißen, er sah ihn so verzückt an wie Herr Rödder die Satteltasche.

Ich starrte Doktor Maschke an. Er hatte rötliche Haare, einen rötlichen, kurzen Bart, er trug eine Nickelbrille und war ungefähr so alt wie mein Vater.

»Maschke, mein Name«, sagte er zu mir und schüttelte mir flüchtig die Hand. Er wollte sich schnell wieder Frederik zuwenden, blieb dann aber mit seinem Blick an meinem Gesicht hängen. »Sie erinnern mich an irgendjemanden.«

»An meinen Vater«, sagte ich.

»Das gibt es ja nicht«, sagte Doktor Maschke, »Sie sind die Tochter von Peter! Sie sehen ihm irrsinnig ähnlich. Schön, dass wir uns mal kennenlernen.«

Alaska freute sich über alle Maßen, wahrscheinlich, weil er Doktor Maschkes Idee gewesen war.

»Alaska war die Idee von Doktor Maschke«, erklärte ich Frederik, »und die Weltreise meines Vaters auch.«

»Nein«, sagte Doktor Maschke, »das Gegenteil ist der Fall. Ich habe damals mehrfach versucht, ihm das auszureden. Ich habe ihm dringend empfohlen, bei Ihnen zu bleiben. Aber sagen Sie mal«, er wandte sich wieder an Frederik, »ich hätte da eine Frage zum Yogacara-Buddhismus.«

»Das stimmt doch gar nicht«, sagte ich entrüstet, »das war doch alles Ihre Idee«, und gleichzeitig fiel mir auf, dass es nicht den geringsten Beweis dafür gab, dass Doktor Maschke meinen Vater auf Weltreise geschickt hatte, dass Selma und ich das einfach nur angenommen hatten, dass durchaus das Gegenteil der Fall sein konnte.

»Dann schießen Sie mal los«, sagte Frederik.

Doktor Maschke räusperte sich. »Genauer gesagt, hätte ich eine Frage zu den acht Vijnãnas.«

»Was ist denn mit Alaska los?«, fragte ich, weil der einfach nicht aufhörte, sich über Doktor Maschke zu freuen.

»Wir hatten ein schönen Tag zusammen«, sagte Doktor Maschke und strich Alaska knarzend und beiläufig über den Kopf. »Genau genommen bezieht sich meine Frage auf das Alaya Vijñana.«

»Das Lagerhausbewusstsein«, sagte Frederik.

»Genau.« Doktor Maschke strahlte.

»Wie, Sie hatten einen schönen Tag zusammen?«, fragte ich.

»Alaska hat mich im Sommer mal besucht«, sagte Doktor Maschke, »wir haben den ganzen Tag gemeinsam verbracht.«

Ich dachte an den Tag, als Alaska verschwunden und Frederik aufgetaucht war. »Er war bei *Ihnen*?«

Frederik sah mich an. »Das war also Alaskas Abenteuer«, sagte er. »Du siehst blass aus, ist alles in Ordnung?«

Ich war blass, weil man immer die Farbe wechselt, wenn plötzlich das Gegenteil der Fall ist. »Warum ist er denn ausgerechnet zu Ihnen gelaufen?«

»Weil er Peter vermisst hat, nehme ich an«, sagte Doktor Maschke, »und ich bin Ihrem Vater ja sehr verbunden. Ein Tier spürt so was.«

»Ich bin meinem Vater auch sehr verbunden«, sagte ich, und Doktor Maschke sagte: »Ja, aber wissen Sie, so eine Psychoanalyse verbindet ja noch mal ganz anders.«

Frederik legte mir die Hand auf den Rücken. *Gehen Sie weg*, dachte ich in Doktor Maschkes Richtung. Ich dachte es mit Inbrunst.

»Ich muss jetzt leider weg«, sagte Frederik zu Doktor Maschke.

»Aber das Alaya Vijñana«, sagte Doktor Maschke, »wann geht denn Ihr Flieger? Meiner erst in einer halben Stunde.«

Ich stieß Frederik unauffällig in die Seite. Er sah mich an. »Ich muss vor meinem Abflug noch Luise unterweisen«, sagte er. »In den edlen Weisheiten. Sie verstehen.«

Das verstand Doktor Maschke natürlich. »Es war mir eine Ehre, einen Profi wie Sie kennenzulernen. Es ist toll, dass Sie sich für diesen Weg entschieden haben.«

»Jetzt krieg dich aber mal wieder ein«, sagte ich, und ich sagte es nur scheinbar zu Alaska, der immer noch um Doktor Maschke herumschwänzelte, der an seiner Leine in die Richtung zog, in die Doktor Maschke jetzt verschwand.

Wir sahen ihm nach. »Das Gegenteil ist der Fall«, sagte ich leise, »ich fasse es nicht.«

Wir liefen zum Sicherheitsbereich, durch den nur Frederik durfte, Doktor Maschke und das Lagerhausbewusstsein hatten viel Zeit gestohlen, es blieben uns nur noch wenige Minuten.

»Weißt du was«, sagte Frederik, »wenn das Gegenteil der Fall ist, gilt das vielleicht auch für ein paar andere Dinge.«

»Zum Beispiel?«

»Vielleicht bist du dann für die sieben Weltmeere gemacht.«

»Danke noch mal für das Regal«, sagte ich, und Frederik sagte: »Atmen, Luise.«

»Wohin noch mal?«

»In den Bauch.«

»Apropos«, sagte ich und holte eine Tüte aus meiner Tasche. Ich hatte sehr viele Erdnüsse eingepackt. »Danke«, sagte Frederik. Er fuhr sich mit der Hand über den Kopf, als habe er vergessen, dass da keine Haare waren. »Ich weiß, Luise, es gibt jetzt viele offene Fragen«, sagte er.

Frederiks offene Fragen konnte ich nicht sehen. Meine lagen vor meinen Füßen wie rot umrandete, durchbruchgefährdete Stellen. *Wie geht das weiter* lag da beispielsweise und *Was machen wir denn jetzt*.

»Ich weiß gerade keine einzige Antwort«, sagte Frederik. »Es sei denn, du möchtest mir eine Frage zum Yogacara-Buddhismus stellen.«

Er lächelte und nahm mein Gesicht in seine Hände. »Du bist schon wieder so verschwommen, Luise«, und ich wollte ihm sagen, dass ich mitnichten für sieben Weltmeere gemacht war, ganz egal, wie viele Gegenteile der Fall waren, sondern vor allem für ihn, aber auch das war rot umrandet.

»Du musst jetzt los«, sagte ich.

»Ja.«

»Geh ruhig«, sagte ich.

»Dafür müsstest du allerdings meine Hand loslassen«, sagte Frederik, und ich ließ sie los.

»Jetzt kannst du«, sagte ich, und Frederik ging durch die Glastür, die sich hinter ihm schloss, ohne dass ich einen Fuß hätte dazwischenstellen können, weil das unmöglich ist, wenn man zu neunundneunzig Prozent aus Wasser besteht.

Frederik lief los, ich hielt Alaskas Leine fester, weil er schon wieder daran zog, Frederik drehte sich um und winkte, in seinem Blick lag ein plötzliches Erstaunen, er schaute knapp über meinen Kopf, als hätte sich hinter mir eine Gewitterfront aufgebaut. Ich drehte mich um. Direkt vor mir stand Doktor Maschke.

»Der kommt wieder«, sagte er.

Er sagte das wie ein preisgekrönter Wissenschaftler, der eine Weltsensation präsentiert. Er sagte es so feierlich, dass ich kurz nicht sicher war, ob er wirklich Frederik meinte oder jemanden, der rein anatomisch nicht wiederkommen konnte, wie meinen Großvater, wie Martin.

»Gehen Sie weg«, sagte ich. Ich hatte das noch nie zu jemandem gesagt und dachte an Marlies, die den ganzen Tag nichts anderes sagte.

Doktor Maschke lächelte mich begütigend an. »Seien Sie ruhig wütend«, sagte er, »wer nie wütend wird, kann sich nicht aktualisieren.«

»Gehen Sie weg, und hören Sie auf, mit Ihrer Lederjacke alle vollzuknarzen«, sagte ich, und es funktionierte.

Für hundertvierundzwanzig Mark fuhr ich mit Alaska zurück in die Stadt, direkt in die Buchhandlung. Ich bezahlte den Taxifahrer, der Tag war so kostspielig gewesen wie noch nie einer zuvor. Ich dachte an den Gerichtsvollzieher, der zu Bauer Leidig gekommen war, der auf alles, was Bauer Leidig besaß, einen Kuckuck geklebt und gesagt hatte: »Das gehört Ihnen jetzt alles nicht mehr.«

Siehe oben

Das gut vorbereitete Weihnachtsfest im Dorfgemeinschaftshaus verlief ohne Turbulenzen und fand am Nachmittag statt. Palm hatte fast das ganze Fest über geschwiegen, obwohl sich sehr viele Bibelstellen angeboten hätten. Nur zwei Worte hatte er den ganzen Nachmittag über gesagt, nämlich: »Auf Martin.«

Zu jedem Weihnachtsfest im Dorfgemeinschaftshaus hob der Optiker am Ende sein Glas, »Auf Martin«, sagte das ganze Dorf und sah dann nach oben, hoch zur getäfelten Decke, über der Martin auf einer Wolke im Himmel saß, in Rufweite des Herrn, und uns zuwinkte. Palm, der nicht mit Wein, sondern mit Johannisbeersaft anstieß, hatte uns das so erläutert.

Hinterher kamen der Optiker, Palm und Elsbeth mit zu Selma. Meine Mutter hatte Selmas ganze Wohnung mit Kränzen und Zweigen geschmückt, es roch wie im Wald. Wir hatten alles versucht, aber der Weihnachtsbaum wollte nicht gerade stehen, deshalb zog der Optiker sich Gartenhandschuhe an und hielt ihn fest, solange wir sangen, er hielt ihn am ausgestreckten Arm unterhalb der Spitze wie einen gerade eingefangenen Verbrecher mit Fluchtgefahr.

Wir sangen *O du Fröhliche*. Palm hatte sich das gewünscht, laut und tief sang er von der Welt, die verloren ging. Mein Vater war am Telefon. Er rief von Bangladesch aus an, der Hörer lag neben uns auf dem Couchtisch, auch mein Vater sang mit.

Als wir fertig gesungen hatten, die Kerzen ausgeblasen waren und der Weihnachtsbaum an der Wand lehnte, sagte der Optiker plötzlich: »Ich habe euch etwas zu sagen. Ich kann es nicht länger für mich behalten.«

Selma hatte gerade den Weihnachtsbraten in den Händen, Elsbeth trug gerade sechs Teller, meine Mutter und ich, neben Palm auf dem Sofa, wollten gerade mit Selmas Eierlikör anstoßen. Wir alle hielten mitten in der Bewegung inne, als seien wir verzaubert worden. Jetzt, dachten wir, jetzt offenbart er, was alle längst wissen.

Selma stand wie angewurzelt mit dem Weihnachtsbraten da und sah aus, als bedaure sie, dass sie gerade noch einen großen Schritt über die rot umrandete Stelle gemacht hatte, dass sie nicht mittendrauf getreten und im Boden versunken war.

Der Optiker ging auf Palm zu. Palm schaute ihn mit großen Augen an. »Ich?«, fragte er.

»Ja, du«, sagte der Optiker.

Palm erhob sich. Offenbar konnte man sich jetzt wieder bewegen. »Werner Palm«, sagte der Optiker, und seine Hände zitterten, »ich habe deinen Hochsitz angesägt. Ich wollte dich umbringen. Es tut mir furchtbar leid.«

Selma atmete aus. Ihr ganzer dünner Körper war ein einziges Ausatmen.

»Aber es ist ja nichts passiert«, rief Elsbeth schnell, sie hatte immer noch die ganzen Teller in der Hand, »und es ist zwölf Jahre her.«

»Trotzdem.« Der Optiker sah Palm an. »Ich bitte dich um Verzeihung.« Der Optiker bebte. Wir hatten nicht gewusst, dass er so schwer daran trug.

Palm sah zum Optiker hoch, er kniff die Augen zusammen, als wolle er ihn entziffern. »Das macht nichts«, sagte er. »Ich kann es sogar verstehen.«

Jetzt atmete der Optiker aus, jetzt war sein langer, dünner Körper ein einziges Ausatmen. Trotz des Verbots hätte er Palm beinahe umarmt, aber Palm hob die Hände und sagte: »Ich muss euch auch was sagen.«

Selma stellte den Weihnachtsbraten aufs Fensterbrett.

»Also, *dir* muss ich was sagen, Selma.« Er verschränkte die Hände hinter dem Rücken. Wir anderen, die wir unbeirrt weiter mit Liebe rechneten, überlegten kurz, ob die Liebe jetzt von ganz unerwarteter Seite auf Selma abgefeuert werden würde, ob jetzt rauskam, dass Palm sie heimlich liebte, und was Selma tun würde, wenn Palm ihr seine Liebe gestand, schließlich konnte Selma ihm seit Martins Tod außer dem Reh nichts mehr abschlagen.

Ich stellte den Eierlikör auf den Couchtisch und nahm die Hand meiner Mutter.

»Ich wollte dich umbringen, Selma«, sagte Palm leise. Er schaute auf seine Füße in den Sonntagsschuhen. »Vor Martins Tod.« Er sah kurz hoch. »Wegen deiner Träume. Ich habe gedacht, dass dann keiner mehr sterben würde.«

Alle starrten Selma an. Wir konnten nicht einschätzen, ob sie das durchgehen lassen oder ob sie Palm jetzt auf einen Schlag alles abschlagen würde, ihre ganze Zuneigung, all die Erläuterungen. Palm, das sah man, rechnete damit.

Sie ließ es durchgehen. »Du hast es ja nicht getan«, sagte sie und kam zu Palm herüber.

»Ich hatte das Gewehr schon geladen«, flüsterte er. Selma wollte Palm über die Schulter streichen, aber weil das nicht ging, strich sie ein paar Zentimeter über seiner Schulter durch die Luft. »Das ist nett, dass du mich nicht erschossen hast«, sagte sie.

»Ich bin so dumm gewesen«, sagte Palm und schluchzte auf. »Unsterblichkeit gibt es nur beim Herrn.«

»Der Braten wird kalt«, sagte Selma. »Gibt es noch mehr versuchte Morde, oder wollen wir jetzt essen?«

»Auf jeden Fall essen«, sagte meine Mutter. »Da liegt übrigens noch Peter.«

»Ach Gott«, rief Selma und ging zum Telefon. »Ich hab gar nichts verstanden, die Verbindung ist so schlecht«, sagte mein Vater, »habt ihr fertig gesungen?«

»Ja«, sagte Selma, »alle haben fertig gesungen.«

Später am Abend ging ich mit Alaska und einem in Alufolie gewickelten Stück Weihnachtsbraten zu Marlies. Früher war Marlies wenigstens zu Festtagen dabei gewesen, jetzt verweigerte sie auch das.

Die Nacht war sehr klar, sehr kalt. »Schau mal, wie schön wir es hier haben«, sagte ich zu Alaska, »eine Symphonie aus Klar, Kalt und Dunkel.«

Friedhelm tänzelte vorbei. Leise sang er *Alle Jahre wieder*. Er zog seinen Hut, ich nickte ihm zu. Ich fragte mich, ob die Spritze gegen Panik, die mein Vater ihm vor zwölf Jahren injiziert hatte, eine Depotspritze gewesen war, die über Jahrzehnte hinweg Glück und Zufriedenheit absonderte.

Weil Marlies sowieso nicht öffnen würde, ging ich direkt ums Haus herum zum gekippten Küchenfenster.

»Frohes Fest, Marlies«, sagte ich. »Ich lege dir hier ein Stück Braten hin. Es ist hervorragend.«

»Ich will den nicht«, sagte Marlies, »geh weg.«

Ich lehnte mich neben das Küchenfenster. »Du hast was verpasst«, sagte ich, »fast hätte Palm Selma und der Optiker Palm umgebracht.«

Man hörte das Geräusch eines abrupt zurückgeschobenen Küchenstuhls. »Was?«, fragte Marlies.

»Also: nicht heute. Damals.«

Marlies schwieg.

»Erinnerst du dich an meinen Besuch aus Japan?«, fragte ich. »Er war vor ein paar Wochen hier. Und jetzt meldet er sich nicht.«

Marlies schwieg.

»Da muss ich mich wohl mit abfinden«, sagte ich. »Ach, und übrigens: Ich habe die Probezeit bestanden. Obwohl du dich immer beschwert hast.«

»Deine Empfehlungen sind scheiße«, sagte Marlies.

»Wahrscheinlich meldet er sich deswegen nicht«, sagte ich.

Ich legte den Braten auf die Fensterbank. Die Alufolie glitzerte wie Mondlicht, das sich in einem Napf spiegelt.

Im Januar fuhren der Optiker, Selma und ich in die Kreisstadt zum Arzt. Selmas Gelenke verformten sich weiter, und um zu beweisen, was jeder sah, wurden ihre Hände, ihre Füße und ihre Knie nacheinander unter einen Röntgenapparat gelegt. Sie musste stillhalten, sie tat das mit geschlossenen Augen und öffnete sie auch nicht, wenn zwischendurch jemand kam und ihre Glieder für die nächste Aufnahme neu positionierte. Selma saß da und betrachtete hinter ihren Lidern das schwarz-weiße Nachbild, sie sah Heinrich, wie er sich zum allerallerletzten Mal umdrehte, sein angehaltenes Lächeln. Währenddessen machte der Röntgenapparat grauweiße Bilder von Selmas angehaltenem Körper, und Selma, mit Heinrich im Blick, versuchte, nicht zu zucken, wenn der Apparat seine Bilder schoss.

Der Optiker und ich saßen vor dem Röntgenraum. »Ein Brief vom anderen Ende der Welt dauert seine Zeit. Er wird sich schon noch melden«, sagte der Optiker gerade, als Selma erschien, mit etwas in der Hand, das aussah wie eine Mischung aus Schuhanzieher und Gabel. »Schaut mal, was die mir geschenkt haben«, sagte sie glücklich. Es fiel Selma neuerdings schwer, die Arme bis zum Kopf zu heben, und das, was sie in der Hand hielt, war eine Gabel für die Frisur.

»Im Übrigen könntest ja auch *du* dich melden«, sagte Selma später im Auto des Optikers, und weil sie recht hatte, sagte ich am nächsten Tag zu Herrn Rödder: »Ich geh mal ein bisschen aufräumen.« Herr Rödder nickte, ich stemmte mich gegen die Tür des Hinterzimmers, stieg über alle schadhaften Dinge zum Klapptisch, öffnete eine Flasche Haselnusslikör, den wir von einem Kunden bekommen hatten, trank zur Anfeuerung eine halbe Kaffeetasse voll davon, und schrieb Frederik einen Brief.

Ich schrieb, dass Frederiks Brief, den er bestimmt geschrieben habe, leider nicht angekommen sei. Dann schrieb ich sehr viele Sätze darüber, dass es ja genau genommen unmöglich sei, dass ein Brief aus Japan es überhaupt in den Westerwald schaffe, bei all den Fallstricken und dem immer möglichen menschlichen Versagen, denen ein solcher Brief auf seiner Reise ausgesetzt sei; bestimmt, schrieb ich, sei Frederiks erster Brief vom Sommer der einzige, der es überhaupt jemals aus Japan hierhergeschafft habe.

Und dann, als ich eine dritte halbe Tasse Haselnusslikör getrunken hatte, fing ich mit »niemals« und »immer« an. Ich schrieb Frederik, dass er das ganze Leben umgedreht und ich ihn vom ersten Augenblick an geliebt hätte und dass dieser Liebe für immer niemals etwas dazwischen kommen würde. Ich schrieb, dass der Buddhismus nicht besonders durchdacht sei, denn es sei ja wohl völlig klar, dass Dinge auch verschwänden, wenn wir nicht versuchten, sie zu sehen, was dadurch bewiesen sei, dass ich jetzt bereits seit mehreren Wochen nicht versuchte, Frederik zu sehen, und er trotzdem vollkommen verschwunden sei. Wegen des Haselnusslikörs kam mir insbesondere dieser Satz bestechend klarsichtig vor. Ich schrieb: »Viele Grüße natürlich auch von Selma, Elsbeth und dem Optiker.« Ich schrieb, dass der Optiker gestern zum wiederholten Mal beschlossen habe, demnächst gemeinsam mit Palm die durchbruchgefährdeten Stellen in Selmas Wohnung vernünftig auszubessern. »Das ist ja kein Zustand«, habe der Optiker gesagt, obwohl es jetzt schon über Jahre ein

Zustand war. Ich schrieb, dass es ebenfalls kein Zustand sei, dass Frederik sich nicht melde, und ich schrieb, dass ja vielleicht das Gegenteil der Fall sei und er womöglich bereits sieben Briefe geschrieben habe, die alle leider nicht angekommen seien, weil, siehe oben.

Ich schraubte die Likörflasche zu, stellte sie unter den Tisch und steckte mir vier Veilchenpastillen in den Mund. Überall hatte Herr Rödder kleine Veilchenpastillennester angelegt, sogar in der Kanne der ausrangierten Kaffeemaschine.

Ich stemmte die Tür auf, machte einen Bogen um Herrn Rödder, der Neuerscheinungen auspackte, ging zum Tresen und fand einen Bogen Briefmarken. Ich hatte keine Ahnung, wie viel ein Brief nach Japan kostete. Zur Sicherheit klebte ich den ganzen Umschlag mit Marken voll.

Dann kam der Optiker in die Buchhandlung. Er wollte mich eigentlich nur abholen, hielt dann aber noch ein Buch über Heimwerken in die Höhe, das ich ihm angeblich empfohlen und das sein Leben verändert habe.

»Schon gut«, rief Herr Rödder von hinten.

»Du bist ja vollkommen derangiert«, sagte der Optiker im Auto, »hast du etwa getrunken? Du riechst so nach, ich weiß nicht, Veilchenlikör.«

»Halt mal am Briefkasten«, sagte ich, als wir ins Dorf fuhren, »ich habe einen Brief an Frederik geschrieben.«

»Gerade eben?«, fragte der Optiker. »In deinem Zustand?«

»Absolut«, sagte ich.

»Vielleicht solltest du noch mal drüber schlafen«, schlug der Optiker vor, »oder ihn erst mal Selma zeigen.« Wichtige Briefe zeigten wir immer Selma, bevor wir sie abschickten. Wenn der Optiker Zahlungserinnerungen an seine Kunden schreiben musste, legte er sie immer Selma vor und fragte: »Ist das zu unwirsch?«

»Es ist viel zu freundlich«, fand Selma in den meisten Fällen.

»Quatsch«, sagte ich, »ich schick den jetzt ab. Was soll denn immer dieses ganze vorsichtige Getue.«

Ich legte meinen Arm um den Optiker wie ein großspuriger Fahrlehrer.

»Spontaneität und Authentizität sind das A und O«, sagte ich, und ich hätte mir besser zwei Wörter aussuchen sollen, die man auch mit Haselnusslikör einwandfrei aussprechen kann.

Dann stieg ich aus und warf den Brief ein.

Um sieben Uhr am nächsten Morgen stand ich wieder am Briefkasten. Der Postbote öffnete die Entleerungsklappe und klinkte seinen Postsack ein.

»Bitte gib mir meinen Brief zurück«, sagte ich.

Der alte Postbote war vor einem Jahr pensioniert worden, der neue war einer der Zwillinge aus dem Oberdorf.

»Nö«, sagte er.

Ich hatte bereits eine halbe Stunde neben dem Postkasten gewartet. Mir war kalt, und ich hatte Kopfschmerzen. Ich stellte mir vor, wie schön es wäre, jetzt Palms Gewehr dabeizuhaben. »Her mit dem Brief, du Pissnelke«, würde ich sagen und das Gewehr anlegen, »alles hört auf mein Kommando.«

»Bitte«, sagte ich.

Der Postbote grinste. Kleine Kältewölkchen stiegen aus seinem Mund. »Und was krieg ich dafür?«

»Alles, was ich habe«, sagte ich.

»Das wäre?«

Ich zog mein Portemonnaie aus der Tasche. »Zehn Mark.«

Der Postbote rupfte mir den Schein aus der Hand, steckte ihn sich in die Hosentasche, zog den Sack auseinander und hielt ihn sich vor den Bauch. »Bedien dich.«

Ich beugte mich über den Postsack, er war viel zu groß und

zu tief für die paar Briefe, die darin lagen. Mit klammen Fingern wühlte ich herum.

»Frohes Neues, Luischen«, sagte der Postbote.

Am nächsten Morgen lag ein Brief von Frederik in meinem Briefkasten. Es war ein blauer Luftpostumschlag. Ich hielt ihn nach oben ins Flurlicht, diesmal war ein Brief aus dickerem Papier darin, man konnte nichts erkennen. Die Wörter waren verschwommen wie die Buchstaben auf der Anzeigetafel im Flughafen, wenn sie sich aktualisierte.

Liebe Luise,

entschuldige, dass ich mich jetzt erst melde. Ich hatte viel zu tun (man kann sich das wahrscheinlich nicht gut vorstellen, aber es stimmt). Um diese Zeit kommen immer Gäste hierher, für die bin ich zuständig. Ich erkläre ihnen alles. Wie man im Kloster isst, wie man sitzt, wie man geht, wann man schweigt und wie lange man schläft. Wenn man ins Kloster kommt, muss man alles neu lernen. Wie nach einem schweren Unfall.

Ich habe viel an dich gedacht. Es war schön bei dir. Und auch anstrengend. Ich bin es nicht gewohnt, so lang mit so vielen Menschen zusammen zu sein. Es wird ja nicht viel gesprochen, hier am anderen Ende der Welt.
Und wie du dir denken kannst, bin ich es auch nicht gewohnt, jemandem so nahe zu kommen wie dir.
Wobei: Das mit dem Nahekommen ist so eine Sache. Du bist mir ein Rätsel, Luise. Manchmal wirkst du sehr forsch und stellst deinen Fuß in die Tür, wenn ich sie eigentlich gerade schließen will, und dann wieder bist du ganz verschwommen. In solchen

Momenten habe ich das Gefühl, als wärst du hinter einer beschlagenen Scheibe, und man kann nur erahnen, was sich dahinter verbirgt.

Als ich bei dir war, bei euch, bin ich immer wieder verliebt in dich gewesen. In das zumindest, was ich von dir sehen konnte (siehe oben, Scheibe).

Aber diese Verliebtheit muss verwandelt werden. Denn, Luise, wir gehören nicht zusammen. Ich habe mich für dieses Leben in Japan entschieden, das war ein langer Weg, für den ich all meinen Mut zusammennehmen musste.
Und so unromantisch das klingen mag: Ich will nicht alles durcheinanderbringen. Es ist sehr wichtig für mich, dass alles an seinem Platz ist.
Und meiner ist hier, ohne dich.

Ich weiß nicht, was du über all das, also über uns, denkst; kannst du denn unterschreiben, dass wir nicht zusammengehören?

Dein Frederik

Ich hatte nichts außer dem Brief in der Hand, aber er trug sich wie sehr viel Gepäck, als ich die Haustür öffnete und langsam zur Buchhandlung ging.

Wie hinter einer Scheibe, dachte ich. Feld, Weide. Das Gehöft vom verrückten Hassel. Wiese, Wald. Wald. Hochsitz eins. Feld. Wald. Wiese. Weide, Weide.

Ich trug den Brief durch den Tag, ich trug ihn aus der Buchhandlung hinaus und auf die Hauptstraße, wo ich mich vor dem Geschenkideengeschäft mit dem Optiker verabredet hatte. Weil mir nichts anderes vor Augen stand als Frederiks Worte, lief ich in Doktor Maschke hinein, der plötzlich mitten auf dem Gehweg stand.

»Hoppla«, sagte er, »das ist aber eine Freude, Sie zu sehen.« Er stemmte die Hände in die Hüften und begutachtete mich, als habe er mich soeben fabriziert. »Es ist unglaublich«, sagte er, »Sie sind Ihrem Vater wirklich wie aus dem Gesicht geschnitten.«

Ich schaute hinüber zum Geschenkideengeschäft. Der Optiker wartete bereits auf mich, hinter dem Postkartenständer stieg Rauch auf.

Doktor Maschke begann, mir alle Fragen zu erzählen, die er Frederik vorlegen wollte, er redete von Nicht-Tun und Nicht-Anhaftung und Nicht-eins und Nicht-zwei. Es wimmelt von Nicht, dachte ich, und hörte Doktor Maschke kaum zu. Ich war wie hinter einer beschlagenen Scheibe und wunderte mich, dass es nicht geklirrt hatte, als ich in Doktor Maschke hineingelaufen war.

Ich sagte mehrfach, dass ich jetzt weitermüsse, aber Doktor Maschke redete weiter. Er redete und redete, bis plötzlich Marlies um die Ecke gebogen kam.

»Was machst du denn hier«, fragte ich, »hast du dich wieder über irgendwas beschwert?«

Obwohl es nicht sehr kalt war, trug Marlies eine tief in die Stirn gezogene Mütze und einen Schal, der die untere Hälfte ihres jung gebliebenen Gesichts bedeckte.

Ich fragte mich, was Marlies konservierte. Vielleicht alterte sie nicht, weil all ihre Tage komplett gleich waren und die Zeit deshalb glaubte, in ihrem Gesicht nicht vergehen zu müssen.

Sie hatte ein längliches Paket in der Hand, das sie auf Doktor Maschke richtete wie ein Gewehr. »Ich habe mir ein Stangenschloss gekauft.«

»So eins hast du doch schon«, sagte ich.

Marlies hatte bereits vier Schlösser an ihrer Tür. Ich fragte mich, wie eine einzelne Tür so viele Schlösser tragen konnte, und wegen Frederiks Brief war eine Tür, die unter ihren Sicherheitsschlössern zusammenbricht, eine so traurige Vorstellung, dass ich beinahe angefangen hätte zu weinen.

»Man kann nie genug Schlösser haben«, sagte Marlies. »Und jetzt fahr ich wieder nach Hause.«

Doktor Maschke sah die verpackte Marlies fasziniert an, als sei sie eine verschleierte Schönheit. »Tun Sie das«, sagte er, »Blaise Pascal hat einmal gesagt: *Das ganze Unglück der Menschen rührt allein daher, dass sie nicht ruhig in einem Zimmer zu bleiben vermögen.*«

Marlies klemmte ihr Paket unter den Arm und lächelte. Ich hatte sie noch nie im Leben lächeln sehen, ich hatte nicht gewusst, dass das anatomisch überhaupt möglich war. »Das stimmt«, sagte Marlies. Sie hatte auch noch nie im Leben gesagt, dass etwas stimmte.

»Ich muss dann jetzt auch los«, sagte ich. Doktor Maschke hielt mich am Ärmel fest, seine Lederjacke knarzte. »Apropos zu Hause bleiben«, sagte er. »Wissen Sie eigentlich, warum Ihr Vater immer auf Reisen ist?«

Ich sah hinüber zum Postkartenständer, hinter dem der Optiker sich eine weitere Zigarette angezündet hatte. »Dürfen Sie eigentlich mit fremden Leuten über Ihre Patienten sprechen?«, fragte ich. »Ist das nicht verboten?«

»Ich betrachte Ihren Vater eher als Freund denn als Patienten«, sagte Doktor Maschke, »aber es liegt mir natürlich fern, Ihnen meine Einsichten aufzuzwingen.« So fern lag das aber nicht, denn er fuhr unbeirrt damit fort. »Also, ich glaube ja«, sagte er und schob seine Nickelbrille hoch, »er ist immer auf Reisen, weil er seinen Vater sucht.«

»Hä?«, sagte Marlies. »Der ist doch tot.«

»Das ist ja das Praktische daran«, sagte Doktor Maschke feierlich, »deswegen kann man ihn überall suchen.«

Er sah uns an, wie früher Martin mich angesehen hatte, wenn er einen Gewichthebeweltmeister vorgemacht und auf den Applaus gewartet hatte.

Hinter dem Postkartenständer auf der anderen Seite hörte es auf zu rauchen, kurz konnte man den Fuß des Optikers sehen, der die Kippe austrat. »Ich muss jetzt los«, sagte ich. »Möchtest du mit uns zurückfahren, Marlies?«

»So weit kommt das noch«, sagte sie, schulterte ihr Paket und ging.

»Könnten Sie mir die Anschrift von Ihrem Buddhisten geben?«, fragte Doktor Maschke.

»So weit kommt das noch«, sagte ich, und dann rannte ich mit meinem Brief über die Straße, hin zum Optiker, und fiel ihm in die Arme.

Spät am Abend saßen Selma, Elsbeth, der Optiker und ich auf der Treppe vor unserem Haus, wir hatten Selmas Sofadecke über die Stufen gebreitet. Der Optiker hatte gelesen, dass man heute besonders viele Sternschnuppen sehen könne.

Selma, der Optiker und Elsbeth hatten ihre Brillen aufgesetzt, die Köpfe zusammengesteckt und sich über Frederiks Brief gebeugt, lange, als sei er schwer zu entziffern.

»Ich will das nicht unterschreiben«, sagte ich. »Was ist das überhaupt für eine bescheuerte Idee? Und verwandeln kann ich das alles auch nicht. Wie stellt er sich das denn vor?«

Der Optiker stand auf und holte eins seiner buddhistischen Bücher aus der Küche, weil er hoffte, darin einen Satz zu finden, der half, wenn man eine Unterschrift verweigerte.

Er setzte seine Brille auf und blätterte. »Es geht im Leben vor allem um eines«, sagte er dann, »es geht darum, eine Intimität mit der Welt herzustellen. Intimität mit der Welt«, wiederholte er, »ist das nicht schön?«, und er unterstrich das gleich noch mal, obwohl es schon unterstrichen war.

Elsbeth steckte sich ein Mon Chéri in den Mund. »Wir könnten versuchen, ihm die Liebe unterzujubeln«, sagte sie, denn sie fand, wenn man die Liebe nicht verwandeln könne, müsse man eben Frederik verwandeln. »Es gibt da sehr viele Methoden. Wenn man beispielsweise Fingernagelschnipsel in ein Glas Wein rührt, macht das den, der ihn trinkt, schier wahnsinnig vor Liebe. Der gleiche Effekt stellt sich ein, wenn man ihm unauffällig eine Hahnenzunge ins Essen mischt. Oder ihm eine Kette aus Eulenknochen um den Hals hängt.« Elsbeth dachte nach. »Vielleicht geht das auch mit Kanarienvogelknochen. Ich denke, das wäre in Piepsis Sinne.« Piepsi war Elsbeths Kanarienvogel, er war heute Vormittag gestorben.

»Oder«, sie nahm sich ein weiteres Mon Chéri, »du gibst Frederik gefundenes Brot zu essen. Dann verliert er nämlich sein Gedächtnis. Dann vergisst er, dass er nichts durcheinanderbringen will.«

Ich stellte mir vor, Frederik die Liebe unterzujubeln wie Alaska seine Abendtablette in einer Kugel Leberwurst.

»Man kann auch mit einem Silberlöffel ausgegrabenes Eisenkraut bei sich tragen«, fiel Elsbeth ein, »dann wird man von allen Menschen geliebt. Und das heißt: auch von speziellen.«

Sie betrachtete die vielen zerknüllten altrosa Papierchen auf ihrem Schoß. »Das Problem ist natürlich, dass er für all das vor Ort sein muss«, sagte sie. »Aber auch das kriegen wir hin. Wenn man drei Besen in einen Ofen steckt, kommt Besuch. Also: auch spezieller.«

»Eine Sternschnuppe«, sagte Selma, und wir sahen nach oben.

»Das mit den Sternschnuppen ist übrigens Humbug«, sagte Elsbeth, »das hilft überhaupt nichts.«

»Ich glaube, es hilft nur eins«, sagte Selma. »Wenn du das nicht unterschreiben willst, musst du dich von ihm verabschieden.«

Der Optiker räusperte sich. »Ehrlich gesagt glaube ich nicht, dass in dieser ganzen Angelegenheit das letzte Wort schon gesprochen ist«, murmelte er, und Elsbeth sagte: »Aber wir sind doch alle in ihn verliebt.«

»Das stimmt«, sagte Selma, »trotzdem.«

»Wusstet ihr«, sagte der Optiker und sah in sein Buch, »dass wir alle nur vorübergehende Ausstülpungen in der Zeit sind?«

»Was hat denn das damit zu tun?«, fragte Elsbeth und legte die Papierchen in einen leeren Blumentopf.

Dann sagte keiner mehr etwas. Schweigend sahen wir nach oben in den Himmel, von wo noch fünf nutzlose Sternschnuppen zu uns herunterfielen.

Nur Elsbeth sah nicht nach oben, sie schaute mich an, und sie sah, dass mir schon wieder die Tränen kamen, wegen der bescheuerten Unterschrift, wegen der unvorstellbaren Verwandlung.

Wir konnten alles Mögliche mit der Liebe. Wir konnten sie mehr oder weniger gut verstecken, wir konnten sie hinter uns herziehen, wir konnten sie hochheben, durch alle Länder der Welt tragen oder in Blumengebinden verstauen, wir konnten sie in die Erde legen und in den Himmel schicken. All das machte die Liebe mit, langmütig und biegsam, wie sie war, aber verwandeln konnten wir sie nicht.

Elsbeth strich mir vorsichtig eine Strähne aus der Stirn. Sie legte mir ihren Arm um die Schulter und sagte leise: »Wer ein Fledermausherz isst, dem tut nichts mehr weh.«

Dann stand sie auf. »Ich geh jetzt mal«, sagte sie, »ich muss morgen ganz früh in die Stadt.« Bei Mollig & Chic startete morgen der Räumungsverkauf.

»Bis morgen«, sagten wir, und Elsbeth, eine vorübergehende Ausstülpung der Zeit in abgelaufenen Pumps, drehte sich um und ging. »Ich versuch mal, eine Hahnenzunge zu kriegen«, hörten wir sie noch murmeln.

Selma strich mir über den Rücken. »Du solltest die Beine in die Hand nehmen, Luise«, sagte sie.

Über meinen Kopf hinweg sahen sich Selma und der Optiker an. Sie kannten sich beide gut aus mit Liebe, die nicht verwandelbar war.

Nichts Näheres

Die ganze Nacht über fand ich, dass ich unmöglich unterschreiben konnte, und fragte mich, wie man die Beine in die Hand nimmt, ich fragte mich das auch am nächsten Morgen noch, als ich in der Buchhandlung bestellte Bücher in alphabetischer Reihenfolge der Kundennamen ins Bestellfach sortierte. Herr Rödder tippte mir auf die Schulter. »Seit wann bitte kommt F vor A?«, fragte er, und dann wurde die Ladentür aufgerissen, und der Optiker stürmte herein.

»Elsbeth hatte einen Unfall«, sagte er.

Die Zeit blieb kurz stehen, nachdem er das gesagt hatte, und dann fing sie an zu rasen. Sie raste neben uns her, als Selma, der Optiker und ich ins Kreiskrankenhaus fuhren, und sie bremste ab und verging unendlich langsam, als wir im Krankenhausflur saßen und warteten, mit beigefarbenen Automatenkaffeebechern in den Händen, die keiner von uns gerade halten konnte.

Immer wieder hasteten Ärzte vorbei, ihre Schritte auf dem Linoleum klangen wie der Schluckauf eines Kindes. Immer sprangen wir alle drei dann auf, und immer hieß es, dass man noch nichts Näheres sagen könne.

»Ich habe übrigens nichts geträumt gestern Nacht« sagte Selma. Damit beantwortete sie die Frage, die der Optiker und ich seit Stunden nicht stellten, und ich dachte, dass es ja dann so schlimm nicht sein könne, und versuchte, das zu glauben. Das war nicht leicht, denn Elsbeth war vor einen Bus gelaufen, vor den Linienbus in der Kreisstadt, und wie könnte das nicht so schlimm sein.

Der verzweifelte Busfahrer hatte gesagt, Elsbeth sei wie aus dem Nichts aufgetaucht, vor dem Bus in voller Fahrt, Umstehende sagten, sie sei einfach auf die Straße gelaufen, sie habe nicht nach rechts und links geschaut, sondern konzentriert auf ein Blatt Papier in ihren Händen. Ein Umstehender hatte das Blatt aufgehoben, es war weit weg von Elsbeth auf den Asphalt geflattert, es war eine Liste, verfasst in Elsbeths zittriger Schrift.

Wein
Häubels wg. Hahnenzunge fragen
Knochen Piepsi abkochen
Eisenkraut
Fledermausherz
Besen

Als der Abend dämmerte und man immer noch nichts Näheres hatte sagen können, stand der Optiker auf.

»Ich gehe Palm anrufen«, sagte er, und zwar so abrupt und entschlossen, als sei ihm gerade klar geworden, dass Palm ein preisgekrönter Mediziner war.

Selma schaute ihn fragend an.

»Damit er für Elsbeth betet?«

»Nein«, sagte der Optiker, »weil er sich mit Tieren auskennt.«

Nach dem Anruf stieg Palm sofort in sein Auto. Er fuhr weit, bis zu der großen, verwitterten Burg, die er ein paarmal mit Martin besichtigt hatte, an den wenigen Tagen, an denen er nicht besoffen gewesen war.

Und während Selma und ich unsere Becher umklammerten und der Optiker vor dem Eingang des Krankenhauses eine Zigarette nach der anderen rauchte, parkte Palm den Wagen, holte eine seiner Taschenlampen aus dem Kofferraum und schob sie sich in den Gürtel. Palm hatte gute Lampen, er kannte sich aus mit Beleuchtung.

Er suchte nach einer unverschlossenen Tür und fand keine. Die niedrige Tür an der Hinterseite des Turmes sah verwittert aus, ihr Vorhängeschloss aber stabil. Palm begann, an der Tür zu rütteln.

Nach Martins Tod war der Zorn aus Palm herausgewühlt worden, und mit seinem Zorn auch seine Kraft, denn in Palm gab es Kraft und Zorn nur zusammen. Palm sah sich um und räusperte sich.

»Geh bitte auf, Tür«, sagte er dann und rüttelte, aber die Tür war eine gute Tür, die sich trotz ihres verwitterten Aussehens nicht einfach so aufrütteln ließ. *Da muss du schon früher aufstehen*, schien sie zu sagen, *da muss schon mehr kommen, du kraftloser Jägersmann*. Palm begann, stärker und noch stärker zu rütteln, er rüttelte an der Tür wie ein wahnsinnig gewordener Tatortkommissar an den Schultern eines Verbrechers, der das Versteck seines Entführungsopfers nicht preisgeben will, und es wurde Palm plötzlich sehr heiß. »Gib auf, du verdammtes Scheißding«, rief er krächzend, denn seine Stimme war es nicht mehr gewohnt, so laut zu sein. »Geh sofort auf, du elendes Stück Scheiße«, brüllte Palm, »oder ich knall dich ab«, brüllte er noch hinterher. Das Schloss hielt immer noch, aber die Tür zerbarst in zwei Hälften.

Palm atmete aus und wischte sich mit dem Jackenärmel über die Stirn. Er schaltete seine Taschenlampe an, stieg über die Reste der Tür und ging die Treppe hoch, die ganz nach oben führte, hinauf in den Turm. Er griff in seine Hosentasche und vergewisserte sich, dass dort das kleinste scharfe Messer war, das er besaß.

Eine Stunde später, wir warteten immer noch, kam Palm den Krankenhausflur entlang auf uns zugelaufen. Auch ein Arzt kam auf uns zu, von der anderen Seite. Er hastete nicht, er ging langsam, um Zeit zu gewinnen, bevor sie gleich ganz stillstehen würde.

Der atemlose Palm und der langsame Arzt erreichten uns gleichzeitig. Selma, der Optiker und ich standen auf, weil jemand Unsichtbares sagte: »Bitte erheben Sie sich.«

»Sie hat es nicht geschafft«, sagte der Arzt.

Selma schlug sich die Hand vor den Mund, der Optiker fiel zurück auf seinen Stuhl und vergrub sein Gesicht in den Händen, und Palm öffnete seine Faust, die, wie wir jetzt sahen, blutig war.

Aus seiner Hand fiel ein winziges Stück Fleisch auf das Linoleum. Es fiel direkt neben den weißen Schuh des Arztes, der daraufhin einen seltsamen Laut von sich gab, ein Quieken. »Was ist denn das, um Himmels willen«, rief der Arzt, und wie hätte er das auch wissen können, wer erkennt schon auf Anhieb das Herz einer Fledermaus.

Es regnete auf Elsbeths Beerdigung. Es regnete so wie an dem Tag, als Frederik mich besucht hatte, all die aufgespannten schwarzen Schirme um Elsbeths Grab sahen von weit oben aus wie ein riesiger Tintenklecks.

Selmas Hand lag in meiner, ihre Schultern zuckten, sie schluchzte. »Elsbeth hat mir mal erzählt, dass es für den, der beerdigt wird, gut ist, wenn es auf seinen Sarg regnet«, flüsterte ich in Selmas Ohr. Selma sah mich an, ihr Gesicht war verquollen und nass. »Aber doch nicht so stark«, sagte sie.

Der Regen prasselte auf die Ornamente auf dem Sargdeckel. Selma hatte auf einem aufwendig verzierten Sarg bestanden, weil Elsbeth ja auch im Leben ihr Äußeres immer aufwendig verziert hatte. Als der Bestatter den Sargpreis genannt hatte, hatte der Optiker gefragt, ob das nicht auch ein wenig günstiger ginge, und der Bestatter hatte triumphierend erklärt, dass man beim

Sargkauf nicht handeln dürfe, weil sonst der jeweilige Tote keine Ruhe fände. »Das weiß ich von Elsbeth«, hatte er gesagt.

Elsbeths Haus war genau genommen schon lange nicht mehr ihr Haus gewesen, es gehörte der Bank in der Kreisstadt, und jetzt, nach Elsbeths Tod, sollte das Haus so schnell wie möglich nichts mehr von Elsbeth wissen.

Auch mein Vater half mit, es auszuräumen. Er war gerade aus irgendeiner Wüste gekommen, um demnächst in eine andere Wüste aufzubrechen. Alaska behinderte die Arbeiten, weil er ständig um meinen mit Kisten beladenen Vater herumsprang und ihn ins Straucheln brachte.

Ich hatte beim Packen Elsbeths Fotoalben gefunden, darin waren Bilder von Elsbeth, Heinrich und Selma in jung und Schwarz-Weiß. Ich kannte diese Bilder auswendig, Elsbeth hatte sie Martin und mir oft gezeigt. Eins zeigte Selma und Heinrich, wie sie auf die noch leere Fläche zeigten, auf der später unser Haus entstehen sollte. Immer wieder aufs Neue hatten Martin und ich nicht fassen können, dass Elsbeth und Selma einmal so jung gewesen waren, dass mein Großvater irgendwann einmal in der Welt gewesen war und unser Haus irgendwann einmal noch nicht.

Auch meine Mutter half mit, und es schien, als hätten meine Eltern beschlossen, einen Wettkampf im Tragen zu veranstalten. Sah meine Mutter, dass mein Vater zwei Kisten auf einmal nahm, nahm sie drei. Sah mein Vater meine Mutter mit drei Kisten, stemmte er vier. Als meine Mutter schließlich fünf Kisten auf einmal zu tragen versuchte, fiel die oberste im Garten herunter und ging auf. Sonnenblumengelbe Kladden fielen auf Elsbeths Rasen, eine öffnete sich.

Der Einzelhändler stellte Elsbeths Bügeleisen ab und hob sie auf. *»Der Sex mit Renate raubt mir den Verstand«*, las er. »Was ist das denn?«

Der Optiker nahm ihm die Kladde aus der Hand und klappte sie zu. »Nichts«, sagte er, »das ist nichts.«

Er stapelte die Bücher aufeinander, legte trockenes Laub dazu, holte sein Feuerzeug aus der Jacketttasche und zündete das Ganze an. Während das Feuer die sonnenblumengelben Einbände anleckte, das dicht beschriebene Papier, sah der Optiker in den Himmel. »Schau mal, Elsbeth«, flüsterte er, »Renate ist gleich nur noch etwas Staub.«

Selma kam aus Elsbeths Haus. Sie war den ganzen Tag lang gefasst gewesen, ohne jede Regung hatte sie, so gut es ihr möglich war, geholfen, Dinge zusammenzupacken und hinauszutragen. Die Fassung hatte sie erst verloren, als sie Elsbeths Pantoffeln, die wie immer neben dem Telefontischchen standen, in eine Plastiktüte gelegt hatte.

Selma schob ihren Rollstuhl, auf dessen Sitzfläche Elsbeths Einweggläser mit Pulvern und Kräutern standen, von denen wir nicht die leiseste Ahnung hatten. Selma überlegte kurz und schüttete dann alles in das kleine Feuer zu Füßen des Optikers, alles, was gegen Liebeskummer half, gegen Verstopfung und Menschen, die nach ihrem Tod nicht sterben wollten, gegen Zahnweh, Schweißfüße, Bankrott und Gallensteine, alles, was für leichte Geburten sorgte, für erholsamen Nachtschlaf und dafür, dass jemand einen liebte, den er nicht lieben konnte.

»Ohne Elsbeth hilft das alles nichts«, sagte sie.

Selma behielt Elsbeths Fotoalben, sie behielt das Stück Teppich, das Elsbeth beim Autofahren immer zwischen ihren Bauch und das Lenkrad gelegt hatte, und Elsbeths Pantoffeln. Sie stellte die Pantoffeln ins Wohnzimmer, unter das Sofa, auf dem ich in der Nacht nach Elsbeths Beerdigung nicht einschlafen konnte.

Ich knipste die Lampe an und nahm einen der Pantoffeln in die Hand. Die ursprüngliche Farbe konnte man nicht mehr erkennen. Ich betrachtete die Landschaft von Elsbeths Pantoffel, die sich über die Jahre herausgebildet hatte. Die schiefe, zerfurchte Gummisohle, die Ausstülpung innen, die von Elsbeths Ballenzeh kam, die schwarze, glänzende Mulde, die Elsbeths Ferse geformt hatte.

Ich nahm die Beine nicht in die Hand. Ich stellte Elsbeths Pantoffel zurück unters Sofa, neben den anderen. Ich nahm ein Papier und schrieb: »Hiermit unterschreibe ich, dass wir nicht zusammengehören.« Ich schrieb es so feierlich, wie andere eine Eheurkunde unterzeichnen.

DRITTER TEIL

Unendliche Weiten

Seit mein Vater ständig auf Reisen war, schenkte er Selma zu jedem Geburtstag einen Bildband über das Land, in dem er sich gerade aufhielt. Selma stellte diese Bildbände nicht wie früher unbesehen ins Regal; sie studierte sie gründlich, sie prägte sich alles ein, sie wollte sich vorstellen können, was ihr Sohn sah.

Immer, wenn die Geburtstagsgäste gegangen waren, setzte Selma sich mit ihrem neuen Bildband in den Sessel, und der Optiker nahm ihr gegenüber auf dem roten Sofa Platz. Die Texte in den Büchern waren meist auf Englisch, und darin galt der Optiker, seit er für Martin und mich Lieder übersetzt hatte, als Experte. Er schaute Selma beim Lesen zu oder sah in die alten Tannen vor dem Fenster, deren Zweige sich in dem Wind bewegten, der hier immer ging, und wartete. Er wartete, bis Selma den Blick hob, den Optiker über den Rand ihrer Halbbrille ansah und ihm Worte sagte, die sie nicht kannte. Er kannte sie.

Als Selma an ihrem zweiundsiebzigsten Geburtstag mit einem Bildband über Neuseeland auf dem Schoß im Sessel saß, kam es ihr vor, als habe sie den letzten Geburtstagsbildband erst vor ein paar Tagen ausgepackt.

Es stimmt, dachte Selma, dass die Zeit schneller vergeht, je älter man wird, und sie fand, dass das unklug eingerichtet war. Selma wünschte, dass ihr Zeitgefühl mit ihr altern, dass es etwas lahmen würde, aber das Gegenteil war der Fall. Selmas Zeitgefühl benahm sich wie ein Rennpferd.

Was bedeutet *New Zealand's amazing faunal biodiversity*?«, fragte Selma. »Erstaunliche Artenvielfalt«, sagte der Optiker, »die Fauna betreffend«, und unten im Dorf sortierte der Einzelhändler die H-Milch-Tüten von dem Regal ganz hinten rechts in das Regal ganz hinten links, und mein Vater kam zu Besuch, er brachte Schals aus genuesischem Samt mit, ich schrieb Frederik, Frederik schrieb mir, und dem Bürgermeister riss ein Schwein aus, der Optiker fing es wieder ein.

Und währenddessen nahmen die Laubbäume auf der Uhlheck das Grün aus ihren Blättern, um sie dann fallen zu lassen, und kurz darauf barst das Lagerdach des Einzelhändlers unter dem Schnee, der schwer und trotzdem, Selmas Zeitgefühl nach, einen Augenblick später geschmolzen war, und im Handumdrehen verschafften sich die Bäume auf der Uhlheck neue Blätter, und im gleichen Handumdrehen fand sich Selma in ihrem dreiundsiebzigsten Geburtstag wieder, auf dem Schoß einen Bildband über Argentinien.

»Was bedeutet *untamed nature*?«, fragte sie, und der Optiker sagte: »Eine ungezähmte Natur.«

Ich schrieb Frederik, Frederik schrieb mir, wir schrieben uns trotz, vielleicht aber auch gerade wegen meiner Unterschrift, und obwohl unsere Briefe um die halbe Welt mussten, obwohl sie technischem und menschlichem Versagen ausgesetzt waren, kamen sie verlässlich beim anderen an, allerdings zeitversetzt. »Der Zwilling aus dem Oberdorf, der der Postbote ist, hat neugeborene Katzen in einen Sack gesteckt und im Apfelbach ersäuft«, schrieb ich Frederik, und zwei Wochen später kam seine Antwort: »Katzen ersäufen bringt ganz schlechtes Karma.«

»Können wir nicht mal telefonieren?«, hatte ich Frederik geschrieben, und er hatte erwartungsgemäß geantwortet, dass Telefonieren sehr umständlich sei.

Obwohl es anatomisch nicht möglich war, hatte ich versucht, die Liebe zu verwandeln, wenigstens in eine überschaubare und handhabbare Liebe, auch das war umständlich, aber weil ich Frederik nicht sah und nie mit ihm sprach, konnte man sich Überschaubarkeit mit der Zeit immerhin vorgaukeln.

Immer wieder fragte der Optiker, was denn nun mit Frederik wäre. »Wir schreiben uns«, sagte ich, und der Optiker fand, dass das nicht die Antwort auf seine Frage sei. »Du liebst ihn doch«, sagte er, als ich auf seinem Untersuchungshocker saß, um meine Augen testen zu lassen, die immer schmerzten, wenn ich etwas Kleingedrucktes las.

»Nein«, sagte ich, »nicht mehr.«

Die Lesetafel hinter dem Optiker fiel herunter, er ging ins Hinterzimmer und holte eine neue. »Die habe ich extra für dich angefertigt«, sagte er. Darauf stand:

Man kann sich die Abenteuer

Für die man gemacht ist

Nicht immer

Aus

Su

chen

Ich beugte mich vor. »Ich brauche eine Brille«, sagte ich.

Herr Rödder sprühte *Blue Ocean Breeze* auf Alaska, Marlies beschwerte sich beim Einzelhändler über das Tiefkühlgemüse, und mein Vater kam zu Besuch. Er sah immer mehr aus wie Heinrich. Langsam waren die Verhältnisse im Gesicht meines Vaters in Bewegung geraten wie eine Landmasse, sie rutschten langsam hin zum Gesicht seines Vaters. »Wie seltsam«, sagte er und griff sich an die Nase, »dabei bin ich doch jetzt viel älter, als er je geworden ist«, und als an meinem fünfundzwanzigsten Geburtstag die Kerzen recht beengt auf dem Kuchen standen, sagte der Optiker: »Herzlichen Glückwunsch. Sei froh, dass sie überhaupt noch auf einen Kuchen passen. In meinem Fall bräuchte man schon eine halbe Konditorei.«

»Mach mal die Augen zu«, sagte Selma, und dann legte sie mir eine Kette aus blauen Steinen um den Hals. »Die Steine sind übrigens cyanblau«, sagte der Optiker.

»Danke«, sagte ich.

»Herzlichen Glückwunsch, liebe Luise«, schrieb Frederik. »Ich habe das Gefühl, als hätte uns jemand, der es hoffentlich gut mit uns meint, an die Kopfenden desselben Tisches gesetzt. Nun ist es allerdings ein neuntausend Kilometer langer Tisch (bei diesem Ausmaß kann man wohl von einer Tafel sprechen), und obwohl wir uns nicht sehen, weiß ich dich am anderen Ende.«

Der Optiker schaute mich an. »Die Steine sind *cyanblau*«, sagte er noch einmal.

»Schon gut«, sagte ich, »ich habe es verstanden.«

»Was bedeutet *the impressive Greenland ice deposits?*«, fragte Selma an ihrem nächsten Geburtstag, und der Optiker sagte: »Das beeindruckende Eisvorkommen in Grönland.«

Palm zitierte Bibelstellen, der Optiker dachte Dinge zusammen, die nicht zusammengehörten (Kiesel und Frisuren, Orangensaft und Alaska), und Marlies klebte das ohnehin undurchsichtige Fenster in ihrer Haustür mit Packpapier zu. Ich räumte das immer noch unausgepackte Regal, das Frederik mir vor vier Jahren geschenkt hatte, von einer Zimmerecke in die andere. Die Tochter des Bürgermeisters und Bauer Häubels Urenkel bekamen das sechste Kind und ich eine Brille, und dann kam die totale Sonnenfinsternis.

Noch nie in seinem Leben hatte der Optiker so viel Kundschaft gehabt. Es kamen Leute aus der Kreisstadt und den Dörfern, in denen die Sonnenfinsternisbrillen sofort ausverkauft gewesen waren. Ich half dem Optiker verkaufen, er hatte von all der Kundschaft rote Wangen und Heiserkeit. Der Zwilling aus dem Oberdorf, der nicht der Postbote war, versuchte, seine Brille für achtzig Mark weiterzuverkaufen, aber darauf ließ sich keiner ein.

Wir beobachteten die Sonnenfinsternis von der Uhlheck aus. Das ganze Dorf war da, der Bürgermeister machte ein Gruppenbild. Als die Sonne ganz verdunkelt war, nahm Palm seine Brille ab und schaute ohne Schutz direkt in die kreisrunde Schwärze. »Was machst du denn da«, rief Selma erschrocken und hielt Palm ihre Hand vor die Augen. »Die Brille lässt kein Licht durch«, erklärte Palm. »Das ist doch der Sinn der Sache«, sagte Selma. Weil aber ihre Finger so ungerade waren, konnte Palm gut hindurchsehen, und dann wechselte die Zeit von einem Jahrtausend ins nächste.

»Dass ich das noch erleben darf«, sagte Selma. »Aber wenn die Zeit weiter so rast, erlebe ich wahrscheinlich auch noch das kommende Jahrtausend.«

»Ich habe Angst, dass beim Jahrtausendwechsel die Schwerkraft verloren geht«, schrieb ich Frederik. Wir feierten im Dorfgemeinschaftshaus, ohne Unterlass jagten der Optiker und der Einzelhändler Feuerwerkskörper in die Luft, von weit oben sah unser Dorf aus wie ein Schiff in Not, und hinter dem Haus, bei den Toiletten, küsste ich betrunken den betrunkenen Zwilling aus dem Oberdorf, der der Postbote war, ich küsste ihn trotz seines schlechten Karmas und weil sich vor lauter Rotkäppchensekt alles drehte, aber ich hörte sofort wieder damit auf, als er sagte: »Luise, du hast ja einen echten Feuerwerkskörper.«

Die Schwerkraft blieb, nichts wurde anders, nur in Selmas Serie wurde die Schauspielerin, die seit Jahrzehnten Melissa gespielt hatte, kurzerhand durch eine andere ersetzt. Selma quittierte das mit einem verärgerten Schnauben. Dann sah sie mich an und sagte: »Es muss etwas passieren.«

»Was?«, fragte ich.

»Geh doch mal mit diesem netten jungen Mann aus, der mit dir in der Berufsschule war. Wie hieß der doch gleich?«

»Andreas«, sagte ich.

Selma fragte den Optiker, was *enormous population density* bedeute, und der Optiker sagte »enorme Bevölkerungsdichte«, es ging um New York. Der Optiker kaufte Wärmepflaster für den unteren Rücken, der Lieferant schob seinen grau abgedeckten Lieferwagen vor das Geschäft des Einzelhändlers, und mein Vater kam zu Besuch, er brachte mir einen Krummsäbel mit, den ich Herrn Rödder weiterschenkte. Der Zwilling aus dem Oberdorf, der nicht der Postbote war, zündete das Gehöft vom verrückten Hassel an und wurde nicht gefasst, und Selma und ich standen lange vor einem Baum neben dem Apfelbach und fragten uns, ob Elsbeth recht gehabt und das Efeu am Baumstamm tatsächlich ein sich hochrankender Mensch auf dem Weg zur Erlösung war, und wenn ja, wer. Der Optiker sagte, es sei schade, dass niemand, den wir kannten, Briefmarken sammle, bei all den herrlichen Marken, die wir jetzt hätten, Marken von den Bildbandsendungen aus aller Welt und von den Briefen aus Japan.

Auf den Stufen vor unserem Haus brachte ich einem der Häubelkinder die Schleife bei, und Friedhelm heiratete die Witwe aus dem Haus der Einkehr, auf seinen ausdrücklichen Wunsch sangen wir alle vor dem Standesamt *O du schöner Westerwald*, und im Laufe der Hochzeitsfeier fragte der Zwilling, der der Postbote war, ob wir uns weiterküssen wollten, er sei derzeit ungebunden, und im Winter machte Palm eine Erfindung. Er war mit Bibelstellen auf dem Weg zu Selma, als er sah, wie sie an meinem Arm vergeblich versuchte, den verschneiten Hang vor ihrem Haus hinunterzukommen, ohne immer wieder beinahe auszurutschen. Palm sah zu und dachte nach und ging wieder. Am Abend kam er mit zwei Gemüsereiben zurück. Er befestigte sie mit Blumendraht an den Sohlen von Selmas Winterschuhen.

»Genial, Palm«, sagten wir. »Genial«, schrieb Frederik zwei Wochen später, und beinahe hätten wir Palm auf die Schulter geklopft, aber das durfte man ja nicht.

»Unendliche Weiten«, sagte der Optiker, als Selma mit einem Bildband über Australien in ihrem Sessel saß und ihn gefragt hatte, was *vastness* heißt.

Selma schob ihren Rollstuhl über die Uhlheck, Marlies beschwerte sich über eine Buchempfehlung, Palm zitierte Bibelstellen, und der Optiker fragte vorsichtig, ob sie nicht mittlerweile die ganze Bibel durchhätten. »Längst«, sagte Palm, »aber jede einzelne Stelle lässt sich ja auf tausenderlei Arten interpretieren«, und eines Nachts brach der Zwilling aus dem Oberdorf, der nicht der Postbote war, in die Buchhandlung ein.

Er hatte nicht damit gerechnet, dass Herr Rödder noch da war, dass er unter dem Kassentisch kniete und versuchte, ein Modem anzuschließen. Unbemerkt krabbelte Herr Rödder zur Reiseliteratur und hielt dann den Zwilling aus dem Oberdorf mit dem Krummsäbel meines Vaters in Schach, bis die Polizei eintraf. Fortan war Herr Rödder viel ausgeglichener, auch seine Augenbrauen, die immer in Aufruhr gewesen waren, beruhigten sich. Herr Rödder schimpfte weniger, er schluffte nicht länger zwischen den Regalen herum, er schritt einher im Bewusstsein, Großes vollbracht haben.

»Bei dir ist immer was los«, schrieb Frederik, und ich schrieb ihm, ob er nicht vielleicht neuerdings auch E-Mail habe, dann könne man sich kurzfristiger erreichen, sonst verschleppe sich ja alles immer so, und Frederik antwortete versetzt, dass er natürlich kein E-Mail habe und: »Ich freue mich übrigens immer wieder daran, dass die Schwerkraft noch da ist. Und wir auch.«

Meine Mutter, die begonnen hatte, Gedichte zu schreiben, wurde beim Lyrikwettbewerb der Kreiszeitung mit dem 2. Platz ausgezeichnet, und Palms Hochsitz brach zusammen, ohne Palm darauf, erstaunlicherweise knickten die Pfähle ein, die der Optiker nicht angesägt hatte. Die angesägten Pfähle blieben für immer stehen, weil der Optiker und Elsbeth sie so gut ausgebessert hatten.

Der Optiker schenkte dem dritten Kind der Häubels ein Briefmarkenalbum, und der Bürgermeister starb, sein Herz blieb stehen, als er gerade den Kranz am Maibaum befestigen wollte, tot fiel der Bürgermeister von der Leiter. »Bitte sag mir nicht, ob du von einem Okapi geträumt hast«, sagte die Frau des Bürgermeisters zu Selma. Und Selma sagte es nicht.

»Was bedeutet *enchanting oasis towns*?«, fragte Selma mit einem Bildband über Ägypten im Schoß, und der Optiker sagte: »Oasenstädte, die betörend sind.«

Friedhelm lief singend durchs Dorf und zog seinen Hut vor jedem, dem er begegnete, der Optiker steckte den Kopf in sein Perimeter und signalisierte Punkten, dass er sie gesehen hatte, und mein Vater kam zu Besuch, er brachte mir ein Hochglanzposter einer venezianischen Gondel mit, das so hässlich war, dass ich mich fragte, ob er es vielleicht gar nicht in Venedig, sondern im Geschenkideengeschäft gekauft hatte. Herr Rödder gab der Kreiszeitung im Eiscafé ein Interview, er sprach bei einem Becher *Flammende Versuchung* über Heldenmut, und ich ging, damit Selma endlich Ruhe gab, mit Andreas aus der Berufsschule zum Italiener in der Kreisstadt. Hinterher kam Andreas mit in meine Wohnung, und weil ich damit nicht gerechnet und nicht aufgeräumt hatte, waren alle Stühle und das Sofa voller Kleider und Zeitungen. Andreas wollte sich auf das unausgepackte Regal in der Ecke setzen. »Halt«, sagte ich, »da bitte nicht.«

»Aber wohin dann?«, fragte Andreas, und ich hatte keine Ahnung, wo ich ihn hinsetzen sollte.

Alaska musste an der Hüfte operiert werden, der Tierarzt bereitete uns darauf vor, dass er den Eingriff wahrscheinlich nicht überleben werde, aus dem einfachen Grund, dass er theoretisch gar nicht mehr am Leben sein dürfe, und am Abend vor der Operation schrieb ich »Es ist alles gut gegangen« an Frederik, »Alaska hat den Eingriff hervorragend überstanden und ist schon wieder sehr munter«. Am Tag der Operation rief mein Vater jede halbe Stunde an, ausgerechnet aus Alaska, um zu fragen, ob wir schon Näheres wüssten, und er hörte erst damit auf, als wir sagten, die Leitung müsse für den Tierarzt frei bleiben.

Alaska starb nicht. Alaska begann ein weiteres seiner zahllosen Leben, ohne zwischendurch zu sterben, und als ich zu Weihnachten Marlies ein Stück Braten vor die Tür legte und mich schon umgedreht hatte, um wieder zu gehen, hörte ich, wie sie rasselnd ihre fünf Schlösser aufschloss und die Tür einen Spaltbreit öffnete.

»Wie hieß noch mal der, der gesagt hat, dass alle Leute am besten immer zu Hause bleiben sollten?«, fragte sie.

»Blaise Pascal«, sagte ich.

»Nein, der andere.«

»Ach so«, sagte ich, »Doktor Maschke.«

Der Einzelhändler besorgte einen Kaffeeautomaten und hängte ein Tortenpapier an die Tür, auf das er *Kaffee to go* geschrieben hatte, aber das hängte er bald wieder ab, weil niemand einen solchen Kaffee wollte. »Wo soll ich mit dem Kaffee denn hingehen?«, hatte die Frau des verstorbenen Bürgermeisters gefragt.

In Selmas Serie betrog Melissa Matthew mit dessen Halbruder Brad, Selma würde ihr das nie verzeihen, und obwohl ich nicht wusste, wo ich Andreas hinsetzen sollte, wurden Andreas und ich ein Paar, es ergab sich so. Und es ergab sich auch so, dass ich, gleich nachdem ich Andreas zum ersten Mal geküsst hatte, Frederik schrieb, dass ich jemanden kennengelernt hatte, der sehr nett sei und den ich vermutlich heiraten würde, und ich ärgerte mich, dass Frederik, der sonst immer auf alles einging, in seinem nächsten Brief so überhaupt nicht auf Andreas einging, er schrieb von dem Moos auf dem Dach, von der Arbeit auf dem Feld, von der Meditation, von den Gästen im Kloster, und erst ganz am Schluss, ganz unten am äußersten Ende der Seite, stand: »PS: Ach so, Glückwunsch übrigens.«

Andreas war sehr nett, alle fanden das, wir hatten dieselben Interessen, auch das fanden alle, denn Andreas war ja ebenfalls Buchhändler, und wenn jemand fragte, was jetzt mit Frederik wäre, antwortete ich, dass es sich eben nicht ergeben habe.

»Man kann sich die Abenteuer, für die man gemacht ist, nicht immer aussuchen«, sagte ich.

»So war das nicht gemeint, Luise«, sagte der Optiker.

Nach einem Besuch meines Vaters betrachtete Herr Rödder lange die Wand über der Reiseliteratur. Da hingen ein eingedübelter Buddha, eine marokkanische Maske, eine Kette mit einem großen Grönlandit, ein Teppich aus Lima, ein Nummernschild aus New York, ein eingerahmtes T-Shirt mit dem Schriftzug *Hard Rock Café Peking*, der Krummsäbel, ein keltisches Kreuz, die Satteltasche, ein chilenischer Regenmacher, das Poster der venezianischen Gondel, ein Didgeridoo. »Mittlerweile haben wir mehr Reiseliteraturdekoration als Reiseliteratur«, sagte Herr Rödder. Er fragte mich, ob ich mir vorstellen könne, die Buchhandlung zu übernehmen, wenn er irgendwann nicht mehr sei. »Noch sind Sie ja«, sagte ich, und zwei Wochen später schrieb Frederik: »Das ist ein schönes Angebot, aber willst du das wirklich machen? Ich glaube ja, dass du eigentlich für die sieben Weltmeere gemacht bist.«

Ich war auf dem Weg zur Buchhandlung, als ich das las. Ich lief zurück in meine Wohnung und schrieb Frederik, er könne nicht beurteilen, wer für was im Leben gemacht sei, schließlich habe er sich komplett aus dem wirklichen Leben zurückgezogen, auf ein bemoostes Klosterdach, und von da aus habe man gut reden. Weil Frederik in seinem letzten Brief wieder von meiner Verschwommenheit angefangen hatte, schrieb ich außerdem, dass einer, der nie da ist, auch Sichtbarkeit nicht beurteilen könne, und noch während ich das schrieb, merkte ich, wie falsch das war, dass Frederik und ich uns über neuntausend Kilometer sehr gut sehen konnten, vielleicht besser als aus der Nähe.

»Liebe Luise, ich wüsste gern, was das wirkliche Leben denn ist, deiner Meinung nach«, schrieb Frederik zurück.

»Was bedeutet *scenic and craggy*?«, fragte Selma, als sie einen Bildband über Irland auf dem Schoß hatte. »Malerisch und zerklüftet«, sagte der Optiker, der im Dunkel vor Selmas Wohnzimmerfensterscheibe nur sich selbst sehen konnte, »wie mein Gesicht.«

Selma hängte ihre Wäsche auf, mit einer Umsicht, als täte sie es für nachfolgende Generationen, Marlies aß Erbsen direkt aus der Dose, nachts, wenn sie am Fenster stand und sicher sein konnte, dass niemand nach ihr sehen würde, und immer mal wieder beschloss irgendjemand im Dorf, fortan dankbarer zu sein, sich künftig auch an kleinen Dingen zu erfreuen oder einfach daran, dass man vorhanden war, bis ein Wasserrohrbruch kam oder eine Nebenkostenabrechnung.

Weil der Sommer so heiß war, trocknete der Apfelbach aus. Jetzt, wo er trocken lag, sprang der Optiker einen ganzen Nachmittag lang mit den Häubelkindern über ihn herüber, und zu meinem 30. Geburtstag schenkte mir Andreas einen Gutschein für eine Reise ans Meer. Er schlug vor, dass wir die Buchhandlung ja später einmal zusammen übernehmen, dass wir eigentlich auch zusammenziehen könnten, und als er das vorschlug, auf meinem Bett, klingelte das Telefon. Ich lief in den Flur und nahm ab, und obwohl der Anruf vom anderen Ende der Welt kam, rauschte es kein bisschen, die Verbindung war glasklar.

»Ich bin's«, sagte Frederik, »herzlichen Glückwunsch zum Geburtstag.«

Ich hörte seine Stimme zum ersten Mal seit acht Jahren. Ich schloss die Augen, und hinter meinen Lidern sah ich Frederik in Schwarz-Weiß auf der Uhlheck, wie er zwischen anderen schwarzweißen Mönchen stand, seine eigentlich hellen Augen waren hinter meinen Lidern sehr dunkel, er stand da und sagte: »Ich heiße übrigens Frederik.«

Ich war auf seinen Anruf nicht vorbereitet gewesen, die Verstockung aber schon. Sie hatte sich glänzend vorbereitet, acht Jahre lang.

»Danke«, sagte ich, »aber es passt mir gerade nicht so gut.«

Frederik schwieg einen Moment. Dann sagte er: »Du kannst dir nicht vorstellen, wie umständlich es hier ist, zu telefonieren. Jetzt sag mir wenigstens kurz, wie es dir geht.«

»Gut«, sagte ich, und dann war es still, bis Frederik sagte: »Danke, mir geht's auch gut. Ich habe nur immer Hunger.«

»Gut«, sagte ich, und dann fragte Frederik, wie es mit Alexander sei. »Andreas«, sagte ich, und dass ich jetzt wirklich auflegen müsse. »Luise, sei doch nicht so pampig«, sagte er, »ich wollte doch nur mal hören.«

»Gut«, sagte ich, »sehr gut«, sagte die Verstockung, und dann legte ich auf und mich neben Andreas und schlief die Nacht lang nicht, nur weil Frederik mal hatte hören wollen, und zwei Wochen später schrieb er: »Telefonieren ist nicht nur meinetwegen umständlich.«

Selma fragte den Optiker, dessen Gesicht tatsächlich zerklüftet war, ob er nicht langsam daran denke, sich zur Ruhe zu setzen. Dem Optiker, der fast so alt war wie Selma, fast siebenundsiebzig also, fehlte aber gar nichts, außer einer ordentlichen Muskulatur des unteren Rückens, die seine Bandscheiben hätte entlasten können, und er wies das weit von sich. »Ich arbeite, bis ich tot bin« sagte er. »So ist es mir lieb. Du wirst schon sehen, Selma: Ich werde mit dem Kopf in meinem Perimeter sterben.« Und genauso würde es auch sein, viele Jahre später, und nur, dass Selma das schon sehen würde, stimmte nicht.

»Was heißt *merciless drought*?«, fragte Selma und hielt einen aufgeschlagenen Bildband über Namibia hoch. »Gnadenlose Dürre«, sagte der Optiker, »wie du siehst.«

Der Optiker ging mit seinem Satz von dem Etwas herum, das ungesehen nicht verschwinden kann, immer noch konnte den keiner erklären, »Es tut mir leid«, schrieb Frederik, »bitte richte dem Optiker aus, dass ich diesen Satz auch nicht verstehe.« Der Einzelhändler fragte, was jetzt mit Frederik wäre, der Optiker fand einmal mehr, dass man nun aber wirklich die durchbruchgefährdeten Stellen in Selmas Wohnung verlässlich ausbessern müsse, weil das ja kein Zustand sei, obwohl es seit Jahrzehnten einer war, und dann vergaß der Optiker das wieder, und die Witwe aus dem Haus der Einkehr verließ Friedhelm, weil sie doch lieber wieder Witwe sein wollte, und die Frau des verstorbenen Bürgermeisters zog in die Kreisstadt zu ihrer Tochter, und dann verschwand Häubels drittes Kind.

Das ganze Dorf suchte. Wir suchten in den Häusern, in den Ställen, den Scheunen, wir suchten auf der Uhlheck. Das Kind hieß Martin, es hieß Martin wegen Martin, und es war zehn Jahre alt.

»Nein«, sagte Selma, als wir sie zu ihren Träumen in der vergangenen Nacht befragten, »nein, ganz sicher nicht.«

Wir alle fürchteten keine herkömmlichen Gefahren, sondern die ganz abwegigen. Wir fürchteten, dass sich irgendwo eine Tür aufgetan und Häubels Kind aus dem Leben gerissen haben könnte. Häubels Kind aber kam nach drei Stunden unversehrt nach Hause. Es hatte sich im ehemaligen Kuhstall des verstorbenen Bürgermeisters versteckt, ganz hinten bei den ausgedienten Melkmaschinen. Wir hatten alle mehrfach an ihm vorbeigesucht, und als das Kind in seinem Versteck unsere panischen Rufe gehört und unsere ganze Angst gespürt hatte, hatte es sich nicht getraut, herauszukommen.

Als Andreas mir eines Morgens, bevor er in die Kreisstadt fuhr, einen Kuss auf die Stirn gab, einen flüchtigen Kuss, wie die mittlerweile fast komplett ausgetauschten Leute in Selmas Serie das taten, sagte ich, dass ich ihn verlassen müsse. Andreas stellte seinen Rucksack ab und schaute mich an, keineswegs überrascht, als habe er seit Langem damit gerechnet. »Und warum?«, fragte er trotzdem und zählte die Pläne auf, die er gemacht hatte. »Warum?«, fragte er noch einmal, und weil mir nichts Besseres einfiel, sagte ich: »Weil ich für die sieben Weltmeere gemacht bin.«

Andreas nahm den Gutschein für die Reise ans Meer, den er mir geschenkt hatte und der immer noch uneingelöst war, von meinem Schreibtisch.

»Du wolltest nicht mal an *ein* Meer fahren«, sagte er.

Dann ging Andreas, und ich stellte keinen Fuß dazwischen, als er die Tür zuzog.

Mir war schwindlig. Ich hatte selten einer Sache dazwischengefunkt, die sich so ergeben hatte.

Und während ich noch überlegte, was ich jetzt tun sollte, fand ich mich mit dem Frühstücksmesser in der Hand vor dem seit neun Jahren unausgepackten Regal wieder und schnitt die Verpackung auf. Die Aufbauanleitung umfasste sechsundzwanzig

Punkte und war vollkommen unverständlich, ich versuchte es trotzdem mit ihr, und während ich aufbaute, dachte ich an Frederiks Brief, in dem er gefragt hatte, was das wirkliche Leben denn sei, meiner Meinung nach. Ich dachte an Martin und die verschwommene Scheibe, an der er gelehnt hatte, hoch konzentriert und mit geschlossenen Augen, an die Strähne auf seinem Kopf, die sich nicht herunterkämmen ließ. Ich dachte an Elsbeths hortensienartige Badehaube, an Herrn Rödders Atem, der nach Veilchen roch, an Selmas alte Haut, die aussah wie Rinde. Ich dachte an den Tisch in Albertos Eiscafé, in dem ich für mein erstes flüssig vorgelesenes Zuckertütchenhoroskop eine mittlere *Heimliche Liebe* bekommen hatte. Ich dachte an Alaska und wie er den Kopf hob, wenn ich einen Raum verließ, wie er überlegte, ob es sich lohnte, aufzustehen und mitzukommen, und meistens fand, es lohne sich. Ich dachte an den Optiker, der das ganze Leben lang für alles zur Verfügung stand, ich dachte an Palm, an Palms verwilderten Blick früher und an Palm jetzt, wie er nickte und schwieg, nickte und schwieg.

Ich dachte an die Bahnhofsuhr, unter der der Optiker uns die Zeit und ihre Verschiebungen beigebracht hatte. Ich dachte an alle Zeit der Welt, alle Zeitzonen, mit der ich es zu tun bekommen hatte, an die beiden Uhren am Handgelenk meines Vaters. Das ist das wirkliche Leben, dachte ich, das ganze großflächige Leben, und nach Punkt siebzehn zerknüllte ich die Aufbauanleitung und baute ohne weiter, und am Schluss stand da ein Regal, das relativ gerade war.

Auf dem Weg zur Buchhandlung ging ich ins Eiscafé. »Was darf's denn sein?«, fragte Alberto. »Ich hätte gern die ganz große unheimliche Liebe«, sagte ich.

Der Bildband zu Selmas achtzigstem Geburtstag war einer über Island, und Selma fragte den Optiker nichts.

Der Optiker hatte sich über Island gefreut, weil er wusste, dass Selma das gefallen würde. Island war gemütlich, und die Leute dort glaubten an abwegige Dinge. Auch Elsbeth hätte das gefallen.

»Du fragst mich ja gar nichts«, sagte der Optiker.

»Ich lese ja auch gar nicht«, sagte Selma und lächelte ihn an, »ich bin viel zu aufgeregt.«

Selma hatte sich die Lippen geschminkt und die Wimpern getuscht, sie hatte rote Wangen und sah unglaublich jung aus.

Und dann, als man unten auf der Straße die ersten Gäste hörte, denn zum Achtzigsten kommt das ganze Dorf, klappte Selma das Buch zu.

Das Reh vertreiben

»Und?«, fragte Herr Rödder, als wir uns durch die Tür ins Hinterzimmer der Buchhandlung gezwängt hatten. »Haben Sie es sich überlegt?«

»Nein«, sagte ich, »aber Sie sind ja noch da.«

Herr Rödder wippte auf den Zehenspitzen. »Na ja«, sagte er und sah mich ernst an, »wenn man einen Baum ansägt und er kippt, kann man ja auch nicht sagen: Wirklich gefällt ist er erst, wenn er am Boden liegt. Er fällt ja bereits.«

»Ist Ihnen nicht gut?«

»Immerhin gehe ich strammen Schrittes auf die fünfundsechzig zu«, murmelte Herr Rödder. »Dann kann man schon mal angesägt sein.«

Da hatte er recht, aber es änderte nichts daran, dass er noch weit über die fünfundsechzig hinausgehen würde. Sogar auf die hundertundeins würde Herr Rödder zugehen, und zwar immer noch strammen Schrittes, er würde so alt werden, dass die Kreiszeitung ihn eines Tages fragen würde, was das Geheimnis seiner unverwüstlichen Gesundheit sei, und Herr Rödder würde dann sagen: »Ich vermute, es sind die Veilchenpastillen.«

»Herr Rödder«, sagte ich, »ich bräuchte ein paar Tage frei.«

»Besuch aus Japan?«

»Nein. Aber meiner Großmutter geht es nicht besonders gut.«

»Oh. Natürlich können Sie sich freinehmen. Und grüßen Sie Ihre Großmutter von mir, unbekannterweise.«

Ein paar Wochen zuvor hatte Selma in ihrem Rollstuhl vor dem Einzelhändler auf mich gewartet, weil die Rampe unter dem Gewicht einer Lieferung Waschmittel geborsten war. Neben ihr, auf der Schaufensterbank, hatte eine Brötchentüte gelegen. Selma hatte nicht gewusst, dass sie der neuen Bürgermeistersfrau gehörte, die mit dem Optiker in ein ausführliches Gespräch über das Für und Wider von Kontaktlinsen geraten und die Brötchen darüber vergessen hatte. Selma war hungrig gewesen, und der Einkauf hatte sich hingezogen. Sie hatte die Tüte geöffnet, ein Rosinenbrötchen herausgenommen, ein Stück abgebrochen und die Tüte dann schnell wieder zurückgelegt.

Kurz darauf waren Selma die ersten Namen entfallen. »Wie heißt noch mal der Sohn von Melissa und Matthew, der in diese scheußliche Drogengeschichte geraten ist?«, fragte sie zum Beispiel, und wenn man ihr den Namen sagen wollte, rief sie schnell: »Sag es nicht!«, weil sie selbst darauf kommen wollte. Oder weil sie fand, dass es reichte, wenn ein anderer nahestehender Kopf den Namen bei sich trug.

Es entfielen ihr auch Geburtstage und Arzttermine. »Hast du zufällig in letzter Zeit gefundenes Brot gegessen?«, fragte ich.

»Nein«, sagte Selma, weil sie auch das bereits vergessen hatte.

Sie verlor auch einen der Ohrringe, die Elsbeth ihr zum Siebzigsten geschenkt hatte. Sie bestanden aus je einer falschen und etwas zu großen Perle. Als sie feststellte, dass der Ohrring fehlte, fing Selma an zu weinen und hörte eine halbe Stunde lang nicht mehr auf. Ich glaubte zuerst, dass sie eigentlich gar nicht um den Ohrring weinte, sondern um das Schwinden ihrer Kräfte, um Elsbeth, um alle Menschen, die einem im Laufe des Lebens entfielen. Aber Selma hatte keinen Sinn für Metaphern. Sie weinte einfach um den Ohrring.

Sie begann, merkwürdige Sachen zu sagen. »Der Wald kriecht

in mich hinein«, sagte sie, als der Optiker und ich sie über die Uhlheck schoben. »Wisst ihr was? Ich glaube, der Wald denkt meine Gedanken.«

Der Optiker und ich ignorierten das, als hätte nicht Selma etwas gesagt, sondern der Wald besonders laut gerauscht.

Selma sagte neuerdings viele Sätze, in denen »niemals« oder »immer« vorkam, und sie sagte sie wie jemand, der zu Ende gelebt hat und sich von dort aus tatsächlich ein Urteil darüber bilden darf, was immer gewesen ist und was niemals.

»Ich bin ja niemals wirklich hier rausgekommen«, sagte sie und tätschelte ihrem Haus die Flanke, als wir von der Uhlheck nach Hause kamen. »Brombeermarmelade habe ich immer sehr gemocht«, sagte sie, als sie sich morgens ein Brötchen damit bestrich.

»Ist es nicht erstaunlich«, sagte Selma, als sie Geburts- und Todestage von ihrem alten in ihren neuen Kalender übertrug, »dass man sein ganzes Leben lang an seinem Todestag vorbeilebt? Einer von den zahllosen vierundzwanzigsten Junis oder achten Septembers oder dritten Februars, die ich erlebt habe, wird mein Todestag sein. Ist das nicht ein Ding, wenn man sich das mal so klarmacht?«

»Hm«, sagten wir.

»Fragt ihr euch eigentlich auch manchmal, welcher Sinn zuerst verschwindet, wenn man stirbt?«, fragte Selma, als sie mit ihren verformten Händen vergeblich versuchte, einen Knopf am Jackett des Optikers festzunähen, der nur noch an einem dünnen Faden hing. »Ist es der Tastsinn? Oder das Augenlicht? Vielleicht kann man auch als Erstes nichts mehr riechen. Oder schwinden einem alle Sinne auf einmal?«

»Nein«, sagten wir, »das fragen wir uns nicht.«

Als der Optiker mich nach Dienstschluss an der Buchhandlung abholte und wir ins Dorf fuhren, fragte Selma plötzlich vom Rücksitz aus: »Glaubt ihr, es stimmt, dass das Leben an einem vorbeizieht, wenn man stirbt?«

Ich zuckte zusammen, ich hatte gar nicht gewusst, dass Selma hinten im Auto saß. »Ich stelle mir das wie eine vom Tod zusammengestellte Diashow vor«, sagte Selma. »Weil sich ja aber nicht das komplette Leben vorführen lässt, muss eine Auswahl getroffen werden. Nach welchen Kriterien wird die getroffen? Was sind wohl die wichtigen Szenen im Leben? Nach Ansicht des Todes, meine ich?«

»Ich nehme an, dass es diese Szene hier nicht in die engere Auswahl schafft«, sagte ich, und der Optiker sagte: »Jetzt hör aber mal auf, Selma.«

Selma wollte mit uns über den Tod sprechen, aber wir ließen sie nicht, als sei der Tod ein entfernter Verwandter, der sich schlecht benommen hatte und den man deswegen ignorierte.

Ich sah Selma im Rückspiegel an, sie lächelte. »Ihr benehmt euch wie Kinder, die glauben, dass keiner sie sieht, wenn sie sich die Augen zuhalten«, sagte sie.

In der Nacht schlief ich auf Selmas Sofa und wachte um halb vier Uhr morgens auf. Ich ging in Selmas Schlafzimmer, ihr Bett war leer, die Decke lag auf dem Boden.

Ich fand Selma in der Küche. Sie saß am Tisch, in ihrem geblümten Nachthemd. Zu ihren Füßen lagen sieben unausgepackte Mon Chéris, ein achtes hielt sie in ihren Händen. »Ich kriege diese Dinger nicht mehr auf«, sagte sie, »meine Hände sind wie erstarrt.«

Ich lief zu ihr hin und nahm sie in die Arme, so ungelenk, wie man jemanden umarmen kann, der auf einem Stuhl sitzt, ich schlang meine Arme von hinten um Selmas dünnen Oberkörper, es sah aus wie beim Heimlichmanöver.

»Luise, ich glaube, es ist bald so weit«, sagte Selma, und ich schloss die Augen und wünschte, ich hätte auch an den Ohren Lider, zuklappbare Lider, und Selma drehte sich um, legte ihre Hände auf meine Schultern und schob mich ein Stück von sich weg, um mich besser sehen zu können.

»Unterschreibst du denn, dass es zu Ende gehen darf, mein liebes Kind?«, fragte sie.

So ungefähr, dachte ich, musste es sich anfühlen, wenn einem ein Krummsäbel in den Magen gerammt wird.

Selma strich mir über das Gesicht. Kurz dachte ich an Frederik.

»Ihr spinnt ja alle«, sagte ich, ich sagte es viel zu laut in Selmas ganz stiller, nächtlicher Küche, »immer soll ich irgendwas Unsinniges unterschreiben.«

»Sei froh, dass du überhaupt gefragt wirst«, sagte Selma, »normalerweise sind solche Dinge ohne Unterschrift gültig.«

Ich sah ihr in die Augen, und erst jetzt bemerkte ich, dass sich hinter ihren Lidern etwas Unheilvolles abgespielt hatte. »Du hast von einem Okapi geträumt«, flüsterte ich.

Selma lächelte und legte mir die Hand auf die Stirn, als wollte sie die Temperatur prüfen. »Nein«, sagte sie.

»Du lügst mich an«, rief ich, »warum machst du das? Du kannst es mir doch ruhig sagen«, und ich sagte das überhaupt nicht ruhig.

»Ich habe viel darüber nachgedacht, aber mir fällt nichts ein, was ich jetzt noch an meinem Leben in Ordnung bringen könnte«, sagte Selma und strich mir über die Knie, »abgesehen vielleicht von dieser Stelle da«, sie deutete auf den rot umrandeten Kreis auf dem Boden neben dem Fenster. »Aber ich hätte gerne noch mitgeholfen, dein Leben in Ordnung zu bringen, Luise.«

»Mein Leben ist in Ordnung«, sagte ich, und die Makramee-Eule, die die Frau des Einzelhändlers Selma geschenkt hatte, fiel von der Wand vor meine Füße.

Selma sah zu der Eule, dann wieder zu mir. »Merkst du was?«, fragte sie.

»Nein«, sagte ich, und das war nicht gelogen.

Selma hielt mir das Mon Chéri hin. »Mach mal auf«, sagte sie.

Gerade, als sie wieder ins Bett gegangen war, gegen halb fünf morgens, klingelte es. Vor der Tür stand der Optiker. Er hatte eine Bettdecke über der Schulter und eine zusammengerollte Luftmatratze unter dem Arm. »Ich habe ein ungutes Gefühl«, sagte er.

Der Optiker legte sich neben das Sofa. Wir alle drei schliefen ein, und während wir schliefen, schrieb Frederik: »Luise, bitte melde dich doch mal. Ich habe ein ungutes Gefühl«, aber das las ich erst zwei Wochen später.

Am nächsten Morgen hatte Selma etwas Fieber, ihre Augen glitzerten. Ich zog den Optiker vor die Schlafzimmertür.

»Wir sollten den Arzt rufen«, sagte ich.

»Auf keinen Fall«, rief Selma aus dem Schlafzimmer. »Wenn ihr einen Arzt ruft, rede ich kein Wort mehr mit euch.«

Der Optiker und ich sahen uns an.

»Und zwar bis an mein Lebensende«, rief Selma und prustete los.

Das Telefon klingelte, ich hoffte, dass es mein Vater war, und er war es. »Du musst kommen«, sagte ich, »Selma geht es schlecht.« Das klang falsch, es ging Selma ja gar nicht schlecht, aber ich konnte schließlich nicht sagen: Es geht ihr blendend, sie stirbt allerdings.

»Ich nehme das nächste Flugzeug«, sagte mein Vater, » ich bin gerade in Kinshasa.«

Und während ich in Selmas Wohnzimmer mit meinem Vater telefonierte, klingelte in meiner Wohnung in der Kreisstadt das

Telefon. »Luise, bitte melde«, sagte Frederik auf den Anrufbeantworter, und der Anrufbeantworter warf ihn raus. Frederik sagte: »Es ist sehr umständlich, zu telefonieren, und dieser verdammte Anrufbeantworter macht es auch nicht weniger umstän«, und der Anrufbeantworter warf ihn raus. »Ich rufe an, weil ich mir Sorgen«, setzte Frederik an, und der Anrufbeantworter warf ihn raus, und eine metallische Frauenstimme sagte: »Ihre Verbindung wird gehalten, Ihre Verbindung wird gehalten«, und dann reichte es Frederik, und der Anrufbeantworter sagte: »Ende der Nachrichten, Ende der Nachrichten, Ende der Nachrichten.«

Mittags kochte meine Mutter Hühnersuppe, die Selma immer gern gegessen hatte, jetzt aber nicht mehr, der Einzelhändler brachte eine ganze Plastiktüte voller Mon Chéri, jedes einzelne hatte er bereits ausgewickelt. Aber auch die lehnte Selma freundlich ab.

Am frühen Abend ging ich zur Garage, denn es war Dienstag, und ich musste das Reh vertreiben. Es stand tatsächlich oben auf der Wiese am Waldrand, das Reh, das seit mehreren Rehgenerationen nicht mehr das Originalreh war. Ich öffnete das Garagentor und ließ es mit Karacho wieder zufallen, ich tat das wieder und wieder, ich vertrieb das Reh auch dann noch, als es längst verschwunden war. Plötzlich stand Palm hinter mir.

»Um das Reh musst du dich nicht sorgen«, sagte er.

Ich ließ das Tor ein letztes Mal zufallen und sah Palm an, wie er da stand, mit seiner Bibel vor der Brust.

»Wie geht es ihr?«, fragte er.

»Gut«, sagte ich. »Aber ich glaube, es ist nicht mehr viel Zeit. Kommst du mit?«

Palm folgte mir zurück zum Haus, blieb aber vor der Treppe stehen. Ich drehte mich um. »Komm«, sagte ich.

Doch Palm blieb stehen, als fürchte er sich vor noch unerschlossenen durchbruchgefährdeten Stellen im Haus. Stundenlang blieb er da stehen. Und niemand auf der Welt konnte verlorener ausgesehen haben als Palm, der nicht mit reinkam.

»Mir ist warm«, sagte Selma. Das Schlafzimmerfenster ließ sich nicht kippen, ich öffnete es und legte einen Bildband davor, damit es nicht auffliegen würde. Es war sehr windig.

Der Optiker saß auf Selmas Bettrand. Er hatte hier nicht mehr gesessen, seit er uns nach Martins Tod den Blauwal erklärt hatte.

Nichts hier drin hatte sich seither verändert. Der Wecker mit dem durchfallfarbenen Lederimitat, sein zu lautes Ticken, das Gesteppte und das Großgeblümte, die adipösen Lämmer auf dem Bild mit dem unbekümmerten Schäferjungen, die Nachttischlampe aus Messing und Milchglas in Heinzelmännchenmützenform: All das war noch da. Und wieder sah der Optiker nichts davon, und wieder wäre all das in seinen Augen von besonderer Schönheit gewesen, wenn er es denn betrachtet, wenn er nicht nur Augen für Selma gehabt hätte.

»Ich möchte was zu lesen«, sagte sie.

Ich brachte ihr alle möglichen Bücher und Bildbände, aber nichts davon war das Richtige. »Was möchtest du denn lesen?«, fragte ich. »Ich kann dir alles besorgen.«

»Ich weiß nicht«, sagte Selma.

Der Optiker stand abrupt auf. »Ich muss mal kurz weg«, sagte er.

Ich ging hinter dem Optiker her zur Haustür, um nach Palm zu schauen, aber er war verschwunden. Ich sah dem Optiker nach, der den Hang hinuntereilte, und fragte mich, ob er mit einem Fledermausherz zurückkommen würde, aber Selma tat ja nichts weh.

Als der Optiker wiederkam, trug er zwei riesige Koffer. Ich öffnete ihm die Tür, und er schleppte sein Gepäck wortlos an mir vorbei, durch den Flur, durchs Wohnzimmer, bis an Selmas Bett.

Den ganzen Weg zurück zu Selmas Haus hatten die inneren Stimmen so getobt wie schon lange nicht mehr, es war im Optiker zu Ausschreitungen gekommen. »Bist du wahnsinnig«, hatten die Stimmen geschrien, während der Wind dem Optiker ins Haar griff und die schweren Koffer gegen seine Schienbeine schlugen. Dass man mit Zurückhaltung doch immer gut gefahren wäre, hatten die Stimmen gekreischt, dass Angst ein guter Ratgeber sei, dass es absolut fatal enden würde, wenn der Optiker jetzt, auf den letzten Drücker, herausrücken würde mit seiner immer verschwiegenen, seit Jahrzehnten nie gelüfteten Liebe. »Tu es nicht«, schrien sie panisch, »tu es nicht«, sie schrien es auch jetzt noch, als der Optiker die Koffer vor Selmas Bett abstellte und öffnete.

Sie waren bis zum Rand voll mit Papier. Der Optiker lächelte Selma an. »Das ist alles«, sagte er.

Liebe Selma, anlässlich der Hochzeit von Inge und Dieter möchte ich dir endlich einmal

Liebe Selma, es ist großartig, wie schnell Luise das Lesen lernt. Als wir vorhin im Eiscafé saßen und die mittlere Heimliche Liebe

Liebe Selma, glaubst du eigentlich, dass Marlies einen Knall hat? So wie der verrückte Hassel? Ich meine: dass sie psychisch krank ist? Ich habe mich das heute wieder gefragt. Apropos Knall. Du wirst auch mich für verrückt halten, wenn ich dir jetzt

Liebe Selma, heute jährt es sich zum ersten Mal, und du hast recht: Wir müssen versuchen, Palm irgendwie durchs Leben zu ziehen. Apropos ziehen. Was mich durchs Leben zieht,

Liebe Selma, spektakulär, die Sonnenfinsternis heute. Apropos Finsternis. Du bist für mich das Gegenteil von

Liebe Selma, wie heute Mittag ausführlich besprochen, glaube ich auch nicht, dass Luise Andreas wirklich liebt. Aprop

Ein Blatt nach dem anderen nahm Selma aus den Koffern. Während sie las, nahm sie die Hand des Optikers, ohne von ihrer Lektüre aufzusehen. Der Optiker saß neben ihr, als studiere Selma einen Bildband, als warte der Optiker darauf, dass Selma ihm ein Wort sagte, das sie nicht verstand.

»Was bedeutet *unbedingt*«, fragte Selma.

Der Optiker lachte. »Unbedingt heißt unbedingt.«

»Mein Leben zieht an mir vorbei«, murmelte Selma, während sie las, und wir erschraken, jetzt ist es so weit, dachten wir, aber Selma sagte: »Nein, nein, ich meine nur: in diesen Briefen. Es zieht in diesen Briefen an mir vorbei.«

Sie las, bis sie nicht mehr konnte. Dann legte sie den Kopf auf ihr Kissen, schaute den Optiker an und sagte: »Lies mir vor.«

Bis nach Mitternacht las der Optiker Selma vor, dann wurde er heiser.

»Ich brauche eine Pause, Selma«, sagte er.

Sie schaute den Optiker mit glitzernden Augen an. Dann zog sie ihn zu sich heran und hielt ihren Mund dicht an sein Ohr. »Danke, dass du mir am Ende so viele Anfänge bringst«, flüsterte sie, »und danke, dass du es mir das ganze Leben lang nicht gesagt hast. Wir hätten es sonst vielleicht nicht zusammen verbringen können. Stell dir das mal vor.«

»Das will ich mir lieber nicht vorstellen, Selma«, sagte der Optiker, auch seine Augen glitzerten, auch der Optiker hatte Fieber, aber eines, das sich nicht messen ließ.

»Ich mir auch nicht«, sagte Selma, »auf gar keinen Fall«, und dann konnte der Bildband das Fenster nicht mehr aufhalten. Es flog auf, der Wind schoss herein, er zog an den Vorhängen, er fuhr in all die Papierstapel neben den Koffern, er ließ alle Anfänge auffliegen.

»Ich muss mal an die frische Luft«, sagte der Optiker eine Stunde später, als Selma schlief. Bevor er an die Luft ging, ging er allerdings in die Küche.

Dort hing über Selmas Kühlschrank immer noch Frederiks Telefonnummer. Der Optiker schaute sie an, als könnten die Zahlen noch etwas anderes bedeuten als eine Telefonverbindung. Er nahm die Nummer herunter, faltete sie und steckte sie in seine Brusttasche.

Auf dem Weg zu seinem Haus war dem Optiker viel leichter als auf dem Weg zu Selma; er hatte zwei Koffer voller Papier und eine Wohngemeinschaft voll panischer Stimmen getragen, jetzt trug er nur noch ein einzelnes Blatt, und auch der Wind, der vorhin am Optiker gezerrt hatte, hatte sich beruhigt.

Zu Hause nahm er das Telefon und die Nummer und setzte sich damit auf sein Bett, das genau für eine Person reichte. Er rechnete acht Stunden vor. Dann tippte er die schier unendliche Zahlenfolge ein, und es dauerte noch schier unendlich länger, bis der erste Mönch den Hörer abnahm, und erst sechs Mönche später hatte der Optiker den Mönch am Apparat, den er haben wollte.

»Hallo?«, sagte Frederik.

»Guten Tag, Frederik, hier spricht Dietrich Hahnberg.«

Am anderen Ende der Leitung blieb es kurz still. »*Wer* spricht da bitte?«, fragte Frederik schließlich.

»Der Optiker.«

»Ach so«, rief Frederik, »Entschuldigung. Das ist ja eine Überraschung. Wie geht es Ihnen?«

»Könnten Sie wohl vorbeikommen?« Der Optiker fragte das, als sei Frederik nicht am anderen Ende der Welt, sondern im Nachbardorf.

»Natürlich«, sagte Frederik.

Ich setzte mich auf das Fensterbrett in Selmas Schlafzimmer. Ich schaute auf den sorglosen Schäferjungen mit seiner Schalmei und fragte mich, wann genau letzte Nacht Selma von einem Okapi geträumt hatte, wie viel Zeit im besten Falle noch blieb.

Selma wachte kurz auf und sah mich an. Sie lag auf dem Rücken und zog ihre Decke bis zum Kinn hoch. Ihr Blick war fiebriger als vorhin, aber auch munter.

»Bislang läuft ja alles ganz glatt«, sagte sie, als ginge es um die Vorbereitungen für das Maifest.

Die Intimität mit der Welt

Der Optiker ging zurück zu Selma, es war jetzt halb zwei in der Nacht. Kurz bevor er unser Haus erreichte, nahm er trotz der Dunkelheit am Rande seines Gesichtsfelds eine Bewegung wahr. Er schaute nach links, zur Wiese, durch die der Apfelbach floss. Hinten auf der kleinen Brücke stand eine Gestalt. Der Optiker kletterte über den Zaun und ging auf sie zu.

Es war Palm. Der Optiker betrat die Brücke und blieb nahe vor ihm stehen. Palms Blick war glasig, er stand mit hängenden Armen da. In der einen Hand hatte er seine Bibel, in der anderen eine halb leere Flasche Korn.

Palm war so viele Jahre lang nüchtern gewesen, der Optiker hatte ganz vergessen, dass Palm größer erschien, wenn er trank. Im Suff wurde Palm massiger, seine Schultern, seine Hände, sein Gesicht.

Der Optiker streckte vorsichtig eine Hand aus. Palm zuckte zurück, dabei rutschte ihm die Bibel aus der Hand, sie fiel auf die Brücke, ganz an den Rand. Der Optiker streckte einen Fuß vor und schob sie in die Mitte.

Der Bach, der eigentlich nur plätscherte, toste in den Ohren des Optikers. Heute Nacht war der Apfelbach ein reißender Strom. Wegen des tosenden Bachs hörte der Optiker nicht, dass Palm weinte, aber er sah es. Er sah, dass Tränen über Palms Gesicht liefen, über sein im Handumdrehen wieder rotes, wieder massiges, wieder verwildertes Gesicht.

Der Optiker atmete tief durch. Dann trat er einen Schritt vor und schob seine Arme unter Palms Achseln. Palm stolperte zurück, aber der Optiker drückte ihn mit aller Kraft an sich, er ließ sich nicht abhalten von der Möglichkeit, dass Palm bei jeder Berührung zu Staub zerfallen konnte. Hier und jetzt, am reißenden Apfelbach, musste er dieses Risiko eingehen.

Palm zerfiel nicht, und der Optiker hob ihn hoch. Er ließ Palms schweren Kopf auf seine Schulter sinken, Palm stank nach Schnaps und Schweiß und er schluchzte, sein ganzer Oberkörper bebte, und der Körper des Optikers bebte vor Anstrengung mit. Palms Arme, die rechts und links am Optiker heruntergehangen hatten, hoben sich jetzt und legten sich um den Optiker, die Flasche glitt aus Palms Hand und fiel auf die Brücke. Palms verschwitzte Haare strichen über den Hals des Optikers, Palms Schultern drückten ihm gegen die Nase und schoben ihm die Brille auf die Stirn.

Fast eine Minute lang konnte der Optiker Palm in der Luft halten, dann ging es nicht mehr. Er setzte ihn ab, ohne ihn loszulassen, und auch Palm ließ nicht los. Mit Palm in den Armen ging der Optiker erst in die Knie, dann zu Boden.

Lange saßen sie so da: der Optiker mit ausgestreckten Beinen, gegen das Brückengeländer gelehnt, Palm mit seinem Oberkörper quer über der Brust des Optikers. Palm hatte die Augen geschlossen und regte sich nicht. Der Optiker saß schief, er saß halb auf Palms Bibel, das war den Bandscheiben ein Graus, aber der Optiker sah keine Möglichkeit, die Position zu ändern, ohne Palm aufzuschrecken.

Er strich ihm über die Haare. Die Kornflasche lag zu seinen Füßen, er konnte ohne Weiteres das Etikett entziffern, und erst dadurch merkte der Optiker, dass es erstaunlich hell war, dass der Mond schien, mit dessen Laufbahn sich Palm früher so gut ausgekannt hatte.

Du warst das

Und dann hörte es auf, glattzugehen. Selma wurde unruhig, sie warf sich in ihrem Bett hin und her. Ich hatte Wadenwickel gemacht und versuchte, die nassen Handtücher um Selmas Unterschenkel zu legen, sie strampelte sie ab, und die Briefanfänge, die noch auf Selmas Bett lagen, weichten auf.

Alaska saß am Fußende von Selmas Bett. Er sah mir zu, wie ich hin und her lief, mich an Selmas Bettrand setzte und wieder hin und her lief, er schaute mich an, als habe er eine wichtige Frage und bedaure, sie nicht stellen zu können.

Der Optiker kam zurück. Mir fiel nicht auf, wie zerwühlt er aussah, denn ich hatte nur Augen für Selma, an deren Bettrand wir uns setzten, von deren Bettrand wir immer wieder aufsprangen, um etwas zu tun, das es nicht zu tun gab. Das Zeitgefühl war verschwunden, vielleicht war es zwei Uhr nachts, vielleicht hatte sich die Zeit aber auch verschoben, nach vorne oder nach hinten, wir wussten es nicht.

Selmas Augen waren wässrig, womöglich war das Erste, das man verlor, die Augenfarbe. Sie schlief ein, sie wachte wieder auf, krallte ihre Hände in die Seiten ihres Bettes, als könne sie sich daran festhalten. Dann sah sie uns plötzlich irritiert an, als wüsste sie nicht, wer wir waren, und sagte: »Ich möchte bitte meinen Sohn sprechen.«

Ich schlug mir die Hand vor den Mund und begann zu weinen. Ich hätte alles dafür gegeben, jetzt jemand anderes zu sein, eine Vorzimmerdame, die Selma auf der Stelle mit ihrem Sohn verbinden konnte.

Vier Stunden lang, bis der Morgen dämmerte, warf sich Selma in ihrem Bett hin und her, vier Stunden erkannte sie uns nicht und dann doch wieder, und in dem letzten Moment, in dem sie uns erkannte, nahm sie meine Hand, und ich legte meinen Finger auf ihr Handgelenk, auf ihren Puls, wie früher. Selmas Puls ging schnell, die Welt ging schnell, bevor sie gleich stillstehen würde.

Selma legte mir eine Hand in den Nacken, zog meinen Kopf auf ihre Brust, auf das durchweichte Nachthemd, und strich mir durch die Haare.

»Du hast die Welt erfunden«, flüsterte ich.

»Nein«, sagte Selma, »du warst das«, und das war das Letzte, was sie sagte.

Heinrich, der Wagen bricht

Selma stand auf der Uhlheck. Sie trug ihr geblümtes, knöchellanges Nachthemd und blickte auf ihre alten Füße im Gras. Sie stand genauso da, wie sie üblicherweise mit einem Okapi dastand, in den Träumen, die bedeuteten, dass es bald aus sein würde mit einem nahen Leben. Es war aber kein Okapi da, weit und breit nicht, nur die Bäume waren da, die Felder und der Wind, der hier immer ging.

Und gerade, als Selma sich fragte, warum man sie ohne ein Okapi hier hingestellt hatte, kam jemand zwischen den Bäumen hervor, jemand, der sich durch keinen einzigen Laut angekündigt hatte, der einfach so aus dem Unterholz trat. Er kam näher, und als Selma klar wurde, wer das war, rannte sie auf ihn zu, so schnell sie konnte, und sie wunderte sich kein bisschen, dass das sehr schnell war, dass sie rennen konnte wie ein jung gebliebenes Zeitgefühl.

Dann blieb sie abrupt stehen, denn sie dachte, dass man nach weit über fünfzig Jahren jemandem nicht einfach so in die Arme fallen konnte, auch wenn man das unbedingt wollte, weil er dann womöglich zu Staub zerfiele.

»Da bist du ja«, sagte Heinrich, »das wurde aber auch Zeit.«

Heinrichs Haare, die in den letzten Jahrzehnten, in dem Nachbild hinter Selmas Lidern, immer hell gewesen waren, waren jetzt schwarz, wie im echten Leben, und seine Augen wieder hell. »Du bist in Farbe«, sagte Selma, und dann, nach ein paar Augenblicken des Schweigens: »Und du bist so jung.«

»Das ließ sich leider nicht vermeiden«, sagte Heinrich.

Selma sah an sich herunter. »Ich bin alt«, stellte sie fest.

»Zum Glück«, sagte Heinrich und lächelte.

Er lächelte genauso wie an dem Tag, als er sich umgedreht hatte, um Selma noch ein allerallerletztes Mal zuzuwinken, an dem Tag, als er gesagt hatte, mach dir keine Sorgen, wir sehen uns bald wieder, ich weiß das, Selma, ich weiß das genau.

»Es hat dann doch etwas länger gedauert«, sagte Heinrich.

Selma sah über die Uhlheck, das Licht war irgendwie silbrig, so ähnlich, wie es bei der Sonnenfinsternis gewesen war.

Sie trat nahe an Heinrich heran. »Hilfst du mir?«, fragte Selma, die nie um Hilfe gebeten hatte. »Hilfst du mir heraus?«

Sie fragte das, als bäte sie Heinrich, ihr aus einem Mantel zu helfen.

Heinrich breitete die Arme aus, und Selma fiel hinein. Sie umarmte Heinrichs jung gebliebenen Körper, Heinrich umarmte Selmas Körper, den es über achtzig Jahre lang gegeben hatte, so fest, wie er sie früher umarmt hatte, und Selma spürte jetzt nur noch die Stellen ihres Körpers, an denen auch Heinrichs Körper war. Beispielsweise ihre rechte Schulter spürte Selma nicht mehr, die Schulter, die sie nach einer Weile nicht mehr gespürt hatte, als sie mich nach Martins Tod getragen hatte, tagaus und tagein. Jetzt war es anders. Jetzt war die Schulter nicht wie taub. Jetzt war die Schulter wie nicht mehr da.

»Ich spüre meine Schulter nicht mehr«, sagte Selma an Heinrichs Hals, der genauso roch wie früher, nach Minze und ein wenig nach Camel ohne Filter.

»Das gehört so«, sagte Heinrich, sein Mund war an ihrem Nacken, »das gehört genau so, Selma«, und seine Hände strichen über ihren Rücken, ihre Haare, ihre Arme. Selma zitterte. Es war ein ortloses Zittern, sie wusste nicht, was genau da zitterte, es zitterte einfach.

Und dann sagte Heinrich das, was Selma zu mir gesagt hatte,

als ich fünf Jahre alt gewesen und zu hoch in einen Baum auf der Uhlheck geklettert war. Selma konnte den Baum von hier aus gut sehen. Ich hatte nicht gewusst, wie ich wieder herunterkommen sollte. Selma hatte sich auf die Zehenspitzen gestellt, die Arme nach oben gestreckt und mich festgehalten, während ich noch die Äste des Baumes umklammerte.

»Lass los«, hatte sie gesagt, »ich hab dich.«

Okapia johnstoni

»Lieber Frederik, Selma ist gestorben«, wollte ich schreiben, gleich jetzt, am Vormittag nach Selmas Tod, aber nach »Lieber Frederik« hörte ich auf, denn niemand durfte das schreiben, niemand durfte das festhalten, solange mein Vater es nicht wusste.

Ich fand, dass ich nicht die Richtige war, um es meinem Vater zu sagen, und dass meine Mutter das tun müsse. »Natürlich«, hatte meine Mutter gesagt, aber als mein Vater anrief, am Nachmittag nach Selmas Tod, war sie nicht da, weil sie Selmas Beerdigung organisierte, also blieb mir nichts anderes übrig, als die Richtige zu sein.

Als ich das Telefon klingeln hörte, sah ich meinen Vater vor mir, irgendwo weit weg vor einem Münzfernsprecher, in einer schlechten Verbindung, in der er nichts verstehen konnte außer »Selma« und »gestorben«.

»Ich bin's«, sagte mein Vater. »Gute Nachrichten, Luischen: Ich habe tatsächlich schon für heute einen Flieger bekommen.«

»Papa«, sagte ich.

»Kannst du mich gut verstehen?«, fragte mein Vater. »Ich muss euch unbedingt was erzählen.«

»Ich muss dir auch etwas sagen.«

»Ich habe nämlich, Luise«, sagte mein Vater feierlich, »ein Okapi gesehen. Ein echtes Okapi. Hier im Regenwald. Es ist ein unfassbar schönes Tier.«

Ich presste mir die freie Hand vor der Mund, damit mein Vater nicht hörte, wie ich weinte. Ich kam mir vor wie jemand, der einem Baum beim Fallen zusieht und denkt, wirklich gefällt ist dieser Baum schließlich erst, wenn er unten angekommen ist, und bis dahin ist ja noch Zeit.

»Das Okapi heißt mit vollem Namen *Okapia johnstoni*, nach seinem Entdecker Harry Johnston«, erzählte mein Vater, »und weißt du was? Der hat es gar nicht entdeckt! Der hat in seinem ganzen Leben nie ein Okapi gesehen, nur Teile davon, Schädelknochen und Fell. Aber ein vollständiges Okapi hat er nie zu Gesicht gekriegt.«

»Papa«, sagte ich, durch die Finger meiner vorgehaltenen Hand, und ich dachte: Papa, du musst jetzt still sein. Du musst jetzt die Welt hereinlassen.

»Ist das nicht ein Ding?«, fragte mein Vater. »Selma hat in ihrem Leben mehr vollständige Okapis gesehen als sein Entdecker. Vielleicht hat eigentlich sogar *sie* das Okapi entdeckt«, sagte mein Vater und lachte. »Wie geht es ihr denn? Ich bin morgen Abend da.«

Ich nahm meine Hand vom Mund und sagte: »Sie ist letzte Nacht gestorben.«

Und dann hörte man nur noch das Rauschen, das entsteht, wenn so ein Satz an einem Ort gesagt wird, der sehr weit weg ist von dem Ort, an dem er gehört werden muss.

»Nein«, sagte mein Vater. Ich hörte, wie der Hörer in seiner Hand sank, wie er wieder hochgenommen wurde, ich hörte die leise Stimme meines Vaters: »Aber ich bin doch morgen Abend da«, sagte er, »morgen Abend bin ich doch da.«

Wo du schon mal hier liegst

»Lieber Frederik«, schrieb ich an Selmas Küchentisch, »Selma ist gestorben. Sie mochte dich sehr gern. Das Einzige, was sie nicht an dir mochte, war die Zeitverschiebung. Wahrscheinlich gehören wir wirklich nicht zusammen. Das ist nicht schlimm. An einem Okapi gehört ja auch nichts zusammen, und trotzdem ist es ein unfassbar schönes«, und weiter kam ich nicht, denn dann stand der Optiker vor mir und sagte: »Es wird Zeit.«

Der Optiker und ich stellten uns vor Selmas Wandspiegel im Flur, ich in einem schwarzen Kleid, der Optiker in seinem guten Anzug, der mit der Zeit immer größer geworden war. Der Optiker hielt sich das Schildchen ans Revers, auf dem *Mitarbeiter des Monats* stand. »Soll ich?«, fragte er und sah mich aus verweinten Augen im Spiegel an. »Fändest du das lustig?«

»Ja«, sagte ich und versuchte, mir die Wimperntusche abzuwischen, die sich durch das ganze Weinen überall im Gesicht verteilt hatte, »es ist sehr lustig.«

Es regnete auf Selmas Beerdigung, aber nur sehr leicht. Das ganze Dorf war gekommen, das halbe Nachbardorf auch. Meine Mutter hatte die Kränze gemacht. Während der kurzen Ansprache des Pastors aus der Kreisstadt hielten meine Mutter und mein Vater sich an den Händen, weil man auf Beerdigungen ganz selbstverständlich auf die Hände derer zurückgreift, die einen lange geliebt haben, und dass sie es nicht mehr tun, ist für die Dauer einer Beerdigung nebensächlich.

Alaska freute sich wie immer über alle Maßen, meinen Vater

zu sehen, er kriegte sich überhaupt nicht mehr ein, immer wieder sprang er schwanzwedelnd an meinem Vater hoch, und weil er ein Tier war, konnte man ihm nicht verständlich machen, dass helle Freude manchmal unangemessen ist.

Ich stand zwischen Palm und dem Optiker. Palm sah abgeschrubbt aus, sein Gesicht war rot, seine blonden Haare an den Kopf geklatscht, eine Strähne stand ab. Es war schwer, an Selmas Grab heranzutreten, es war, als gingen wir gegen die Strömung durch einen Fluss. Palm warf eine Rose ins Grab, der Optiker und ich warfen Erde.

Hinterher versammelte sich das Dorf im Gemeinschaftshaus. Ich hatte drei Tage lang Blechkuchen gebacken, die Kuchenstücke standen geschnitten und gestapelt auf den Stehtischen, und ich schämte mich, weil sie viel zu trocken geworden waren. Der Einzelhändler tätschelte mir die Schulter. »Mach dir nichts draus«, sagte er, »Selma ist gestorben, da ist es doch eigentlich ganz passend, dass wir jetzt alle so fades Zeug im Mund haben.«

Meine Mutter stand mit meinem Vater an einem Stehtisch, als Alberto dazukam. Er legte meiner Mutter einen Arm um die Schulter. Ich sah meinen Vater an. Dass jemand, der einen lange geliebt hat, das jetzt nicht mehr tut, war offenbar nur an einem offenen Grab nebensächlich.

Ich setzte mich neben den Optiker auf eine der Bierbänke an der Wand. Zu seiner Linken saß Palm mit einem Glas, von dem wir nicht wussten, ob noch etwas anderes darin war als Orangensaft. Ich lehnte mich an die Schulter des Optikers, er legte seine Wange auf meinen Kopf. Wir sahen aus wie die beiden Käuzchen, die einen Sommer lang jeden Tag windschief in unserem Schornstein geschlafen hatten.

»Jetzt sind wir ganz allein«, sagte ich.

Der Optiker legte seinen Arm um mich und zog mich näher

zu sich heran. »Keiner ist alleine, solange er noch wir sagen kann«, flüsterte er. Dann gab er mir einen Kuss auf den Kopf. »Ich geh mal ein bisschen an die frische Luft, ja?«

Ich nickte. »Komm, Alaska«, sagte der Optiker, und Alaska erhob sich. Es dauerte, bis etwas so Großes, etwas so Steinaltes sich fertig erhoben hatte.

Der Optiker ging mit Alaska zum Dorfrand und über die Uhlheck, hinein in den Wald, und dort legte er sich hin.

In seinem guten Anzug lag er im alten, feuchten Laub. Alaska legte sich neben ihn. Der Optiker verschränkte die Arme hinter dem Kopf, sah in den von Zweigen und Wipfeln gezeichneten Himmel und blinzelte in den Nieselregen.

Und wieder dachte der Optiker an den Satz, den er sich und allen anderen immerzu aufgetischt hatte: *»Wenn wir etwas anschauen, kann es aus unserer Sicht verschwinden, aber wenn wir nicht versuchen, es zu sehen, kann dieses etwas nicht verschwinden.«* Auch seine inneren Stimmen hatten nie Anstalten gemacht, ihm diesen Satz zu erklären, warum auch. »Wo du schon mal hier liegst, kannst du eigentlich auch sterben«, sagten sie jetzt, »das macht nun auch keinen Unterschied mehr.«

Und da setzte der Optiker sich auf, so abrupt und orthopädisch falsch, dass ein stechender Schmerz durch seinen unteren Rücken fuhr.

»Ich hab's«, rief er.

Auch Alaska setzte sich auf, vermutlich weil er merkte, dass dies ein feierlicher Moment war.

»Es geht ums Unterscheiden«, sagte der Optiker, »Anschauen bedeutet Unterscheiden.« Er klopfte Alaska auf den Kopf. »Darauf hätte ich auch früher kommen können, Alaska, von Berufs wegen«, sagte der Optiker, »pass auf: Wenn wir nicht versuchen, etwas von allem anderen zu unterscheiden, das uns umgibt, dann kann dieses etwas auch nicht verschwinden. Weil es nicht unterschieden wird. Weil es nicht herausgelöst wird aus allem anderen, ist es immer da«, sagte der Optiker, und weil er so aufgeregt war, fragte er tatsächlich: »Verstehst du?«, und wunderte sich, dass Alaska nicht antwortete: »Natürlich, ich verstehe vollkommen, bitte fahre doch fort.«

Selma verschwindet nicht, wenn ich nicht versuche, sie zu sehen, dachte der Optiker. Und er wollte am liebsten gleich loslaufen, zu Selma, um ihr das zu sagen.

Das Gegenteil ist der Fall

»Kann ich irgendwas für dich tun?«, fragte meine Mutter, nachdem das Dorf das Gemeinschaftshaus wieder verlassen hatte. »Möchtest du vielleicht ein Eis?«

»Nein danke«, sagte ich. »Ich geh mal ein bisschen spazieren.«

Ich ging ganz ans Ende des Dorfes, zu Marlies. Sie war nicht bei der Beerdigung gewesen. Ich fürchtete, dass ihr etwas passiert sein könnte, denn nicht einmal sie selbst hätte sich davon abhalten können, zu Selmas Beerdigung zu kommen, da war ich mir sicher.

Ich ging durch ihr Gartentor, vorbei an der aufgeweichten Post, und machte einen Bogen um den Bienenkorb. Ich sparte mir das Klingeln und lief direkt hinters Haus, zum Küchenfenster, das wie immer auf Kipp stand. Ich warf einen Blick hinein. Mein Herz fing sofort an zu rasen, ich sah schnell weg und legte mir eine Hand auf die Brust, beruhige dich, dachte ich, das kann ja wohl nicht ihr Ernst sein, und dann sah ich wieder hinein.

Marlies, in Norwegerpullover und Unterhose, saß auf einem Küchenstuhl. In den Händen hielt sie Palms Schrotflinte. Marlies' Kinn lag auf der Laufmündung.

»Marlies«, sagte ich durch den Fensterspalt, »das kann ja wohl nicht dein Ernst sein.«

Sie war kein bisschen überrascht, meine Stimme zu hören, als stünde ich bereits seit Stunden hier.

»Marlies? Hörst du mich? Es ist genug gestorben worden. Der Tod hat sich in letzter Zeit nicht gerade rar gemacht. Ich würde dir dringend empfehlen, dich nicht so an ihn ranzuschmeißen.«

»Deine Empfehlungen sind immer scheiße«, sagte Marlies.

Sie saß direkt unter dem Haken, an dem ihre Tante gehangen hatte, diese ewig schlecht gelaunte, unerträgliche Person.

»Woher hast du Palms Flinte?«

»Palm hat gesoffen«, sagte sie, »der hat so tief geschlafen, ich hätte das ganze Haus ausräumen können. Und jetzt hau ab. Irgendwann muss mal Schluss sein.« Marlies sah kurz zu mir hin, ihr Blick war jetzt verwildert wie Palms Blick früher.

Natürlich, dachte ich. Irgendwann muss mal Schluss sein, wenn man immer die traurige Marlies ist. Irgendwann muss mal Schluss sein, wenn man immer mit aller Kraft dafür sorgen muss, dass keiner einen besuchen will. Wenn man sich nichts von dem, was einen umgibt, ausgesucht hat. Wenn einem nichts gefällt, keine Empfehlung, kein Tiefkühlgericht, keine Idee im Geschenkideengeschäft, irgendwann muss mal Schluss sein, wenn alles ständig verwaschen ist.

Ich hatte immer gedacht, die Zeit ginge an Marlies vorbei, weil Marlies' Tage alle so spurlos und gleich waren. Aber das stimmte nicht. Die Zeit verging sehr wohl für sie, und das war das Schlimme: dass sie so vollkommen anlasslos verging.

Ich lehnte meinen Kopf an das gekippte Fenster. »Bitte lass mich rein.«

»Hau ab«, sagte sie, »hau einfach ab.«

Ich dachte an Martin und an das, was er mir in mein Poesiealbum geschrieben hatte. Er hatte bis zur letzten Seite geblättert und in seiner ordentlichen Kinderschrift gemalt: *Ich hab mich hinten angewurzelt / dass niemand aus dem Album purzelt.* Als Elsbeth uns danach zu Marlies geschickt hatte, weil ja mal jemand nach der traurigen Marlies hatte sehen müssen, hatte Martin Marlies seinen Eintrag gezeigt und gesagt: »Genau wie du, stimmt's? Du hast dich auch hinten angewurzelt.«

Marlies hatte das nicht verstanden. Aber Martin war überzeugt gewesen, dass Marlies am Ende des Dorfes angesiedelt und so unerträglich sein musste, weil sie dafür erfunden worden war, womögliche Verbrecher davon abzuhalten, uns hinterrücks zu überfallen.

Ich hatte Marlies damals gebeten, ebenfalls in mein Poesiealbum zu schreiben. Unwillig hatte sie das Album aufgeschlagen und den Eintrag des Optikers überblättert, *Felsen kann man brechen, Berge übergeh'n, aber dich vergessen, das wird nie gescheh'n,* den Eintrag meines Vaters, *Der braune Bär haust in Sibirien, in Afrika, da haust das Gnu, das schwarze Schwein haust in Sizilien, in meinem Herzen haust nur du*, sie hatte Elsbeths Eintrag überblättert, *Lebe lustig, lebe froh, wie der Mops im Haferstroh*, den des Einzelhändlers, *Willst du immer weiter schweifen? Sieh, das Gute liegt so nah! Lerne nur das Glück ergreifen, denn das Glück ist immer da*, den Eintrag meiner Mutter, *Die Liebe allein versteht das Geheimnis, andere zu beschenken und dabei selbst reich zu werden*, sie hatte Selmas Eintrag überblättert, *Alle Tage ist kein Sonntag, alle Tage gibt's kein' Wein, aber du sollst alle Tage recht froh und heiter sein*, und dann, als Marlies endlich eine freie Seite gefunden hatte, hatte sie mit Bleistift geschrieben: *Gruß M.*

»Martin hat geglaubt, du wirst uns alle retten«, sagte ich leise.

»Hat ja super geklappt«, rief Marlies, »vor allem für Martin. Und für Selma.«

»Aber Selma ist über achtzig Jahre alt geworden.«

»Sie hat mich in Ruhe gelassen«, sagte Marlies, und kurz brach ihre Stimme, sie räusperte sich, »Selma war die Einzige von euch allen, die mich immer in Ruhe gelassen hat.«

»Das wird sie auch weiterhin tun«, sagte ich.

»Verschwinde«, sagte Marlies leise, und: »Ich kann den Tod schon sehen. Er kommt auf mich zu«, und jetzt reichte es mir.

»Okay, Marlies«, sagte ich, »irgendwann muss mal Schluss sein. Du hast völlig recht.«

Marlies' Gardinenstange fiel herunter. Die linke Aufhängung hatte sich gelöst. Sie blieb schräg vor dem Fenster hängen.

Es fällt ziemlich häufig etwas herunter, dachte ich, es gibt sehr vieles, das nicht ausreichend befestigt ist. Und plötzlich dachte ich an Selma, die mich gefragt hatte: »Merkst du was?«, als die Makramee Eule in ihrer Küche von der Wand gefallen war, nachdem ich gesagt hatte, dass mein Leben in Ordnung sei.

Marlies starrte aus dem Fenster, ich dachte, sie starre wegen der heruntergefallenen Gardinenstange, aber das stimmte nicht. »Doch«, sagte sie, »der Tod kommt direkt auf mich zu.«

Ich drehte mich um und sah, was Marlies sah: einen Mann in einem langen schwarzen Gewand, der durch den Garten ging, direkt auf uns zu. Ich machte einen Schritt zurück und stolperte gegen die Hauswand.

»Das ist nicht der Tod«, sagte ich, »das ist Frederik.«

Er blieb ein paar Schritte vor mir stehen. »Komme ich ungelegen?«, fragte er.

»Frederik«, sagte ich.

»Der bin ich«, sagte er und lächelte. »Du hast ja eine Brille.«

»Frederik«, sagte ich noch mal, als würde jemand wirklicher, je öfter man ihn anspricht.

»Ich hatte ein ganz ungutes Gefühl, und als der Optiker mich angerufen hat, habe ich mich gleich auf den Weg gemacht«, er sagte das, als käme er aus dem Nachbardorf.

»Bis hierher«, sagte ich.

»Ja. Das ist immer noch weniger umständlich als Telefonieren. Luise, es tut mir sehr leid, dass Selma gestorben ist.«

Ich wollte auf ihn zugehen, aber ich hatte Angst, mich wegzubewegen, ich dachte, sobald ich auch nur einen Zentimeter weg vom Fenster bin, drückt Marlies ab.

»Ich muss hier stehen bleiben.«

»Musst du eben nicht«, rief Marlies.

Frederik kam zu mir hin. Er sah aus wie vor zehn Jahren, nur das feine Netz aus Falten, das sich zeigte, wenn er lächelte, war neu. Ich deutete mit dem Kopf hinter mich, zum Fenster. Frederik schaute hinein. »Nicht reinschauen«, rief Marlies, »das hier geht Sie überhaupt nichts an.«

»Soll ich jemanden holen?«, flüsterte Frederik erschrocken, aber mir fiel nur Selma ein.

»Sie macht es nicht, solange ich hier stehe«, sagte ich, »deshalb stehe ich hier.«

»Aber wir können doch nicht für immer hier stehen bleiben«, sagte Frederik, und ich freute mich, weil er wir gesagt hatte.

Ich nahm seine Hand.

Ein rot-weißes Signalschild war auf die Gleise am Bahnhof gefallen, als ich zu Martin gesagt hatte, dass ich nicht an Selmas Traum glaubte. Eine Lesetafel war von der Wand gefallen, als der Optiker gesagt hatte: »Du liebst ihn doch«, und ich »Nein« gesagt hatte, »Nein, nicht mehr«.

Ich sah zu Marlies, die hinter der halb heruntergefallenen Gardinenstange wie durchgestrichen aussah. Sie hatte ihre Position nicht verändert, sie saß da, mit dem Kinn auf der Laufmündung, mit der Hand in der Nähe des Abzugs. Marlies würde mich nicht hereinlassen, kein einziges ihrer fünf Schlösser würde sie öffnen, und sie würde sich auch nicht aus ihrem Haus herausreden lassen, denn meine Empfehlungen waren immer scheiße.

Marlies muss anders herausgeholt werden, dachte ich, und dass man sich die Abenteuer, für die man gemacht ist, nicht immer aussuchen kann. Ich holte tief Luft.

»Frederik«, sagte ich, »schön, dass du vorbeikommst, aber es passt gerade nicht so gut.«

Hinter Marlies fiel ein mit Tesafilm befestigtes Duftbäumchen von der Wand. Es fiel lautlos.

»Was?«, sagte Frederik.

Er wollte meine Hand loslassen, aber ich hielt sie fest.

»Wir können ja mal telefonieren, bei Gelegenheit. Mit mir zu telefonieren, macht dir ja immer große Freude«, sagte ich.

Ein Stickbild, das Marlies als Kind für ihre Tante gemacht hatte, fiel in seinem Rahmen auf den Boden, das Glas zersprang. Marlies schaute kurz hin, dann legte sie den Kopf wieder auf die Flinte.

Frederik schaute mich an, wie man schaut, wenn man die Welt nicht mehr versteht und sich deswegen besser von ihr fernhalten möchte. Bleib da, dachte ich, jetzt nicht weggehen, ich dachte es mit Inbrunst, und Marlies sagte: »Hör auf zu quatschen und verschwinde.«

»Marlies ist meine beste Freundin«, sagte ich.

Nichts fiel herunter.

Ich sagte es noch mal, mit mehr Nachdruck: »Marlies ist meine beste Freundin«, aber nichts rührte sich.

»Du, Frederik, bist eine extrem aufdringliche Person«, sagte ich, und die Pfannen, die hinter Marlies über dem Herd gehangen hatten, fielen herunter. Marlies fuhr herum, ich hielt Frederiks Hand, so fest ich konnte. »Ich bin zutiefst überzeugt davon, dass wir nicht zusammengehören«, sagte ich, und Marlies' Küchenregal stürzte um, mit all den Erbsenkonserven darin, Marlies ließ die Flinte fallen und sprang auf, und Frederik, der hin und her geschaut hatte zwischen Marlies und mir, schaute jetzt nur noch mich an, er schaute mich an und zuckte jedes Mal kurz zusammen, wenn wieder etwas fiel, aber er wandte den Blick nicht mehr ab, »Ich habe noch nie jemanden so überhaupt nicht geliebt wie dich«, sagte ich, und der Hängeschrank mit dem ganzen speckigen Geschirr stürzte ab, mit einem ohrenbetäubenden Krach, »Ich will die kleine heimliche Liebe ohne Sahne«, sagte ich, und die Deckenlampe, die neben dem Haken gehangen hatte, an dem Marlies' Tante gehangen hatte, fiel krachend herunter, Glassplitter flogen auf, und Marlies, deren Tür mit zu vielen Schlössern versehen war, rannte zum Fenster, riss es auf und kletterte unter der Gardinenstange nach draußen.

Kurz sah sie aus, als wolle sie fliehen, blindlings in den Wald hinein, aber sie blieb bei uns stehen, in ihrem Norwegerpullover und ihrer Unterhose.

»Was war das denn?«, fragte sie, sie zitterte am ganzen Leib. »Und warum hat es jetzt wieder aufgehört?«

»Hast du mir zugehört, Frederik?«, fragte ich.

»Ja«, sagte er. Auch Frederik war bleich. »Ich habe nicht gewusst, dass du mich liebst«, sagte er. »Jedenfalls nicht so.«

Marlies schlang sich die Arme um ihren Körper.

»Ich schon«, sagte sie.

»Ich muss mal an die frische Luft«, sagte Frederik leise. Er drehte sich um, ohne ein weiteres Wort, und ging quer über die Wiese, in Richtung Wald.

Ich sah ihm nach. Ich fühlte mich, als hätte ich etwas hochgehoben, das anatomisch nicht hochzuheben war.

»Komm, Marlies«, sagte ich, »wir holen dir eine Hose. Und Schuhe.«

»Ich geh da nicht mehr rein«, flüsterte sie, »und du auch nicht.«

»Gut«, sagte ich. Ich holte Marlies' Gummistiefel, die vorne auf den Stufen vor ihrer Tür standen. »Einsteigen«, sagte ich. Marlies stützte sich mit einer Hand an meiner Schulter ab und stieg mit ihren nackten Füßen in die Gummistiefel.

»Wir gehen jetzt den Optiker suchen, ja?«, fragte ich und legte meinen Arm um Marlies' Schultern. »Finger weg«, sagte Marlies, aber sie kam mit.

»Wir finden jetzt den Optiker«, sagte ich, als wir durch die Dämmerung gingen, die Straße entlang, über die Wiese, »und dann gehen wir zu Selma und essen was. Und du schläfst heute Nacht da. Ich auch. Und Frederik auch. Der kommt bestimmt bald wieder. Der muss jetzt nur mal seine Ruhe haben. Und der Optiker kann ja auch bei Selma schlafen. Wir bauen uns ein riesiges Matratzenlager im Wohnzimmer. Das würde Selma gefallen. Ich weiß gar nicht, ob wir genug Kopfkissen haben. Mein Vater schläft oben und meine Mutter bei Alberto. Ich mache uns Bratkartoffeln. Die kann ich gut. Als Kopfkissen kann man ja aber auch die Sofakissen nehmen. Frederik kommt bestimmt auch gleich wieder. Wir können auch Palm fragen, ob er vorbeikommen will. Magst du Bratkartoffeln? Wo ist Palm eigentlich? Vielleicht will der Einzelhändler auch vorbeikommen. Ist dir kalt? Der Einzelhändler könnte eine Flasche Wein mitbringen. Obwohl: Das ist vielleicht ungünstig wegen Palm. Wo ist der eigentlich?«

Marlies stolperte mit verschränkten Armen neben mir her. »Könntest du bitte aufhören zu reden?«, fragte sie.

Frederik

Frederik kam erst in der Nacht wieder, ich hatte in der Küche auf ihn gewartet.

»Wo bist du denn gewesen?«, fragte ich, und kurz stellte ich mir vor, dass er Doktor Maschke besucht haben könnte, wie damals Alaska. »Überall«, sagte Frederik.

Wortlos aß er drei Teller kalt gewordene Bratkartoffeln. Man hörte kaum etwas außer den Schritten meines Vaters in der oberen Wohnung, mein Vater hatte sich direkt nach Selmas Beerdigung dorthin zurückgezogen. Niemand außer Alaska durfte zu ihm hinauf, Alaska war jetzt endlich das, wofür er vor Jahren von Doktor Maschke erfunden worden war, ein haariger, ausgelagerter Schmerz. »Wie geht es ihm?«, fragte ich Alaska ab und zu, wenn er herunterkam, damit jemand mit ihm spazieren ging, und Alaska schaute mich dann an, als sei er in diesem Fall sehr einverstanden mit seiner Schweigepflicht.

Frederik spülte seinen Teller ab, dann ging er hinter mir her durch den Flur Richtung Wohnzimmer, und kurz vor der Tür hielt er mich am Handgelenk fest. Ich drehte mich um.

»Du bringst immer alles durcheinander«, sagte er.

Ich schaute ihn an. Frederiks war aufgebracht, sein Griff um mein Handgelenk sehr fest.

»Immer ist ein bisschen oft«, sagte ich, »wir sehen uns ja gerade erst zum dritten Mal im Leben.«

Das tat natürlich überhaupt nichts zur Sache. Menschen, die man nicht sieht, können sich besonders gut in einem Leben herumtreiben, das sich weit weg abspielt, und Unordnung stiften, wie Geister, die unsichtbar Kostbarkeiten herunterfallen lassen. Außerdem hatten Frederik und ich uns zehn Jahre lang mindestens einmal pro Woche geschrieben.

Er ließ meinen Arm los und öffnete die Wohnzimmertür. Der Optiker und ich hatten ein Matratzenlager aufgebaut. Der Optiker hatte sich auf dem Sofa ausgestreckt, neben ihm auf den Boden lagen drei Matratzen, auf der in der Mitte schlief Marlies. Sie war komplett in Selmas gesteppte Überdecke gewickelt, sie sah aus wie eine groß geblümte Raupe und schnarchte.

Ein paar Stunden zuvor, als Marlies sich hingelegt hatte, hatte der Optiker sich neben sie gehockt, in seinem blau-weiß gestreiften Schlafanzug, und ihr zugesehen, wie sie sich einwickelte. »Machst du das noch mal, Marlies?«, hatte er gefragt. »Denn wenn auch nur die geringste Gefahr besteht, dass du das noch mal machst, werden wir ab jetzt alle fünf Minuten bei dir aufkreuzen und dich fragen, wie es dir geht.« Der Optiker hatte sich zu Marlies heruntergebeugt und versucht, auszusehen wie ein besonders boshafter Aufhocker.

»Wir werden dich nie mehr in Ruhe lassen«, hatte er gesagt. »Wir werden all deine Schlösser abschrauben. Wir werden die Bienen an deinem Briefkasten ausräuchern. Und du musst dann ab jetzt«, hier musste der Optiker sich überwinden, »jede Nacht bei einem von uns schlafen.« Er beugte sich noch tiefer herunter, seine Nasenspitze berührte beinahe Marlies' angegriffenes Haar. »Du musst dann, um genau zu sein, mit einem von uns zusammenziehen«, sagte er. Marlies fuhr hoch, der Optiker schaffte es gerade noch, seinen Kopf zurückzuziehen.

»Niemals«, hatte Marlies gesagt.

»Dann ist ja alles klar«, hatte der Optiker gefunden und es sich auf dem Sofa bequem gemacht.

Ich legte mich auf Marlies' rechte Seite, Frederik auf ihre linke. Der Optiker, oben auf dem Sofa, setzte sich hin und griff nach seiner Brille.

»Wie schön, dass Sie es einrichten konnten, lieber Frederik«, flüsterte er. »Ich habe übrigens herausgefunden, was der Satz mit dem Verschwinden bedeutet. Falls ich Ihnen das kurz erläutern darf?«

»Gern«, sagte Frederik leise, und der Optiker erklärte, dass Anschauen Unterscheiden bedeute, dass etwas nicht verschwinden könne, wenn man nicht versuche, es von allem anderen zu unterscheiden.

Frederik nickte, sagte aber nichts. Der Optiker musterte ihn aufmerksam, er konnte nicht einschätzen, ob Frederik den Satz jetzt auch begriffen hatte oder ob der Optiker der Einzige weit und breit bleiben würde, der das tat. Kurz fühlte sich der Optiker sehr einsam, als lebte er weit weg auf einem winzigen Planeten, ausschließlich in Gesellschaft eines dankbaren Satzes, der sich nur vom Optiker verstanden fühlte.

Frederik war abwesend, das fiel auch dem Optiker auf, so abwesend, dass der Optiker fürchtete, Frederik könne über Nacht ununterscheidbar werden. Er wartete, bis Frederik sein Kissen aufgeschüttelt hatte, dann sagte er: »Wenn Sie möchten, kann ich mir morgen mal die Stimmen in Ihrem Kopf ansehen. Es gibt da so eine neue, bahnbrechende Methode aus Japan.«

Frederik lächelte. »So schlimm ist es nicht«, sagte er.

Und irgendwann schlief der Optiker ein, alle außer Frederik und mir schliefen jetzt, und ich konnte über Marlies hinweg hören, wie Frederik nicht schlief.

Ich stand auf und ging an Marlies vorbei zu ihm hin. Frederiks Kopfende war genau neben Selmas geöffneter Schlafzimmertür. Ich schloss sie, setzte mich hin und lehnte mich dagegen.

»Du bist gar nicht verschwommen, Luise«, sagte Frederik leise und ohne mich anzuschauen, »dich kann man jetzt glasklar sehen.«

»*Du* bist verschwommen«, flüsterte ich. Frederik nickte und strich sich über seinen kahlen Kopf. »Und verstockt außerdem«, flüsterte er.

Ich dachte an mein erstes Telefonat mit ihm, daran, wie er mir aus meiner Verstockung herausgeholfen hatte.

»Dein Name ist Frederik«, flüsterte ich. »Du kommst eigentlich aus Hessen. Du bist jetzt fünfunddreißig Jahre alt. Du lebst in einem buddhistischen Kloster in Japan. Einige der Mönche dort sind so alt, dass sie wahrscheinlich Buddha noch persönlich gekannt haben. Sie haben dir beigebracht, wie man putzt, wie man sitzt, wie man geht, wie man sät und erntet, wie man schweigt. Du weißt immer, was zu tun ist. Es geht dir eigentlich auch immer gut. Und vor allem weißt du, wie man seinen Gedanken begegnet. Das ist ein Kunststück, das hier keiner so gut beherrscht wie du. Du kannst *tausend Jahre zur See, tausend Jahre in den Bergen* auf Japanisch sagen. Du hast fast immer Hunger. Du kannst es nicht gut aushalten, wenn etwas schief steht. Es ist sehr wichtig für dich, dass alles an seinem Platz ist. Du bist neuntausend Kilometer weit weg. Du sitzt mit mir an einer Tafel.«

Frederik nahm seine Arme hinter dem Kopf hervor, zog mich zu sich herunter und legte seine Stirn an meine. »Ich liebe dich auch, Luise, und zwar schon ziemlich lange«, sagte er leise, »vielleicht nicht ganz tausend Jahre, aber annähernd. Das ist einfach, so vom andern Ende der Welt aus. Und jetzt habe ich Angst, dass mein ganzes Leben umgedreht wird.« Er schaute mich an, er sah aus wie der müdeste Mensch der Welt. »Dreimal reicht für immer, Luise«, flüsterte er, »das kannst du mir glauben.«

Die vollkommen eingerollte Marlies setzte sich abrupt auf. »Könnt ihr mal aufhören«, sagte sie laut, und dadurch wurde auch der Optiker wach. »Ist es schon morgen?«, fragte er verwirrt und angelte nach seiner Brille.

»Nein«, sagte ich, »es ist noch Nacht.«

Marlies ließ sich rücklings auf die Matratze zurückfallen, der Optiker legte sich umständlich wieder zurecht. Frederik knipste die Lampe über ihm auf dem Sofatisch aus. Wir sahen uns an, obwohl wir uns nicht sehen konnten.

»Ich schlafe jetzt«, sagte er, »ich glaube, ich habe drei Tage lang nicht mehr geschlafen.«

Er legte sich hin und wandte mir den Rücken zu. Vielleicht ist auch das ein Kunststück, das man im Kloster lernt, dachte ich, einzuschlafen, obwohl das Leben gerade Anstalten macht, sich umzudrehen. Ich lehnte mich gegen Selmas Schlafzimmertür und wartete darauf, dass meine Augen sich an die Dunkelheit gewöhnten und an das, was Frederik gesagt hatte. Ich hörte, wie Frederik einschlief, er war jetzt genauso eingerollt wie Marlies, nur weniger geblümt, und ich blieb gerne die Nacht über hier sitzen, neben Frederik und der herausgerückten Liebe, und irgendwann fiel die Hand des schlafenden Optikers vom Sofa herunter auf Frederiks kahlen Kopf und blieb dort liegen.

Als wir nach dem Aufstehen in Selmas Küche gingen und uns klar wurde, dass wir uns im Leben nicht daran gewöhnen würden, hier nicht mehr von Selma empfangen zu werden, sagte der Optiker: »Ich möchte jetzt sehr gern in mein Perimeter.«

»Ich möchte jetzt spazieren gehen«, sagte ich, »und ihr?«

Ich schaute Marlies und Frederik an. Frederik lehnte in seiner Robe im Küchentürrahmen, Marlies stand vor dem Küchentisch, als hätte sie jemand da hingestellt, aus dem zweifelhaften Grund, dass er nicht wusste, wo er sie sonst hinstellen sollte.

Marlies verschränkte die Arme vor der Brust und sagte: »Ich will überhaupt nichts«, und der Optiker verdrehte die Augen. Er hatte die leise Hoffnung gehabt, dass Marlies über Nacht ein neuer Mensch geworden sein könnte, weil doch das Leben noch einmal neu beginnt, wenn man im letzten Moment einen Schuss doch nicht abgefeuert hat. Er hatte gedacht, dass man sich dann unverzüglich auch an kleinen Dingen freute, am Lichtspiel im Apfelzweig zum Beispiel, aber Marlies sah nach wie vor aus, als habe sie eine Nebenkostenabrechnung und einen Wasserrohrbruch bekommen, Marlies war dem Tod von der Schippe gesprungen, sich selbst aber nicht, fand der Optiker, weil er nicht einkalkuliert hatte, dass sich manche Veränderungen trotz vorgehaltener Flinten ungern drängeln ließen.

»Nichts gibt es jetzt nicht mehr, Marlies«, sagte er etwas spitz, »es hat sich gewissermaßen ausgenichtst.«

Marlies funkelte den Optiker böse an, und er funkelte zurück. Frederik stieß sich vom Türrahmen ab und sagte: »Ich würde jetzt gern putzen. Darf ich?«

Selmas Küche war früher immer blitzsauber gewesen. Seit ihre Hände sich verformt hatten, hatte Selma für Blitzsauberkeit nicht mehr sorgen können, und helfen lassen hatte sie sich auch nicht. Also war der Boden fleckig, um die Füße des Tisches waren Ränder aus zertretenen Krümeln entstanden. Unter der Küchenbank vermehrten sich Staubmäuse, dunkle Schatten hatten sich um die Griffe der Hängeschränke und des Kühlschranks gebildet, um die Knöpfe am Gasherd, und die Glastüren des Büfetts strotzten vor Fingerabdrücken.

»Aber doch nicht sofort«, sagte ich, »möchtest du nicht erst mal was frühstücken? Du hast doch eigentlich immer Hunger.«

Der Optiker zog Marlies und mich am Ärmel aus der Küche. »Lass ihn«, sagte er im Flur, »das wird ihm guttun.« Er nahm seinen Mantel von Selmas Garderobe. »*Jede Erleuchtung beginnt und endet mit dem Putzen des Bodens*«, sagte er. »Vielleicht kann er hinterher ja Dinge zusammendenken, die nicht zusammengehören.«

Der Optiker lächelte mich in Selmas Wandspiegel an. »Und du kannst sie dann nach Lust und Laune runterfallen lassen.«

Er strich mir über die Schulter. »Bis später«, sagte er.

Marlies kam mit mir mit, und das allein bewies schon, dass der Optiker falschgelegen hatte, denn mit Marlies hatte man noch nie spazieren gehen können. Sie trug ein Kleid von Selma, eine Bluse von Selma, einen Mantel von Selma. Als wir auf die Uhlheck einbogen, zögerte ich, weil es das erste Mal war, dass ich ohne Selma hier entlangging. Marlies sah mich von der Seite an. »Ich gehe vor«, sagte sie, als gelte es, frontal angreifende Verbrecher in die Flucht zu schlagen.

Auf der Mitte der Uhlheck, wo man ins Dorf sehen konnte, blieb sie stehen. »Es war ein Erdbeben«, sagte sie und schaute hinüber zu ihrem Haus. »Ein Erdbeben, das nur in meinem Haus stattgefunden hat.« Sie sah mich an. »Ist das nicht ein Ding?«

Ich nickte. Dann gingen wir weiter, bis zum Haus der Einkehr und darüber hinaus, wir gingen hintereinander und sagten kein Wort, ganz so, wie Marlies es wollte.

Und währenddessen stellte sich Frederik in die Mitte der Küche und atmete mehrmals tief durch. Jetzt war es endlich still, so still, dass er meinte, Selmas Reisewecker im Schlafzimmer ticken zu hören, den Reisewecker, der nie auf Reisen gewesen war und vielleicht deswegen so laut tickte, um auf sein verpfuschtes Leben aufmerksam zu machen.

Frederik begann, die Küche zu putzen. Er räumte das ganze Geschirr aus, das ganze Besteck, alle Pfannen, Töpfe und Schüsseln, alle Vorräte aus Selmas Büfett. Er holte die Leiter aus der Garage und wischte die Lampenschale von außen und von innen. Darin lagen drei tote Falter. Frederik nahm sie vorsichtig heraus, trug sie in der hohlen Hand in den Garten und vergrub sie dort.

Er putzte alle Schränke von oben, außen und innen. Er lehnte sich weit in den Kühlschrank und den Herd. Er nahm einen Stapel Papiere von der Küchenbank, ein buddhistisches Buch des

Optikers, liegen gelassene Einkaufslisten und Werbeprospekte, in denen Selma günstige Angebote angekreuzt hatte. Dazwischen lag ein Brief.

Lieber Frederik, las er, *Selma ist gestorben. Sie mochte dich sehr gern. Das Einzige, was sie nicht an dir mochte, war die Zeitverschiebung. Wahrscheinlich gehören wir wirklich nicht zusammen. Das ist nicht schlimm. An einem Okapi gehört ja auch nichts zusammen, und trotzdem ist es ein unfassbar schönes*

Frederik faltete den Brief zusammen und steckte ihn in die Tasche seiner Robe. Er legte das Buch und die Prospekte auf den Küchentisch und schüttelte die Sitzkissen aus.

Er spülte das Geschirr, das Besteck. Er wischte Mehl-, Zucker- und Konservendosen ab, polierte Gläser, schrubbte Töpfe und Pfannen. Er trocknete alles sorgfältig ab und räumte es zurück in die Schränke. Er putzte die Fenster und Fensterrahmen, die Tür von allen Seiten. Dann brachte er die Leiter zurück in die Garage.

Als er die Garagentür schloss, warf er unwillkürlich einen Blick zur Wiese oben am Waldrand, um zu überprüfen, ob dort zufällig das Reh stand, das man zu seinem eigenen Besten vertreiben musste. Frederik wusste genau, was in und um Selmas Haus zu tun und zu lassen war. Er wusste es aus den Briefen, aus über siebenhundert Briefen.

Er ging zurück ins Haus. Die ganze Zeit war sein Kopf leer gewesen, so gedankenlos, wie nur Frederik das hinbekommen konnte. Jetzt, als er die Tür öffnete, erschien in seinem Kopf eine Frage, nämlich ob man, wenn man ein altes Haus betritt, auch von dem alten Haus betreten wird.

In der kleinen Kammer am Ende des Flurs fand Frederik einen Staubsauger. Er lehnte am Wäscheständer, an den Selma die Wäsche gehängt hatte, ganz genau so, wie man Wäsche aufhängen sollte.

Frederik ging zurück in die Küche und saugte den Boden, als plötzlich meine Mutter im Türrahmen stand.

Er schaltete den Staubsauger aus.

»Hallo«, sagte sie, »wo sind denn alle?«

»Gerade ist keiner da«, sagte Frederik und deutete zur Decke, »nur Ihr Mann. Der ist oben.«

»Da bin ich wohl wieder mal zu spät«, sagte meine Mutter. Sie lehnte sich an den Türrahmen und seufzte. »Kennen Sie das? Wenn man zu spät ist?«

»Von früher«, sagte Frederik, »da, wo ich jetzt lebe, sind wir immer alle sehr pünktlich.«

»Das glaube ich gern.« Meine Mutter ließ ihren Blick durch die Küche schweifen. »Sie sind ja auch jetzt zum genau richtigen Zeitpunkt da.«

Ihr Blick fiel auf das Buch des Optikers, das auf dem Küchentisch lag. Sie nahm es hoch. »Ich schreibe ja jetzt Gedichte«, sagte meine Mutter, »ich bringe Ihnen mal eins mit«, als ginge sie davon aus, dass Frederik so lange blieb, dass man ihm irgendwann mal etwas mitbringen könnte.

Sie klappte das Buch des Optikers auf. Gewohnheitsmäßig öffnete es sich an der Stelle, die der Optiker sehr oft aufgeschlagen hatte, weil dort einer seiner mehrfach unterstrichenen Lieblingssätze stand. »*Auch ein ununterbrochener Fehler kann Zen sein*«, las meine Mutter vor. »Mein Gott. Ich glaube, ich bin auch Buddhistin.«

Sie sah auf ihre Uhr. »Wenn ich jetzt losgehe, komme ich tatsächlich pünktlich zu Alberto.«

Frederik lächelte. »Dann mal los«, sagte er.

Meine Mutter zögerte. »Oder soll ich noch nach Peter sehen? Was meinen Sie?«

Frederik war sicher, dass man sich um meinen Vater keine Sorgen machen musste. »Ihr Mann trauert und will dabei nicht unterbrochen werden«, wollte Frederik sagen, aber weil meine Mutter nicht wusste, dass Frederik meinen Vater aus meinen Briefen gut kannte, fürchtete er, dass sie einen solchen Satz vielleicht distanzlos fände. Wie viel Frederik aus den Briefen über uns alle wusste, fiel ihm erst jetzt auf, als er sich bemühte, das zu verbergen.

»Ich bin ja hier, falls was ist«, sagte er, »ich bin hier und putze.«

»Das ist gut zu wissen«, sagte meine Mutter, »beides«, und dann ging sie.

Dem Staubsauger fehlte ein Aufsatz, mit dem man die allerhintersten Ecken erreichen konnte. Frederik fuhr mit einem Handfeger am Herd entlang, am Kühlschrank, an der Spüle, am Büfett, um die Beine des Küchentischs. Dann kroch er unter die Küchenbank und fegte ganz hinten an den Bodenleisten.

An einer Stelle unter der Küchenbank hatte sich das Holz von der Wand gelöst, und in der Mulde zwischen Wand und Leiste steckte eine Perle. Es war Selmas verschwundener Ohrring, aber das konnte Frederik trotz aller Briefe nicht wissen. Die Perle war etwas zu groß und etwas zu falsch. Man konnte die Naht sehen, an der die beiden Perlenhälften zusammengesetzt waren, wie bei einem Globus. An einer Stelle waren kaum erkennbare Kleberreste, dort war der Stecker des Ohrrings befestigt gewesen. Frederik drehte die Perle zwischen Daumen und Zeigefinger. Ein kleiner, blinder Globus in Perlweiß.

Er legte die falsche Perle neben sich und wollte weiter an der Bodenleiste entlangfegen, aber die Perle setzte sich in Bewegung. Sie rollte entschlossen los, quer durch die Küche, bis unter das Büfett.

Frederik sah ihr nach. Er kroch unter der Küchenbank hervor, kniete sich vor dem Büfett hin und tastete mit einer Hand darunter, aber er musste sich hinlegen und den Arm bis zur Achsel unter das Büffet schieben, bis er sie wiederhatte. Er stand auf, er schaute die Perle an, dann auf das Linoleum.

»Der Boden ist schief«, sagte er, weil manche Dinge so klar sind, dass man sie laut sagen muss, auch wenn niemand sie hört. Er machte einen Schritt nach rechts, als sei der Boden derartig schief, dass man sofort sein Gleichgewicht verlor.

Und weil Frederik die Schiefe des Bodens sehr beschäftigte, merkte er nicht, dass er jetzt mit einem Bein mitten auf der rot umrandeten Stelle stand, die alle immer automatisch umgingen, auf die der Optiker immer vorsorglich hinwies, als könne man dort nicht nur in den Keller durchbrechen, sondern bis nach Japan, bis ins Nichts oder bis zum Anfang der Welt.

Es hatte hier sehr lange niemand mehr gestanden. So lange, dass die Stelle im Boden gar nicht wusste, wie ihr geschah.

Selma hatte hier gestanden, als meine Eltern mich das erste Mal zu ihr gebracht hatten. Meine Mutter hatte mich Selma in die Arme gelegt, und alle, der Einzelhändler, Elsbeth, Marlies und der Optiker, hatten um Selma und mich herumgestanden und sich über mich gebeugt, als sei ich etwas Kleingedrucktes. Alle schwiegen, bis Elsbeth sagte: »Sie sieht aus wie ihr Großvater. Kein Zweifel.« Der Optiker fand, ich sähe aus wie Selma, der Einzelhändler sagte, ich sähe aus wie Elsbeth, woraufhin Elsbeth errötete und sagte: »Wirklich? Findest du wirklich?«, Marlies, damals ein Schulkind, sagte: »Sie sieht aus wie keiner«, mein Vater sagte, er müsse sich Elsbeth anschließen, ich sähe zweifellos aus wie sein Vater, und Selma sah zu meiner Mutter, die am Rand stand und die ganze Zeit geschwiegen hatte.

»Sie sieht aus wie ihre Mutter«, hatte Selma gesagt, und dann hatte es Sturm geklingelt. Vor der Tür hatte Palm gestanden, atemlos und mit zerzausten Haaren. »Es ist ein Junge«, hatte er gerufen und den Optiker umarmt, »er heißt Martin. Kommt alle mit und seht ihn euch an.«

Mein Vater hatte hier gestanden, mein Vater in sehr jung, er hatte aus dem Fenster geschaut und nach richtigen Antworten gesucht. Hinter ihm auf der Küchenbank hatte Selma gesessen und ihn für sein Physikum abgefragt. Plötzlich hatte mein Vater sich umgedreht und gesagt: »Wenn ich fertig bin, mache ich hier eine Praxis auf.« Er hatte Selma angelächelt. »Ich lasse mich hier nieder, bei dir.«

Wenn es keinen Hof zu übernehmen gab, das wusste Selma, sollte man seine Kinder ermuntern, in die Welt hinauszuziehen. Selma hatte keinen Hof, sie hatte nur sich und ein schiefes Haus, das womöglich zusammenfallen würde, bevor man es übernehmen könnte, und sie wusste, dass ein Hinausziehen in die Welt besonders für meinen Vater richtig gewesen wäre. Sie wusste, dass sie ihn ermuntern sollte, aber statt Ermunterung fand sie in sich nur Erleichterung darüber, dass ihr Sohn zu Hause bleiben würde, bei ihr, deshalb war sie aufgestanden, hatte sich neben meinen Vater ans Fenster gestellt und ihm über den Rücken gestrichen. »Mach das, Peter«, hatte sie gesagt, »lass dich hier nieder, das wird genau das Richtige sein«, denn das war das Einzige, was Selma in sich fand: Dableiben war immer genau das Richtige. Dableiben.

Selma hatte hier gestanden, Selma in sehr jung, mit ihrem Sohn auf dem Arm, Selma, an der noch nicht das Geringste verformt war. Sie hatte von hier aus Elsbeth den Hang hochkommen sehen, Elsbeth in sehr jung, Elsbeth in noch schlank, ungewohnt langsam war sie hochgekommen, ungewohnt krumm, so, als ginge sie entgegen einer Strömung, der sie sich vor Erschöpfung am liebsten überlassen würde. Und da wusste Selma, dass Heinrich tot war, sie wusste es, noch bevor Elsbeth in die Küche kam und sagte, »Selma, ich muss dir leider sagen, dass mein Bruder«, und weiter nicht kam.

Selma hatte hier gestanden, nur wenige Tage zuvor, sie hatte sich mit ihrem Sohn auf dem Arm ein Zeitungsfoto angesehen, das Heinrich an die Küchenwand gehängt hatte. »Das ist ein Okapi, Peterchen«, hatte sie gesagt, »dein Papa hat es entdeckt. Also: in der Zeitung. Es ist das komischste Tier der Welt.« Sie hatte ihm einen Kuss auf den Kopf gegeben und gesagt: »Heute Nacht habe ich von einem geträumt. Ich habe geträumt, dass ich mit einem Okapi auf der Uhlheck stehe. Im Nachthemd. Stell dir das mal vor«, hatte sie gesagt und ihre Nase in den Bauch ihres Sohnes gedrückt, und beide hatten sie gekichert.

Heinrich hatte hier gestanden. Er hatte von hier aus dem Einzelhändler hinterhergesehen, der gerade als Letzter und ziemlich betrunken Heinrichs Geburtstagsfest verlassen hatte. Es war der erste Geburtstag in seinem eigenen Haus gewesen. Heinrich zündete sich eine Zigarette an und blies den Rauch nach draußen in die Nacht. Er schaute über die Wiese am Hang, die oben an den Wald grenzte, die Bäume, die sich im Wind bewegten, der hier immer ging.

Selma räumte hinter ihm Flaschen und Gläser vom Küchentisch. Sie steckte sich im Vorübergehen ein Stück Schokolade in den Mund und trank dann Elsbeths Glas aus, das noch auf dem Tisch stand, Elsbeth hatte Kirschlikör getrunken. »Das schmeckt köstlich«, sagte Selma zu Heinrich, ging zu ihm und schlang ihm von hinten die Arme um die Brust, »gibt es das eigentlich? Schokolade mit Kirschlikörgeschmack?«

Heinrich warf die Zigarette aus dem Fenster, drehte sich um und legte seine Arme um Selma. »Ich weiß es nicht«, sagte er, »aber wenn nicht, musst du das unbedingt erfinden.« Er zog sie enger an sich, Selma küsste ihn auf den Mund, den Hals, den Nacken. »Mein Herz rast«, sagte sie und lächelte. »Das gehört so«, sagte Heinrich und hob sie hoch, einen Arm in ihrem Rücken, einen Arm in ihren Kniekehlen, Selma lachte, und Heinrich wollte sie ins Schlafzimmer tragen, aber sie schafften es nur bis ins Wohnzimmer.

Und Heinrich hatte hier gelegen, bäuchlings, und konzentriert über den Boden geschaut, den gerade fertig verlegten Boden. Das Kinn fast auf den Dielen, schaute er von einer Küchenecke in die andere. Dann sah er hoch zu seinem besten Freund, der völlig verstaubt neben ihm stand und bei allem geholfen hatte, beim Vermessen, beim Beschaffen, beim Verlegen, überall.

»Du«, sagte Heinrich von unten, »ist das eigentlich schief? Schau doch mal. Du kannst das doch beurteilen, als angehender Optiker.«

Der Optiker versuchte, seine verstaubte Brille an seinem verstaubten Pullunder abzuwischen, legte sich neben Heinrich und sah quer über den Boden.

»Jetzt, wo du es sagst«, sagte er, »aber wenn man es nicht weiß, fällt es gar nicht auf.«

Beide sahen sie über den Boden, als sei er eine einzigartige Landschaft. Dann klopfte der Optiker auf die Stelle, auf der sie gerade lagen. »Nur«, sagte er, »ich finde ja die Bretter hier ein bisschen sehr dünn.«

»Wo?«, fragte Heinrich, als wüsste er das nicht, als hätte der Optiker nicht immer wieder gesagt: »Diese Bretter sind zu dünn.«

»Na, hier«, sagte der Optiker, »wo wir gerade liegen.«

Heinrich war aufgestanden und auf den Brettern auf und ab gesprungen. »Ach was, das hält«, hatte er gesagt und nicht aufgehört, zum Beweis auf und ab zu springen, so sehr, dass der auf dem Boden liegende Optiker mit auf und ab hüpfte, »das hält ewig«, hatte Heinrich gesagt, »verlass dich drauf.«

Frederik brach nicht durch. Nicht in den Keller, nicht nach Japan, und schon gar nicht ins Nichts. Er stand da, hielt das Gleichgewicht und kam sich angenehm schwer vor, als würde man automatisch schwerer auf Stellen, denen zu Unrecht und jahrelang Durchbruchgefahr nachgesagt wurde.

Er schaute aus dem Fenster. Da waren Marlies, der Optiker und ich. Wir hatten den Optiker auf dem Rückweg durchs Dorf aus seinem Perimeter geholt, wir kamen gerade den Hang hoch. Der Optiker und ich hatten Marlies untergehakt. Wir kamen langsam voran, denn wir versuchten, Marlies *Ein Hut, ein Stock, ein Regenschirm* beizubringen, und Marlies weigerte sich, das zu lernen. Frederik schaute zu, wie wir immer wieder drei Schritte vor gingen, dann stehen blieben und jeweils einen Schritt nach vorne, nach hinten und zur Seite machten, er hörte, wie wir sagten: »Komm schon, Marlies, jetzt mach doch mal mit«, wie Marlies sagte: »Auf keinen Fall.«

Ich winkte Frederik zu, er winkte zurück.

Jetzt die Füße vom Boden heben, dachte Frederik. Losgehen, die Tür aufmachen. Alle reinlassen.

Weil aber Frederik so schwer war, waren wir schneller. Wir kamen in die Küche, während Frederik immer noch mit einem Fuß auf der durchbruchgefährdeten Stelle stand. Der Optiker starrte ihn an. Frederik hob die Augenbrauen. »Was ist denn los?«, fragte er, und dann schaute er hinunter auf seine Füße. »Oh«, sagte er und merkte endlich, wo er da stand. Er kam zu mir und hielt mir die Hand hin, in der die falsche Perle lag. »Ich habe was gefunden«, sagte er.

Epilog

»Jetzt aber mal los«, rief der Optiker.

Er lehnte an seinem alten Passat, unten am Fuß des Hanges vor dem Haus, und wartete. Er seufzte, schaute kurz in den Himmel, es war Vormittag und sehr hell.

Marlies und Doktor Maschke kamen die Straße entlang, sie blieben vor dem Optiker stehen und sahen ihn besorgt an. »Was ist denn mit dir?«, fragte Marlies.

»Ach so, das«, sagte der Optiker und wischte sich mit dem Jackettärmel über die Wangen. Schon seit heute Morgen liefen ihm unausgesetzt Tränen über das Gesicht, obwohl er seiner Meinung nach eigentlich gar nicht weinte. »Ich weiß auch nicht, es pladdert einfach so aus mir heraus. Ich vermute einen altersbedingten Defekt der Tränenpumpe. Oder eine allergische Reaktion.«

»Oder Traurigkeit«, sagte Doktor Maschke.

»Ist sie schon weg?«, fragte Marlies.

»Nein, ich fahr sie gleich«, sagte der Optiker. Er sah Doktor Maschke an. »Luise fliegt heute nach Australien, also quasi mitten in den Indischen Ozean«, sagte er, als wüsste Doktor Maschke das nicht, als hätte der Optiker nicht jedem seit Wochen damit in den Ohren gelegen.

»Das ist mir bekannt«, sagte Doktor Maschke und reichte dem Optiker ein Taschentuch.

»Sie fliegt wegen der unendlichen Weite«, sagte der Optiker jetzt auf, was ich ihm gesagt hatte, »und weil sie sich dafür entschieden hat.« Er sagte das wie den Satz vom Verschwinden, den ihm keiner hatte erklären können.

Der Optiker putzte sich ausführlich die Nase. »Jetzt aber mal los«, rief er dann noch mal, mit etwas schiefer Stimme.

»Ich komme gleich«, rief ich von der Haustür aus den Hang hinunter. Frederik und ich wuchteten den riesigen Rucksack auf meinen Rücken. »Dann mal los«, sagte Frederik.

Er war voller Farbe, er hatte die Wände im Wohnzimmer gestrichen, während ich hin und her gelaufen war, um letzte Dinge einzupacken.

»Ich komme ganz bestimmt wieder«, sagte ich, »in genau vier Wochen. Verlass dich drauf.«

»Das tue ich«, sagte Frederik.

»Und du bist dann noch hier?«

»Ja«, sagte er, »genau hier. Obwohl: Vielleicht bin ich auch in der Küche. Sehr wahrscheinlich sogar.«

Ich küsste Frederik. »Und dann wird man weitersehen«, flüsterte ich in sein Ohr, er lächelte. »Ja. Dann sehen wir weiter.«

»Wenn was ist, hast du ja meine Nummer«, sagte ich, und Frederik strich mir weiße Farbe vom Kinn. »Ich habe deine Nummer sogar sehr«, sagte er, denn ich hatte überall im Haus Zettel mit meiner Handynummer aufgehängt.

Frederik sah mich an, er sah, dass ich gerade versuchte, eine Frage, die ich hundertmal gestellt hatte, nicht zum hundertundersten Mal zu stellen.

»Ja«, sagte er, »ich denke an Alaskas Tabletten.«

»Und keiner stirbt«, sagte ich.

»Nein. Keiner stirbt.«

Ich ließ Frederiks Hand los und ging den Hang hinunter. Ich drehte mich immer wieder um, um Frederik zu winken. Es war ein Vormittag im Sommer, ich war gut beleuchtet.

Frederik sah mir nach, dann schloss er die Augen. Hinter seinen Lidern sah er ein unbewegtes Nachbild, die angehaltene Bewegung des Winkens, das angehaltene Lächeln, und alles, was eigentlich hell war, war hinter seinen Lidern dunkel, und alles, was eigentlich dunkel war, war jetzt sehr hell.

Danksagung

Mein großer Dank gilt Gisela Leky, Robert Leky, Jan Strathmann und Jan Valk. Und Tilman Rammstedt, der dieses Buch von der ersten Idee bis zum Epilog begleitet hat.

Für wertvolle Hinweise danke ich außerdem Christian Dillo, René Michaelsen, Cornel Müller, Bernhard Quast, Gernot Reich und der Optik Röseler in Berlin.

Einzelne Motive des Romans tauchten erstmalig in dem Hörspiel »Der Buddhist und ich« auf (WDR 2012).

Inhalt